任澤平
馬家進
連一席
——
著

NEW INFRASTRUCTURE

U0061682

新基建

全球大變局下的
中國經濟新引擎

目　錄

序 言

新基建經濟學宣言

一、"新基建"是百年宏觀經濟思想的第四次革命

經濟學是經世致用之學,以解釋、解決所處時代的重大問題為使命。回顧百年經濟思想史可以發現,宏觀經濟學非常偉大,因為它數次試圖拯救世界。宏觀經濟學在經濟危機中誕生,也在經濟危機中發展和變革。"窮則變,變則通,通則久"。正是周期性發生的經濟危機,賦予了宏觀經濟學旺盛的生命力,使其成為時代的顯學。

人類進入現代社會以來,各種經濟金融危機層出不窮,例如 1929 年的大蕭條,20 世紀 80 年代的拉美債務危機,20 世紀 90 年代的日本資產價格泡沫破滅,1997 年的亞洲金融風暴,2008 年的國際金融危機,2009—2012 年的歐債危機等。為應對危機,不同的經濟學流派誕生或復興、革命或反革命,爭論的核心在於政府是否應該干預市場、以何種手段干預。

1929 年的大蕭條是宏觀經濟思想的第一次大論戰、大分野,凱恩斯主義革命興起。伯南克將研究大蕭條譽為宏觀經濟學的"聖盃",大蕭條不僅使宏觀經濟學成為一個獨立的研究領域,而且持續影響著宏觀經濟學家的信條、政策建議和研究進程。在此之前,歐、美國家信奉古典主義,相信市

場這隻 "無形之手" 會自發地進行資源最優配置，政府只需扮演好 "守夜人" 的角色，不用干預市場運行。但是大蕭條卻打破了這個神話，全球經濟陷入了長期的深度衰退。1929—1933 年，美國 GDP（國內生產總值）下跌近 30%，工業生產減少近 50%，整體物價水平下降超過 25%，失業率最高攀升至 25%。古典主義無法解釋經濟為什麼會出現資源大量閒置，胡佛政府任由市場自然出清，美聯儲甚至錯誤地緊縮貨幣，進一步將經濟推入衰退的深淵。更為嚴重的是，世界各國採取貿易摩擦、提高關稅、競爭性貨幣貶值等以鄰為壑的手段，加重了危機，導致危機從金融危機蔓延成經濟危機、社會危機、政治危機以及軍事危機，最終爆發了第二次世界大戰。在這一時代背景下，凱恩斯主義崛起，建議政府這隻 "有形之手" 通過積極的貨幣和財政政策干預經濟，以彌補有效需求不足和市場機制失靈。踐行凱恩斯主義的 "羅斯福新政" 最終幫助美國走出了大蕭條。

20 世紀 70 年代的 "滯脹" 是宏觀經濟思想的第二次大論戰、大分野，新自由主義興起。"二戰" 後凱恩斯主義被西方國家奉為圭臬，"菲利普斯曲線" 成為政府宏觀調控的有力依據，政府可以在通脹和失業之間進行權衡取捨，並由此實現了 20 世紀 50、60 年代經濟高速增長的 "黃金時代"。但是到了 70 年代，由於政府過度干預經濟，美國經濟出現了高通脹與高失業並存的滯脹現象，CPI（消費者價格指數）同比高達兩位數，失業率也快速攀升至近 10%，菲利普斯曲線失效，凱恩斯主義對此無法解釋與應對。滯脹的成因除了兩次石油危機帶來的成本衝擊以外，主要是此前美國政府和美聯儲為了追求過高就業目標而執行的過度擴張性貨幣政策與財政政策。政府對經濟的過度干預產生了嚴重弊端，凱恩斯主義受到挑戰，貨幣主義、理性預期學派、供給學派、奧地利學派、新自由主義等紛紛興起，古典主義精神復興。踐行上述思想的沃爾克採用緊縮貨幣來抗擊通脹，里根實行減稅、放鬆管制、私有化等供給側改革，美國經濟迎來了低通脹、高增長的 "大緩和" 黃金時期。

2008 年的國際金融危機是宏觀經濟思想的第三次大論戰、大分野，新凱恩斯主義復興。滯脹之後，西方國家大多實行新自由主義和通貨膨脹目標制，而且受益於經濟全球化和科技進步，在 20 世紀 80 年代中期之後迎來了低通脹、高增長的"大緩和"時代。但是中央銀行在盯住價格穩定的同時，忽視了金融穩定，放鬆了金融監管，低利率和金融自由化催生了嚴重的資產價格泡沫，2008 年美國次級貸款違約引發國際金融危機，全球經濟面臨"二戰"後最嚴重的"大衰退"，堪稱百年一遇。主張放任不管的新自由主義再度受到挑戰和批判，凱恩斯主義再度興盛，美、歐國家廣泛採用大規模 QE（量化寬鬆）、零利率甚至負利率等非常規貨幣政策和積極的財政政策加以應對。雖然成功地避免了大蕭條悲劇重演，但是過度寬鬆的貨幣條件也導致了一系列嚴重問題：長期依賴貨幣放水增加了經濟結構性改革的難度，延緩市場出清，鼓勵投機而非創新，資源錯配扭曲經濟結構，推升金融槓桿風險；同時，長期貨幣超發導致資產價格泡沫、收入差距拉大、貧富分化、社會撕裂等深層次矛盾，底層沉默的大多數被剝奪感加強，民粹主義、貿易保護主義、激進政治觀點抬頭，逆全球化風險上升，貿易摩擦不斷升級，全球政治經濟局勢動盪。

2020 年的疫情全球大流行和世界經濟危機有可能成為宏觀經濟思想的第四次大論戰、大分野，新基建經濟學應時而生，成為拯救危機和大國競爭的關鍵勝負手。新冠肺炎疫情全球大流行，疊加美國企業部門高槓桿、歐洲政府部門高債務和中國經濟增速換擋結構轉型，流動性危機一度爆發，全球經濟深度衰退超過 2008 年，美、歐再度祭出"QE+ 零利率"組合的超常規貨幣政策應對，對貨幣政策極度依賴，近年現代貨幣理論（MMT）甚至主張財政赤字貨幣化。但是過去 20 年美、歐的經驗和教訓表明，過度寬鬆的貨幣政策只是延緩了危機的爆發，反而加劇了金融風險的積累，純粹是飲鴆止渴。中國也經歷過 2009 年貨幣放水強刺激的教訓，雖然度過了危機，但也埋下了產能過剩、資產價格泡沫、槓桿率飆升、收入差距拉大等風險隱患，經過 2016 年以來"去產能、去庫存、去槓桿、降成本、補短板"的供給側結構性改革，才階段性緩釋了風險。面對疫情全球大流行、經濟深度衰退、中美貿易摩擦、新舊動能轉換等重大挑戰，中國沒有再次實施貨幣大水漫灌、重走老路，而是選擇了"新基建"領銜的擴大消費、投資、內需的一攬子宏觀對沖政策，與美國過度依賴"QE+ 零利率"的政策組合形成了鮮明的對比。現實是最好的實驗，歷史是最好的裁判，中美兩國宏觀經濟政策的巨大分化，有可能再次引發宏觀經濟思想的大分野、大變革，也將在很大程度上決定大國博弈的終章。

二、"新基建"是應對經濟金融危機、化危為機最簡單有效的辦法

人類社會在應對危機的過程中，誕生了宏觀經濟學。雖然在一些問題上目前仍存在巨大爭議，但經過各國政府的長期豐富實踐和經濟學家的深入研究，逐漸達成了一些廣泛共識。

第一，要處理好市場和政府、供給和需求、長期和短期、效率和公平之間的關係，不能走極端，激進的市場萬能和激進的政府萬能都是錯的，市場有失靈的時候，政府也有失靈的時候，政府完全不作為對市場自由放任，或者政府過度干預擾亂市場正常運行，都會引發嚴重的經濟金融風險。

第二，歷次危機的實踐證明，及時的政策應對可以有效地切斷傳導鏈條，阻斷危機蔓延深化，而一味地自由放任將延長危機持續時間，加深破壞程度。

第三，貨幣政策對緩解短期流動性危機效果明顯，但對於刺激需求就像"推繩子"，效果有限；而財政政策對於擴大有效需求就像"拉繩子"，效果更為明顯。正確的危機應對措施是，先通過貨幣政策放鬆緩解流動性危機，再通過財政政策擴大需求走出衰退。"羅斯福新政"時期先放棄金本位，發揮中央銀行的最後貸款人角色，緩解流動性危機，然後通過"復興計劃"擴大

財政支出，成功推動經濟復甦。

第四，無論是貨幣政策還是財政政策，都會增加債務或增加貨幣發行，關鍵看當前增加的債務能否在未來帶來收入，這是金融周期和債務周期的核心。純粹通過貨幣超發刺激消費不會有資本形成，反而會形成債務懸空，而有效投資則增加資本形成和未來收入，配合擴大消費促進經濟良性循環。通過財政政策與貨幣政策刺激投資尤其是基礎設施建設投資，比單純地刺激消費效果更好。

第五，新基建是應對經濟金融危機的最簡單有效辦法，兼顧短期擴大有效需求和長期擴大有效供給，兼具穩增長、穩就業、調結構、促創新、惠民生的綜合性重大作用。當前的中國和以前的美國都是超前新基礎設施建設的受益者。

新基建經濟學是應對經濟金融危機的一次思想革命，是人類社會認知的一大進步。中國長期旗幟鮮明地倡導新基建，在 2020 年 2 月 28 日發佈《是該啟動"新"一輪基建了》一文，全網相關轉發閱讀數以億計，"新基建"成為年度熱搜詞，引發了市場廣泛關注和業界討論。社會各界對新基建的呼聲很高，新基建最終從學術討論走向社會共識和國家戰略，中國推出以新基建領銜的擴大投資、消費、內需的一攬子宏觀對沖政策。（參考 2018 年 7 月的《當前形勢下，財政政策大有可為》，2019 年 12 月的《該出手了，財政優於貨幣：2020 年政策建議》，2020 年 2 月的《是該啟動"新"一輪基建了》，2020 年 3 月的《中國新基建研究報告》等文章。）

狹義的新基建是指以科技創新為核心的基礎設施補短板，比如 5G（第五代移動通信技術）基建、人工智能、數據中心等。廣義的新基建是推動中國經濟高質量發展、滿足人民美好生活需要的軟硬件基礎設施補短板，新時代產生了新需求，提出了新要求，凡是符合未來新時代經濟社會發展需要的基礎設施都屬於"新基建"。

"新基建"是有時代烙印的。如果說 20 年前中國經濟的"新基建"是鐵路、公路、機場、橋樑，那麼未來 20 年支撐中國經濟社會繁榮發展的"新基建"則是 5G、人工智能、數據中心、工業互聯網等科技創新領域的基礎設施，以及教育、醫療等消費升級重大民生領域的基礎設施。

啟動"新"一輪基建，關鍵在於"新"，要用改革創新的方式推動新一輪基礎設施建設，而不是"四萬億"重來，簡單地重走老路，導致產能過剩、資源浪費和"鬼城"現象。

未來"新"一輪基建主要應有五"新"。

一是新的領域。調整投資領域，在補齊鐵路、公路、橋樑等傳統基建的基礎上大力發展 5G、特高壓、人工智能、工業互聯網、智慧城市、城際高速鐵路、城際軌道交通、大數據中心、新能源汽車充電樁、教育、醫療等新型基建。以改革創新穩增長，發展創新型產業，培育新的經濟增長點。

二是新的地區。基礎設施建設最終是為人口和產業服務的，未來城鎮化的人口將更多地聚集到城市群和都市圈，比如長三角、粵港澳、京津冀等，未來上述地區的軌道交通、城際鐵路、教育、醫療、5G 等基礎設施將面臨嚴重短缺問題，在上述地區進行適度超前的基礎設施建設能夠最大化經濟社會效益。對人口流入地區，要適當放鬆地方債務要求，以推進大規模基建；但對人口流出地區，要加強債務約束，避免因大規模基建造成明顯浪費。

三是新的方式。新基建需要新的配套制度變革。新基建大多屬於新技術、新產業、新經濟，需要不同於傳統基建的財政、金融、產業等配套制度支撐。在財政政策方面，研發支出加計扣除，高新技術企業低稅率；在貨幣金融政策方面，在貸款、多層次資本市場、併購、IPO（首次公開募股）、發債等方面給予支持，推動規範的 PPP（政府和社會資本合作）；在產業政策方面，將新基建納入國家戰略和各地經濟社會發展規劃中。

四是新的主體。要進一步放開基建領域的市場准入，擴大投資主體，尤其是有一定收益的項目要對民間資本一視同仁。事實上華為、百度、騰訊、阿里巴巴等企業已經大力投入新基建。政府、市場和企業相互支持配合，市場能幹的儘可能交給市場，這樣更有效率，政府提供財稅、金融等基礎支持。區分基礎設施和商業應用，前者是政府和市場一起，後者是更多依靠市場和企業。

五是新的內涵。除了硬的"新基建"，還應該包括軟的"新基建"，即制度改革。加強輿論監督和信息公開透明，補齊醫療短板，改革醫療體制，加大汽車、金融、電信、電力等基礎行業開放，加大知識產權保護力度，改善營商環境，大幅減稅降費尤其是社保費率和企業所得稅，落實競爭中性，發展多層次資本市場，建立新激勵機制，調動地方政府和企業家的積極性等。

三、"新基建"是大國競爭的關鍵勝負手

"新基建"不僅能夠短期擴大有效需求，而且能夠長期擴大有效供給，通過增加資本存量和提高全要素生產率促進經濟長期增長。在所有宏觀對沖政策中，無論是貨幣政策還是財政政策，無論是 QE、減稅、基建、現金補貼還是消費券等工具，都是要麼通過央行發行貨幣，要麼通過政府增加債務。既然都是貨幣發行或增加債務，從債務周期或金融周期的角度來看，關鍵是考慮當前增加的債務能否帶來未來的收入。純粹通過貨幣超發刺激消費不會有資本形成，不會提升長期經濟增長潛力，只會形成巨大的債務懸空和金融風險，削弱長期競爭力。比如，美國長期超發貨幣，過度消費，導致 2007年次貸危機和 2020 年流動性危機，競爭力大幅下降，霸權地位不斷削弱；南歐國家寅吃卯糧，國家高福利、低儲蓄、高負債，導致了 2009—2012 年的歐債危機，歐洲日薄西山。但是，擴大有效投資可以增加資本形成和未來收入，提高長期經濟增長潛力，促進經濟良性循環。中國在 1998 年亞洲金融危機和 2008 年國際金融危機時期，實施大規模超前基礎設施建設，不僅成功應對了危機，而且為中國經濟高增長和製造業崛起奠定了堅實基礎，這是中國經濟奇跡的秘訣。

回顧歷史，新基建深刻地影響了世界經濟發展和大國興衰。大航海時代，英國是世界霸主，造船、航海等新基建成就了英國的“日不落帝國”稱號。19世紀的美國，鐵路是最大的新基建，大規模超前建設鐵路成就了美國世界經濟中心的地位。19世紀及20世紀前半期，鐵路一直是美國最重要的交通運輸方式。1830—1915年，美國鐵路里程以每年約5,500千米的速度增長，在南北戰爭爆發時，美國鐵路總里程只有4.8萬千米，而1900年已達到30多萬千米，超過了歐洲各國鐵路的總里程，幾乎佔全世界鐵路里程的一半。美國鐵路的大規模建設加速了工業化和城市化進程，促進了第二次工業革命的爆發，開啟了經濟高速增長的“鍍金時代”，美國崛起成為世界經濟和貿易中心。20世紀90年代的美國，信息高速公路是最大的新基建，成就了美國在互聯網經濟時代的領先優勢。1993年克林頓政府推出“信息高速公路計劃”，計劃投資4,000億美元，用20年時間，逐步將電信光纜鋪設到所有家庭用戶；1994年提出建設全球信息基礎設施，通過衛星通信和電信光纜連通全球信息網絡，形成信息共享的競爭機制。隨後培育出了微軟、谷歌、蘋果等全球高科技巨頭，主導著當今計算機、通信、互聯網領域的發展潮流，具備強大的半導體、微處理器、計算機和通信設備的製造與研發能力。2010年美國率先開啟4G商用，隨後帶動了一批移動互聯網應用的快速發展，4G的領先地位累計為美國帶動了一萬億美元的產出，每年為美國GDP增長貢獻了4,750億美元，對美國鞏固科技霸主地位貢獻巨大。

改革開放40多年來，中國是大規模超前基礎設施建設的受益者，抓住了改革開放和全球化的紅利。沒有適度超前的基建，怎麼會有中國製造的強大競爭力？沒有超前的網絡寬帶建設，怎麼會有互聯網經濟的繁榮發展？1998年亞洲金融風暴時，中國通過增發長期國債，加強基礎設施建設，不僅成功地應對了危機，而且為2001年中國加入WTO（世界貿易組織）後成為“世界工廠”以及經濟高速增長奠定了堅實基礎。2008年國際金融危機時，中國推出“四萬億”投資計劃，儘管當時爭議很大，但現在來看意義重大：大幅降低了運輸成本，提升了中國製造的全球競爭力，釋放了中國經濟增長的巨大潛力。長期以來，中國進行大規模超前的信息網絡基礎設施的研發和鋪設，成功培育了一批批新經濟、新技術，在移動支付、電子商務、新零售、人工智能、共享出行、5G 等領域處於國際領先地位，催生出阿里巴巴、騰訊、華為等世界級科技巨頭，全球新經濟獨角獸企業數量僅次於美國。改革開放初期有句話叫 "要想富，先修路"，經過幾十年的 "基建狂飆"，今天中國擁有世界上最發達的基礎設施，為吸引全球跨國企業、佈局最完整的全球產業鏈、搶佔全球科技創新制高點、破局美國 "新冷戰" 戰略遏制、實現中華民族偉大復興奠定了堅實基礎。

"新基建" 是未來新經濟、新技術、新產業的基礎設施支撐，是大國競爭的關鍵勝負手。新基建包括 5G、數據中心、人工智能等科技領域的基礎設施，教育、醫療等民生領域的基礎設施，以及營商環境、服務業開放、多層次資本市場等制度領域的基礎設施，這些領域發展空間巨大，增長迅速，經濟社會效益顯著，對上下游行業的帶動性強，在未來經濟社會發展中將起到擔大任、挑大樑的重要角色。以 5G 為例，未來 5G 將以萬億美元級的投資拉動十萬億美元級的下游經濟價值，中美兩國將決戰新一代信息技術。中國移動通信行業經歷了 1G 空白、2G 落後、3G 追隨、4G 同步的發展歷程，今天我們終於在 5G 時代走在了前沿，在標準制定、產業鏈配套等方面擁有了話語權。新型信息基礎設施為智能經濟的發展和產業數字化轉型提供了底層支撐。5G 與雲計算、大數據、物聯網、人工智能等領域深度融合，將形成新一代信息基礎設施的核心能力。5G 網絡具有低時延、廣連接、大帶寬三大特點，後續將會促進物聯網、車聯網、VR（虛擬現實）、AR（增強現實）等應用場景的不斷成熟，推動社會進步和人類生活方式的變革。

中國經濟正站在歷史的十字路口，公共政策正面臨重大抉擇。危機並不可怕，關鍵是怎麼應對，能否化危為機。比如中美貿易摩擦，雖然一開始是危機，但我們化壓力為動力，大幅加快了久拖不決的改革開放進程，堅持了市場化方向，矯正了航線，為經濟社會轉型贏得了千載難逢的歷史機遇。我們不要放過任何一次危機。1998 年遭遇亞洲金融危機後，我們推動了國企改革和住房改革。2001 年面對"狼來了"的擔憂，我們主動擁抱全球化，加入 WTO，極大地釋放了人口紅利，開啟了中國經濟高增長的黃金十年。當前面對疫情全球大流行、中美貿易摩擦、增速換擋、結構轉型等重大挑戰，中國正面臨千載難逢的歷史性機遇。美國依靠 QE，中國力推新基建，此消彼長。我們深信，市場經濟的理念已經在中國扎根，新一屆中央領導集體展現了推動改革的勇氣和決心。在這場史詩般的改革戰役中，推動改革的政治家必將贏得英雄般的榮耀，阻礙改革的舊勢力必將成為時代的棄兒。經歷過改革轉型洗禮後的中國經濟，前景將更加光明，最好的投資機會就在中國。展望未來，我們選擇深信時代的進步，深信夢想的力量，深信自由的光芒。

（任澤平　馬家進　熊柴　連一席）

第一章

疫情大流行、全球經濟危機及其影響

2020 年春節期間，新冠肺炎疫情在國內蔓延，舉國上下共同抗擊疫情，使疫情在兩個月左右的時間內得到有效控制。但海外疫情從 2 月下旬開始大面積暴發，美國、意大利、西班牙、德國、法國等成為重災區。全球經濟深度衰退難以避免，當前我們面臨的情況類似於 2003 年"非典"和 2008 年國際金融危機的疊加。

疫情打斷了中國經濟 2019 年底的弱企穩，在經濟下行壓力較大的背景下，全面衝擊中國宏觀經濟、中觀行業和微觀個體。疫情大流行一度引發全球流動性危機，2020 年 2 月 19 日—3 月 20 日，美、英、法、德的股市累計下跌均超過 30%，美股十天內四次熔斷，債券也遭到拋售，全球一度陷入流動性恐慌。流動性危機通常是金融危機的前兆，美、歐被迫推出大規模刺激計劃，力度超過 2008 年國際金融危機。

疫情嚴重衝擊了全球正常的生產生活秩序，諸多國家採取了"封國"、"封城"、停工停學等措施。美、歐經濟衰退將從貿易、外需、產業鏈、金融市場等渠道對中國進行傳導。因此，我們必須做好充分準備和應對。*

---

* 本章作者：任澤平、馬家進、熊柴、連一席、范城愷。

第一節
疫情全面衝擊宏觀經濟、中觀行業和微觀個體

疫情的影響是全面的，宏觀上是數據，微觀上是多少家庭的悲歡離合。

一、對宏觀經濟的影響

疫情對宏觀經濟的衝擊來自供給和需求兩方面。

供給方面，原材料、勞動力等生產要素流通受阻，物流、生產、銷售、回款等正常經營活動受到嚴重干擾，企業停工減產。2020 年第一季度 GDP 同比下降 6.8%，規模以上工業增加值同比下降 8.4%。

需求方面，消費、投資、出口"三駕馬車"受到嚴重衝擊。第一，防控疫情需要隔離防控，避免人口大規模流動和聚集，消費需求大幅降低，2020 年第一季度社會消費品零售總額同比下降 19.0%（見表 1.1）。第二，工人返城、工廠復工延遲，生產活動無法正常進行，房地產、製造業、基建投資短期基本停滯，第一季度固定資產投資完成額同比下降 16.1%。第三，疫情全球大流行，外需疲軟，外貿受阻，第一季度出口同比下降 13.3%。更為關鍵的是，經濟預期惡化，市場信心不足，若政府不妥善應對，總需求將持續下滑，疫情衝擊將更加持久和深遠。

表 1.1　疫情對中國宏觀經濟造成嚴重衝擊

同比增速	2017 年	2018 年	2019 年	2020 年第一季度
GDP	6.9%	6.7%	6.1%	−6.8%
規模以上工業增加值	6.6%	6.2%	5.7%	−8.4%
社會消費品零售總額	10.2%	9.0%	8.0%	−19.0%
固定資產投資完成額	7.2%	5.9%	5.4%	−16.1%
房地產投資	7.0%	9.5%	9.9%	−7.7%
製造業投資	4.8%	9.5%	3.1%	−25.2%
基建投資	14.9%	1.8%	3.3%	−16.4%
出口（以美元計）	7.9%	9.9%	0.5%	−13.3%

資料來源：Wind，恒大研究院。

二、對中觀行業的影響

　　疫情對不同行業的影響充分顯現。一方面，短期來看，餐飲、旅遊、電影、交通運輸、房地產等行業因人員暫停流動而受到直接衝擊；中長期來看，疫情在全球蔓延，家電、汽車等高度依賴外需和全球產業鏈的行業將受到波及。另一方面，生鮮電商、移動遊戲等少量行業由於大眾在疫情期間消費與娛樂方式的轉變而獲得發展機遇，醫療醫藥相關行業更是直接受益。

　　餐飲行業成為受疫情影響的重災區。2019 年全國餐飲收入 46,721 億元，其中 15.5% 來自春節期間的消費旺季。但受疫情影響，為避免人群聚集，2020 年春節期間大量餐飲場所暫停營業，營收銳減。根據 2020 年 2 月 12 日中烹協報告，相比 2019 年春節，疫情期間 78% 的餐飲企業營業收入損失達到 100% 以上，9% 的企業營收損失達到九成以上，7% 的企業營收損失為七成到九成；營收損失在七成以下的僅為 5%。2020 年第一季度，餐飲收入 6,026 億元，同比下降 44.3%；限額以上餐飲收入 1,278 億元，同比下降 41.9%。餐飲業依賴現金流，而且中小企業佔絕對主體，抗風險能力較弱。中國連鎖經營協會報告顯示，截至 2020 年 3 月 1 日，5% 的樣本企業表示已經沒有現金支撐企業運營，79% 的樣本企業表示依靠自有現金無法支撐過三個月。隨著國內疫情得到有效防控，3 月 26 日，商務部表示餐飲行業復工率已達 80%。但短期餐飲服務仍以外賣為主，居民和營業場所對於堂食服務仍然謹慎，營收完全恢復仍需時間。美團研究院數據顯示，截至 4 月 3 日，全國生活服務業商戶復工率達 80.9%，但消費復甦率僅 50.9%。

旅遊行業預計全年負增長。2019 年國內旅遊人數達 60.1 億人次，全年實現旅遊總收入 6.6 萬億元。春節是除 "十一" 和 "五一" 之外的重要旅遊黃金周，2019 年春節假期七天全國旅遊接待總人數為 4.2 億人次，實現旅遊收入 5,139 億。但 2020 年春節期間居民紛紛中止出行，國內主要景點被關閉，大型文娛活動被取消。3 月隨著疫情得到有效控制，旅遊景區逐漸恢復運營，但進度緩慢。截至 3 月 16 日，全國已有 28 個省（區、市）的 3,714 家 A 級旅遊景區恢復對外營業，復工率約 30%。中國旅遊研究院 3 月底估算，2020 年第一季度及全年，國內旅遊人次將分別下降 56% 和 15.5%，全年同比減少 9.3 億人次；國內旅遊收入分別下降 69% 和 20.6%，全年減收 1.2 萬億元。到 2020 年底，預計全國遊客人數下降至 50.7 億人次，全國旅遊收入降至 4.6 萬億元。

電影行業第一季度近乎顆粒無收。春節檔在全年票房收入中佔據重要地位，2019 年春節檔票房 58.6 億元，約佔全年票房 642.7 億元的 9.1%。2020 年春節檔原本飽受期待，但受疫情衝擊，主打影片全部撤檔，院線全面暫停營業。2020 年春節檔票房收入從疫情前市場預測的 80 億元，降至不足 2,400 萬元，基本可以忽略不計。此外，電影業復工緩慢，3 月 27 日，國家電影局仍通知所有影院暫不復業。電影行業面臨巨大的資金風險，中上游影視公司前期製片發行投入巨大，但未能通過票房收入回籠資金，資金鏈緊張的情況下又可能耽誤後續復工復產，或形成惡性循環；終端院線場地租金、員工薪資等剛性成本較高，停業影響也易引發資金鏈斷裂。

交通運輸行業出現春運低谷。國家發展改革委在 2020 年春節前預測，2020 年春運全國旅客發送量將達 30 億人次。但受疫情衝擊，旅客出行需求減少，部分城市封城封路，交通運輸不暢。春運期間（1 月 10 日—2 月 10 日），全國鐵路、公路、水路、民航累計發送旅客 13.8 億人次，較 2019 年同期下降 43.1%，其中節後下滑幅度更大，1 月 25 日—2 月 10 日全國累計發送旅客同比下滑 81.9%（見圖 1.1）。此外，疫情期間出行需求下降，很多網約車司機收入下降甚至歸零，網絡汽車租賃企業由於資產比重大、維護成本高而面臨巨大壓力。3 月疫情穩定後，全國封城令陸續解禁，為保障復工復產，交通運輸服務加快恢復。

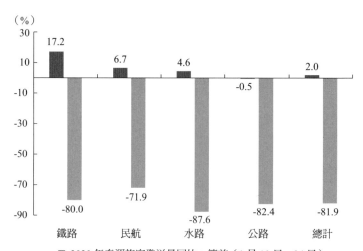

圖 1.1　疫情衝擊交通運輸

資料來源：交通運輸部，恒大研究院。

房地產行業遭遇暫停銷售壓力。受疫情影響，2020 年 1 月 26 日，中國房地產業協會號召全行業暫時停止售樓處銷售活動，1—2 月商品房銷售大幅縮水，銷售金額和面積同比分別下降 35.9% 和 39.9%。疫情直接影響房企開復工，導致房地產投資負增長，1—2 月新開工面積與竣工面積同比分別下降 44.9% 和 22.9%，開發投資同比下降 16.3%。由於銷售回款減少，開復工受阻，1—2 月企業到位資金同比減少 17.5%，其中定金和預收款減少 23.9%。3 月以來，隨著疫情得到有效控制，各地售樓處開始有序開放，線上的銷售與購房手續辦理渠道打通，房地產銷售和投資開始逐步恢復。

家電行業面臨內外需萎縮的困境。國內疫情嚴重衝擊家電行業，2020 年 1—2 月，家電和音像器材類零售額累計同比下滑 30%，冰箱、洗衣機和家用空調銷量同比分別下滑 24.6%、25.5% 和 35.1%。3 月原本是家電行業銷售的關鍵節點，但受疫情影響，國內規模最大的家電展會 AWE（中國家電及消費電子博覽會）推遲至 2021 年。另外，中國是全球第一大家電出口國。在產能方面，中國家電協會估算，中國承擔全球 70%~80% 的空調、微波爐和 50%~65% 的冰箱產能。在外需方面，根據中國機電產品進出口商會數據，2019 年中國家電產品出口額為 777.7 億美元，出口規模連續三年增長。2020 年 1—2 月，受國內疫情影響，家電出口活動受限，而 3 月以後海外疫情蔓延，外需將持續削弱，高度依賴出口的家電行業面臨巨大挑戰。

汽車行業面臨全球產業鏈斷裂的衝擊。2020 年 1—2 月汽車工業增加值累計同比 −31.8%，較 2019 年 12 月大幅下滑 42.2 個百分點，其中 SUV（運動型多用途汽車）、轎車和新能源車產量同比下滑 41.3%、49.8% 和 62.8%。根據中汽協數據，2020 年 2 月，中國汽車產量和銷量較 2019 年同期分別下滑 79.8% 和 79.1%。全球疫情蔓延對中國汽車業的負面衝擊亦不容小覷。一方面，全球需求趨弱，3 月 31 日麥肯錫預計 2020 年全球汽車銷量受疫情影響將下滑 29%，中國市場銷量將下降 15%，短期內不可恢復。另一方面，汽車產業鏈較長，環環相扣，整車製造商與零部件供應商之間的對接鏈條涉及上萬個零部件，可謂"牽一髮而動全身"。截至 4 月，北美、歐洲和亞洲汽車生產大國的絕大部分汽車工廠均處於停擺狀態，國外大型零部件供應商自 3 月底也已陸續停產，全球工廠陷入"關停潮"。中國汽車業與全球工廠聯繫緊密，據海關統計，2019 年中國汽車零部件交易額為 367.11 億美元，其中與德國、日本、韓國、美國的交易總額達到 246.45 億美元，佔 67.1%。全球產業鏈斷裂將加劇對中國汽車行業的衝擊。

上述僅是所受衝擊最為顯著的行業，疫情對經濟的影響是全方位的，所有行業都會受到或大或小的波及。當然，也有少量行業，如生鮮電商、移動遊戲等在疫情衝擊中獲得了發展機遇，醫療醫藥相關行業更是直接受益。疫情期間，由於出行不便，居民"被迫"使用電商平台採購生鮮食品等生活必需品。為保障安全，以阿里巴巴、蘇寧為首的多家生鮮平台都在第一時間推出"無接觸配送"服務，京東、每日優鮮等平台還設立"無接觸配送存放點"，生鮮電商實現了在疫情期間的正常運作，銷售額大幅增加。根據人民網新電商研究院數據，蘇寧菜場的"到店模式"在疫情期間迅速凸顯，全國銷售增長達 650%；京東到家平台於 2020 年 1 月 27 日—2 月 13 日總體銷售額同比增長 450%。本次疫情阻礙了大眾的外出娛樂活動，居家遊戲成為大多數人的娛樂方式之一，短期內移動遊戲行業獲得巨大流量。艾瑞諮詢調查顯示，疫情期間的遊戲用戶有 12.7% 表示"平時不太玩遊戲，是疫情的原因才開始玩的"，72.8% 的用戶表示"平時也玩，但疫情期間玩得更多"，80%~90% 的用戶表示"疫情過後也會繼續玩遊戲"，超過一半的用戶表示"可能會持續玩較長時間"。

三、對微觀個體的影響

疫情對不同微觀個體的衝擊程度不一樣，從受衝擊的程度來看，民企大於國企，小微企業大於大企業，農民工大於正式職工。

疫情打亂了企業的正常經營計劃，企業生產和營業停擺，收入和現金流中斷，但是房租、工資、利息等費用剛性支付，蒙受了巨大損失。經營中斷可能導致訂單合同違約、資金周轉困難，部分體量較小、抗風險能力較弱的中小微企業將面臨破產倒閉的困境，風險還可能沿著供應鏈和擔保鏈上下及橫向傳導，引發局部性危機。

員工收入與企業經營效益息息相關，儘管人社部已下發通知要求保障員工的合法權益，但當企業效益下滑時，員工的薪資、獎金乃至就業都會受到嚴重影響，尤其是在受衝擊較大的餐飲、旅遊、交通運輸等行業及中小微企業。需要特別關注的是彈性薪酬制的員工，例如外賣、快遞、滴滴以及部分製造業等計件工資的工種，他們基礎保障低，收入波動大，是受疫情衝擊最大的人群。

中小微企業創造了大量的就業崗位，為提高居民收入和維護社會穩定做出了巨大貢獻。彈性薪酬制的員工數量龐大，但是社會保障和抗風險能力非常薄弱。近年來經濟增速下行，企業經營效益下滑，就業壓力加大，疊加此次疫情衝擊，中小微企業和彈性薪酬制員工等弱勢群體需要重點關注和扶持。如圖 1.2 所示，2020 年 2 月城鎮調查失業率和 31 個大城市城鎮調查失業率分別為 6.2% 和 5.7%，3 月分別為 5.9% 和 5.7%，仍處於歷史高點。

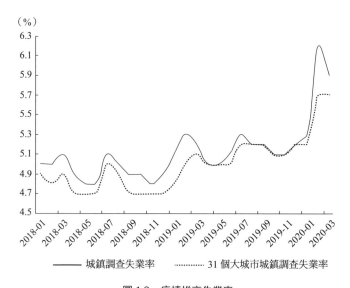

（%）

圖 1.2　疫情推高失業率

資料來源：Wind，恒大研究院。

城鎮調查失業率　　31 個大城市城鎮調查失業率

第二節　全球流動性危機一度顯現

2008 年金融危機之後，各國政府和央行主要以超低利率和量化寬鬆應對，而實質性改革和創新進展遲緩。這帶來了一系列風險和脆弱性，比如美國面臨股市泡沫、債務槓桿、金融機構風險、社會撕裂四大危機。歐洲、亞洲等也面臨同樣的問題。2020 年 3 月，全球金融市場雪崩，美國股票、債券、黃金一度齊跌，現金為王，美元指數上漲，流動性危機一度顯現。疫情只是導火索，根源是全球經濟金融社會的脆弱性。為避免流動性危機演變為金融危機，美聯儲履行最後貸款人職責，3 月兩次緊急降息至零利率，啟動無上限量化寬鬆，為金融機構和相關市場提供流動性支持。流動性危機暫時得到緩解，但是金融危機只是被推遲，深層次的經濟金融脆弱性並未消除，疫情全球大流行的衝擊和影響還未完全顯現。

一、股市泡沫：長期寬鬆、股票回購、估值過高、同質化交易

美聯儲長期寬鬆的貨幣政策催生了美國股市延續近 11 年的史上最長牛市，股市泡沫終將無法持續。泡沫破滅、股市大跌將通過居民部門的財富效應、企業部門的托賓 Q 效應、信貸市場的資產負債表和抵押品等渠道衝擊實體經濟。

（一）全球主要股指暴跌，現金為王，流動性危機一度顯現

在經歷 11 年牛市後，2020 年 2 月下旬以來，美股大跌，四次熔斷。3 月 9 日、12 日、16 日和 18 日，美股猛烈下跌觸及 7% 的一級市場熔斷線，十天內四次熔斷。如圖 1.3 所示，2 月 19 日—3 月 20 日，道瓊斯工

2020 年 2 月 19 日—3 月 20 日主要股指表現

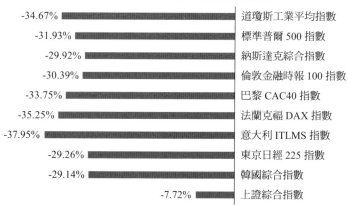

-34.67%	道瓊斯工業平均指數
-31.93%	標準普爾 500 指數
-29.92%	納斯達克綜合指數
-30.39%	倫敦金融時報 100 指數
-33.75%	巴黎 CAC40 指數
-35.25%	法蘭克福 DAX 指數
-37.95%	意大利 ITLMS 指數
-29.26%	東京日經 225 指數
-29.14%	韓國綜合指數
-7.72%	上證綜合指數

圖 1.3　美、歐、日、韓股市大跌，進入技術性熊市

資料來源：Wind，恒大研究院。

業平均指數、標準普爾 500 指數、納斯達克綜合指數分別下跌 34.67%、31.93%、29.92%，美股已進入技術性熊市。3 月 16 日，恐慌指數（VIX，波動率指數）高達 82.69，超過 2008 年金融危機時的最高點 80.86。

全球股市重挫。比如，3 月 12 日，全球有 11 國股市因大跌而觸發熔斷。亞洲方面，泰國、菲律賓、韓國、巴基斯坦、印尼等國家股市均發生熔斷。美股開盤後，加拿大、巴西、墨西哥、哥倫比亞股市也觸發熔斷，其中巴西股指大跌 15%，一日內兩次熔斷。

股市大跌，資金尋求安全資產，股債之間通常存在"蹺蹺板效應"，長期國債收益率本該下行，但 3 月 9 日之後卻出現"股債雙殺"，說明金融市場亟須流動性，投資者拋售長期國債以回籠資金，從而推高國債收益率。黃金作為傳統的避險資產，在爆發重大風險事件時能發揮一定的風險對沖作用。但當市場出現流動性危機時，黃金同樣會被拋售，2008 年黃金價格最大跌幅高達近 30%。2020 年 3 月 9 日之後股債雙殺，黃金價格同樣大幅下跌，八個交易日內跌幅超過 10%。

流動性危機發生時，所有風險資產同步下跌。所有籃子都被打翻時，沒有一顆雞蛋是安全的。市場恐慌性地追逐流動性，資金需求快速上升，但資金供給更加謹慎，3 月 9 日之後美元指數飆升。金融危機中，金融市場的流動性危機是開端，金融機構的流動性危機則是標誌性事件和加速器。金融機構是信貸業務和資本市場的中樞，是資金需求與資金供給的對接方，一旦金融機構遭遇流動性擠兌，整個金融體系就會凍結甚至崩塌，金融危機加速蔓延，向縱深發展。

（二）貨幣超發、同質化交易、股票回購等推高股市泡沫，醞釀風險

貨幣超發、投資者同質化交易行為、上市公司發債以回購股票是美股長牛的重要原因，在市場下跌時泡沫被刺破，蘊藏著巨大的風險。

市場的同質化交易行為不斷增加。長期低利率壓低了養老基金、保

險公司等機構投資者的資產收益率，促使其將資金投向股市。量化交易、指數基金等被動投資逐漸盛行，增大了市場交易的同質性。蘋果、微軟、亞馬遜等龍頭藍籌科技股市值佔比持續上升，對指數影響顯著。處於牛市時，同質化的交易行為快速推升股價；轉入熊市時，則會造成大規模拋售，市場流動性枯竭，陷入下跌螺旋。

　　部分上市公司通過發債加大槓桿進行股票回購和分紅，推升股價和估值。如圖 1.4 所示，股票回購和分紅是美股持續走牛的重要原因。除了擁有大量現金的公司外，部分公司出於市值管理或投機套利的目的，通過發債的方式籌集資金回購股票，做大每股收益，推高股價。但是，一旦股價下跌，發債的企業將面臨巨大虧損和流動性短缺，企業財務狀況惡化，債務違約風險上升，進一步壓低股價。

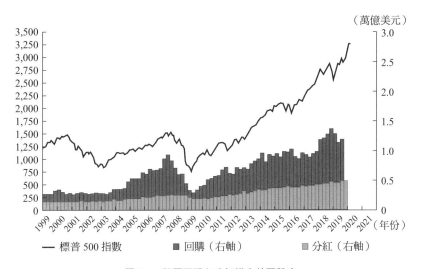

圖 1.4　股票回購和分紅推高美國股市

資料來源：標準普爾，恒大研究院。

二、債務危機：槓桿率上升、高風險債券佔比上升、償債能力下降

美國正處於金融周期的高位，企業部門面臨巨大的債務風險：槓桿率快速上升，償債能力持續下降，高風險債券佔比上升，信用利差擴大。企業部門債務有可能成為金融危機的策源地。

（一）企業債務和槓桿率快速上升，償債能力持續下降

2008 年金融危機後，美國居民部門修復破損的資產負債表，槓桿率（債務 / GDP）持續下降；政府部門加強宏觀逆周期調節，承接私人部門槓桿轉移，槓桿率快速攀升，但 2014 年後基本平穩；非金融企業部門受危機衝擊去槓桿，但槓桿率快速反彈，超過危機前水平，目前更是超過居民部門。

如圖 1.5 和圖 1.6 所示，美國企業債務和槓桿率快速上升，但償債能

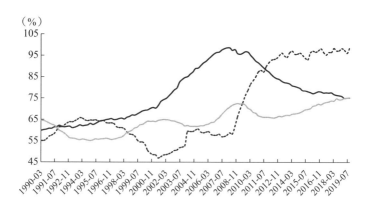

圖 1.5　美國非金融企業部門槓桿率快速上升

資料來源：Wind，恒大研究院。

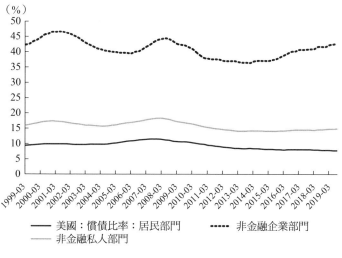

圖 1.6　美國非金融企業部門償債能力持續下降

資料來源：BIS，恒大研究院。

力卻持續下降。美國非金融企業部門的償債比率（當期應付本息／當期收入）遠高於居民部門和整體非金融私人部門，並且持續上升，處於歷史相對高位。

（二）高風險企業債佔比擴大，債務違約風險上升

美國高風險企業債佔比持續擴大。2008─2018 年美國非金融企業債券餘額從 2.2 萬億美元上升至 5.7 萬億美元，其中 BBB 級企業債增加了近兩萬億美元，佔比從 36.4% 上升至 47.4%。BBB 級是投資級中的最低等級，一旦疫情衝擊和油價暴跌導致企業經營狀況惡化，評級下調為高收益級垃圾債，機構投資者將被動清倉，嚴重衝擊債市。同時，槓桿貸款以及 BB 級和 B 級企業債也大幅增長，加劇美國債市風險。2020 年 1 月標普下調 676 家美國企業債發行人的評級，上調 352 家，上調與下調發債企業之比為 0.5，創 2009 年以來新低，被下調評級的企業中 86% 都與發行高收

益債有關。

　　美國高風險企業債信用利差擴大，違約風險上升。如圖 1.7 所示，BBB 及以下評級企業債信用利差快速上升，表明市場風險偏好下降。利差擴大增加了企業再融資的成本與難度，一旦無法順利再融資，債券大規模違約，風險將傳導至整個金融體系。

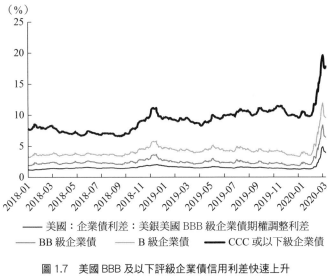

圖 1.7　美國 BBB 及以下評級企業債信用利差快速上升

資料來源：Wind，恒大研究院。

三、金融機構危機：金融監管放鬆、資產泡沫、明斯基時刻、債務—通縮循環

　　股市、債市等資本市場如果持續動盪，則可能引發商業銀行等金融機構危機，導致金融體系流動性枯竭，明斯基時刻降臨，最終傳導並放大至實體經濟，經濟陷入嚴重的資產負債表衰退和債務—通縮循環。

（一）長期低利率、資產價格持續上漲、監管放鬆等加劇了金融機構的順周期性和道德風險

2008 年全球金融危機的最大教訓就是：加強宏觀審慎監管，防範金融機構的道德風險和大而不能倒，避免金融體系內部風險積聚和對實體經濟的衝擊。美國通過了《多德－弗蘭克法案》，對系統重要性金融機構進行嚴格監管，填補對沖基金等監管空白，對資產證券化及場外衍生品市場進行約束，嚴格銀行資本金監管和業務監管等。

但是，由於美聯儲實行長期低利率和多輪量化寬鬆政策，大量資金湧入資本市場，快速推高資產價格，尤其是美國股市一路上漲。同時，在華爾街的推動下，特朗普政府放鬆金融監管，通過《促進經濟增長、放鬆監管要求、保護消費者權益法案》，修訂《多德－弗蘭克法案》和沃爾克規則，對抵押貸款、社區銀行、大型銀行和證券市場的監管均進行了放鬆。

長期低利率、資產價格持續上漲、監管放鬆等加劇了金融機構的順周期性和道德風險。金融機構風險偏好上升，投資決策更加激進，信貸市場未償債務同比持續上升。金融機構低估持有資產的隱含風險，謀求短期收益率最大化，即便未來風險爆發，也有美聯儲和政府提供救助。

（二）資產價格暴跌可能引發市場恐慌、流動性枯竭、金融機構破產倒閉、資產負債表衰退

若應對不當，資本市場動盪可能引發經濟金融危機。2008 年金融危機肇始於美國房價下跌、次級貸款違約、衍生品價格暴跌、金融機構巨額虧損、雷曼兄弟破產倒閉、全球金融市場恐慌。當金融機構持有的資產質量快速惡化，金融機構被迫拋售資產以減輕損失，整個市場都在追求流動性時，擠兌發生，流動性枯竭。為了獲取流動性，不僅風險資產被拋售，流動性更強的安全資產也被快速拋售變現，從而導致資產價格全面下跌。

資產價格暴跌導致金融機構資產負債表快速惡化，資不抵債，破產

倒閉。2008 年金融危機時，美國第四大投行雷曼兄弟破產，排名第三的美林和第五的貝爾斯登被收購，房地美和房利美受政府託管。另外，如圖 1.8 所示，有大量商業銀行倒閉或接受救助。

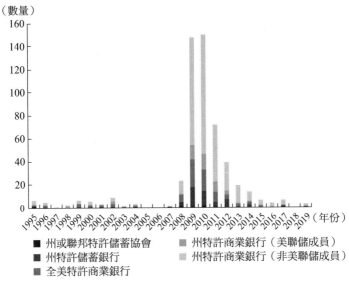

（數量）

■ 州或聯邦特許儲蓄協會　　■ 州特許商業銀行（美聯儲成員）
■ 州特許儲蓄銀行　　　　　■ 州特許商業銀行（非美聯儲成員）
■ 全美特許商業銀行

圖 1.8　2008 年金融危機導致美國銀行業發生大規模倒閉或接受救助

資料來源：Wind，恒大研究院。

　　金融體系的巨大衝擊將傳導並放大至實體經濟，經過資產負債表衰退和債務—通縮循環等機制，金融危機最終演變為經濟危機。2008 年金融危機導致美國陷入 1929 年"大蕭條"以來最嚴重的經濟衰退。美國實際 GDP 直到 2010 年底才重新回到危機之前的水平，並且直到 2018 年初才回到潛在 GDP 的水平。

四、社會危機：貧富差距拉大、社會撕裂、民粹主義、貿易保護主義、政治激進

美國存在嚴峻的社會危機，特朗普和桑德斯等政治激進人士快速崛起，這反映了美國不同社會階層之間嚴重撕裂，貧富分化問題日益嚴重，鐵鏽地帶快速衰落，逆全球化思潮湧動，民粹主義興起，貿易摩擦不斷等問題。這都與過去長期貨幣超發和低利率推高資產價格泡沫有關。

（一）收入與財富分配不均加劇

美國收入分配差距持續擴大，1968—2018 年基尼係數從 0.386 升至 0.486。2014 年，美國前 1% 的人口擁有 20.2% 的總收入，前 10% 的人口擁有 47.0% 的總收入；而在 1980 年，二者的佔比分別為 10.7% 和 34.2%。2014 年，後 50% 的人口僅擁有 12.5% 的總收入，中間 40% 的人口擁有 40.4% 的總收入，並且後 50% 人口收入份額的下降速度顯著快於中間 40% 的人口。如圖 1.9 和圖 1.10 所示，美國前 10% 和後 90% 人口的收入差距持續擴大，後 50% 人口的收入份額持續下降。OECD（經濟合作與發展組織）的 36 個成員中，美國的基尼係數僅次於墨西哥、智利和土耳其，顯著高於其他主要發達經濟體。

美國財富分配差距持續擴大。2014 年，美國前 1% 的人口擁有 38.6% 的總財富，前 10% 的人口擁有 73.0% 的總財富（見圖 1.11）；而前者在 1980 年的佔比為 22.5%，後者在 1985 年的佔比為 60.8%。2014 年，後 50% 的人口僅擁有 –0.1% 的總財富，中間 40% 的人口擁有 27.1% 的總財富；後 50% 的人口受次貸危機衝擊陷入負資產，中間 40% 人口的財富份額亦快速下降（見圖 1.12）。

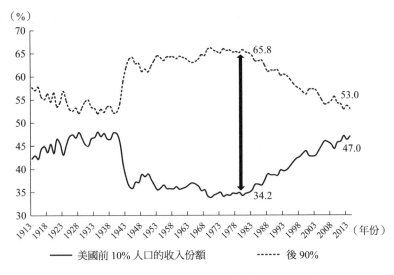

圖 1.9　美國前 10% 和後 90% 人口的收入差距持續擴大

資料來源：WID.world，恒大研究院。

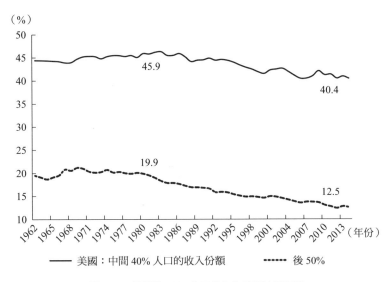

圖 1.10　美國後 50% 人口的收入份額持續下降

資料來源：WID.world，恒大研究院。

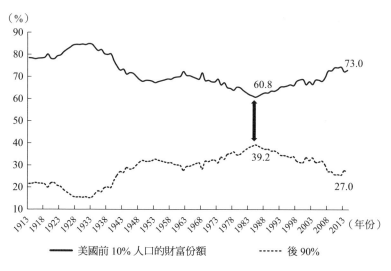

圖 1.11　美國前 10% 和後 90% 人口的財富差距持續擴大

資料來源：WID.world，恒大研究院。

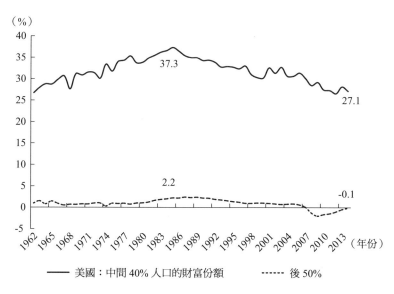

圖 1.12　美國後 50% 人口受次貸危機衝擊陷入負資產

資料來源：WID.world，恒大研究院。

（二）製造業外流與鐵鏽地帶衰落

美國製造業持續外流。2001 年中國加入 WTO，依靠物美價廉的產品迅速搶佔國際市場。如圖 1.13 所示，美國製造業增加值佔全球比重由 2001 年的 28.3% 快速下滑至 2017 年的 16.7%，中國則從 2004 年的 8.7% 快速上升至 2017 年的 27.1%。中國於 2010 年超過美國，成為世界第一製造大國。

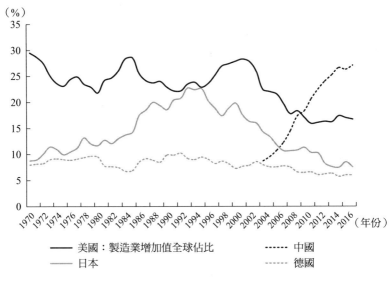

圖 1.13　美國製造業增加值全球佔比快速下滑

資料來源：United Nations，恒大研究院。

製造業崗位流失衝擊藍領工人就業。美國中產階級的崛起依賴於製造業大發展，製造業提供了大量相對高薪且穩定的工作崗位，1913 年福特汽車公司的流水線工人便是典型例子。因此受製造業萎縮衝擊最大的就是這些藍領中產工人。2018 年美國薪資最高的是計算機、法律、金融和醫療等高端服務業，接下來是製造業，最低的則是餐飲等低端服務業。高端服務業的就業崗位有限，職業技能要求較高，因此製造業工人往往只能向低端服務業轉移，收入下降且崗位不穩定。2018 年美國各行業工資中位數和各行業就業人數分別見圖 1.14 和圖 1.15。

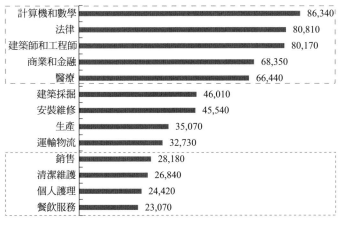

圖 1.14　2018 年美國各行業工資中位數

資料來源：美國勞工統計局，恒大研究院。

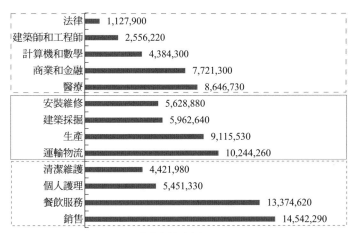

圖 1.15　2018 年美國各行業就業人數

資料來源：美國勞工統計局，恒大研究院。

中產階級收入增長停滯。如圖 1.16 所示，美國第二產業就業人數佔比持續下降，第三產業佔比上升。產業結構和就業結構變化帶來收入分配的變化。如圖 1.17 所示，美國人均實際 GDP 平穩上升，1953—2017 年增長了 238.9%；但是家庭實際收入的中位數卻只增長了 122.2%，尤其是 1980 年之後，收入增速顯著放緩。經濟增長的成果集中流向高收入階層，而未惠及廣大的中產階級。

鐵鏽地帶助力特朗普贏得大選。美國五大湖區的工業重鎮隨著產業變遷而快速衰落，被稱為"鐵鏽地帶"。當地的藍領工人經歷失業、收入下降、社區衰敗、夢想破滅，正是這些未被精英階層關注的沉默的大多數，幫助特朗普爆冷贏得大選。比較 2008 年和 2016 年的總統大選結果，最大的變化便是五大湖區周邊的六個州發生了倒戈。

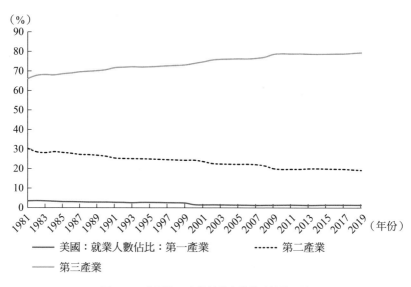

圖 1.16　美國第二產業就業人數佔比持續下降

資料來源：Wind，恒大研究院。

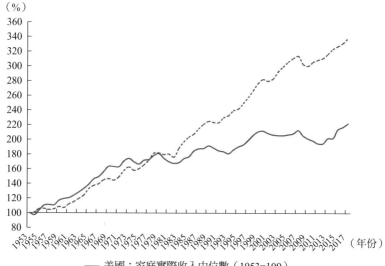

圖 1.17　美國家庭收入中位數增速不及人均 GDP

資料來源：聖路易斯聯邦儲備銀行，恒大研究院。

（三）上升通道堵塞與階層固化，美國夢褪色

美國夢的核心是，每一代人都比上一代人收入更高、生活更好，只要肯努力，就有希望實現階層躍升，躋身中產階層。上升通道是否順暢、階層是否固化可用 "絕對流動性" 這一指標來衡量：全社會子女 30 歲時收入超過其父母 30 歲時收入的比例。這一比例越高，說明下一代人實現階層躍升的希望越大。

如圖 1.18 和圖 1.19 所示，美國的絕對流動性在持續下滑，從 1940 年的 92% 下降至 1984 年的 50%。這意味著 1940 年出生的人，在 30 歲時的收入基本都能超過其父母年輕時的水平；而 1984 年出生的人，竟有一半不如父母。如果你出生於 1940 年，想要達到父母一輩 80 分位數的水平，則只需超過 14% 的同齡人即可；如果你出生於 1980 年，則需要超過 74% 的同齡人，競爭更加激烈，階層躍升越發困難。

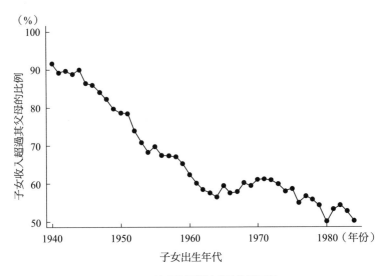

圖 1.18 美國的絕對流動性持續下滑

資料來源：哈佛大學機會洞察中心，恒大研究院。

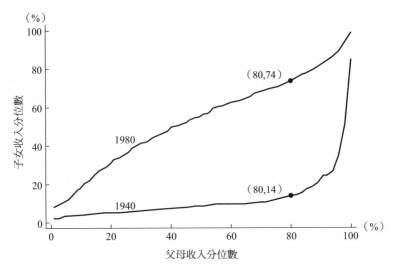

圖 1.19 美國階層躍升競爭加劇，難度增大

資料來源：哈佛大學機會洞察中心，恒大研究院。

絕對流動性的下降，意味著年青一代幸福感和希望的逐步喪失。美國嬰兒潮一代（出生於 1946—1964 年）是最幸福的一代，戰後經濟高速增長，無需過多的個人選擇，只需按部就班地乘著時代東風過上標準的中產生活：有房有車、定期家庭旅行、足額的子女教育經費、充分的醫療和養老保障等。千禧一代（出生於 1981—1996 年）就沒有這麼幸運了，他們往往要背負巨額教育貸款，遭遇次貸危機引發的"大衰退"，收入不足以支付房租和房貸，只能繼續和父母住在一起。因此千禧一代成為"佔領華爾街"運動的主要發動者和支持者。

　　接受高等教育是實現階層躍升的有效途徑，教育機會的不公平正在加劇階層固化。在美國頂尖私立大學（常春藤聯盟、芝加哥大學、斯坦福大學、麻省理工學院、杜克大學）中，只有 13.5% 的學生來自底層 50% 的家庭，3.8% 的學生來自底層 20% 的家庭，而來自頂層 1% 家庭的學生卻高達 14.5%，甚至超過了底層 50% 的家庭。頂層 1% 家庭的孩子就讀頂尖私立大學的概率是底層 20% 家庭的 76 倍多。圖 1.20 是美國頂尖私立大學學生的家庭背景情況。

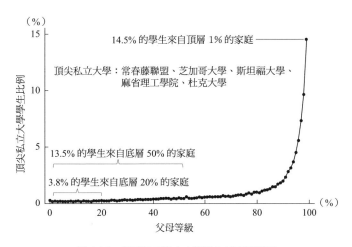

圖 1.20　美國頂尖私立大學學生的家庭背景

資料來源：哈佛大學機會洞察中心，恒大研究院。

美國大學學費快速上漲，助學貸款負擔沉重。1984—2019 年，美國 CPI 漲了 1.5 倍，住房租金漲了 2.2 倍，醫療服務漲了 2.7 倍，大學學費卻漲了 7.3 倍。高額的學費對應著高額的助學貸款。美國有近 4,500 萬人背負助學貸款債務，佔總人口超過 1/8。2/3 的大學畢業生背負助學貸款債務，平均高達 35,000 美元。因此桑德斯提議立法，對華爾街徵新稅，以免除 1.6 萬億美元的學生債務。

第三節
疫情全球大流行、經濟衰退對中國經濟的傳導渠道

疫情全球大流行將引發全球經濟衰退。2020 年 4 月 14 日，國際貨幣基金組織（IMF）在《世界經濟展望》中預測，2020 年全球經濟將收縮 3%，其中美國、歐元區和日本 GDP 分別下降 5.9%、7.5% 和 5.2%。疫情衝擊導致的全球經濟衰退將通過貿易、外需、產業鏈、金融市場、交叉傳染等途徑向中國傳導。

一、貿易和外需：出口下滑

疫情疊加經濟金融危機，衝擊海外經濟復甦，拖累外需。

第一，疫情直接衝擊海外經濟增長和消費意願。海外疫情快速蔓延，隨著各國防疫措施加強，餐旅、交通運輸、零售、娛樂等聚集性行業需求進一步萎縮，短期失業率上升，經濟衰退風險加大。

第二，金融市場劇烈波動導致居民財富大幅縮水，消費、投資、進口

需求均受衝擊。近期美、歐等主要股市跌幅均超過 20%，跌入技術性熊市，美股四次熔斷，各國掀起降息潮，投資者已向流動性危機、金融危機的方向進行恐慌性交易。美國經濟佔比中約 70% 是消費，資產價格大幅下跌直接衝擊居民資產負債表，動搖市場信心。

　　第三，隨著海外疫情持續蔓延，外需收縮給出口企業帶來不利影響（見圖 1.21）。歐、美疫情不斷蔓延並升級防疫手段，多地 "封城"、"封國"，經濟活動停擺，導致外需大幅收縮，中國出口訂單驟降。春節以來，波羅的海乾散貨指數低於近三年同期。鋼材、化工等行業產品庫存大幅上升。

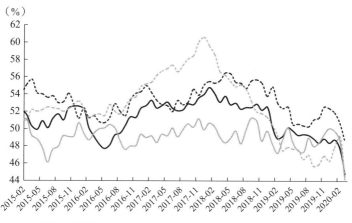

圖 1.21　外需總體疲弱

資料來源：Wind，恒大研究院。

　　從行業來看，疫情將主要衝擊中國電機電器、器械器具、紡織品、化工品等。目前海外疫情較為嚴重、金融市場大幅波動的國家大多與中國有密切的貿易聯繫，如圖 1.22 所示，中國對歐盟、美國、日本、韓國的出口分別佔比 17.2%、16.8%、5.7%、4.4%，而對歐盟中的意大利、西班牙、法國、德國出口合計佔比 6.9%。2019 年電機電器、器械器具、紡織品、化工品四個行業分別佔中國對日、韓整體出口的 27.5%、15.7%、12.0%、5.3%；對德國、法國、意大利和西班牙出口的電機電器合計佔對其整體出口的 40%；對美國出口最大的四類產品為機電產品、紡織品、傢居玩具及原料出口，分別佔比 46%、10.2%、6.6%、5%。

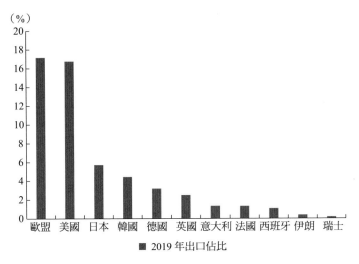

圖 1.22　中國對歐、美、日、韓出口合計佔比 44.1%

資料來源：Wind，恒大研究院。

二、產業鏈：下游需求減少，上游減產或斷供

經濟全球化時代，各國產業高度依賴、密切關聯。企業大面積推遲復工時間，工廠關停，物流受阻，對全球製造業的生產、運輸、用工都將造成負面影響，並且通過全球供應鏈網絡層層放大。產業鏈衝擊將通過供需兩端影響中國。一方面，外需減弱導致國外零售下降，中國生產的零部件、加工品出口等受拖累。2020 年 3 月以來，蘋果、耐克等歐、美零售

商閉店抗擊疫情，實體經濟走弱，對中國上游製造業負面影響持續加深。另一方面，海外產業鏈上其他國家斷供或減產，衝擊下游產業。以電子和汽車產業鏈為例，二者是典型的鏈條較長的行業，恰好是疫情衝擊較大的韓、日兩國的重要產業，而韓、日又分別是中國第一大、第三大進口國，短期內國產替代進口有較大難度，衝擊顯著。

日、韓減產或斷供將衝擊中國機電產品（電機電器、機械器具）、化學品、塑料和金屬製品等中游產業，導致原材料及產成品漲價和斷供，對半導體、汽車下游產業產生負面影響。中國與日、韓貿易往來關係密切（2018 年中國對日、韓出口結構見圖 1.23）。2019 年中國對日、韓貿易總額合計佔中國進出口總額的 13.1%，中國是日、韓的第一大進口國，日、韓對中國出口佔其總出口額比重分別為 19.5% 和 26.8%。分產品看，中國向日、韓進口最多的產品為機電產品、醫療設備、化學品和塑料，其中，自日、韓進口機電產品分別佔自日、韓進口總額的 45.5% 和 60.3%。2020年，若日、韓疫情持續發酵，則將導致這些中游產業及其對應的下游行業受到較大衝擊。

第一，半導體行業。從產業結構來看，中國主要集中在下游封測行業，2019 年前三季度中國集成電路產業銷售額達 5,049 億元，同比增長13.2%，設計、製造、封測三大產業佔比分別為 42.0%、26.2%、31.8%。由於日、韓在晶圓、光刻膠等原材料，DRAM（動態隨機存取存儲器）、NAND（計算機閃存設備）、CIS（接觸式圖像傳感器）等核心零部件擁有過半市場份額，一旦產業鏈輸送不暢，將對中國設計、封測等環節造成壓力，主要表現為上游材料和零部件短缺而形成的採購成本上升、產品交付延期等。

第二，汽車行業。該行業由於技術含量高、產業鏈長，涉及工業部門種類僅次於房屋建築，直接相關的行業為黑色金屬冶煉、通用設備製造、橡膠及塑料製品、有色金屬冶煉、電氣機械、金屬製品和化學原料等。其中，金屬製品、橡膠等化工原材料以及機電、運輸設備與日、韓等國的供應鏈相關，若出現斷供，則將對汽車製造鏈條造成嚴重衝擊。2020 年 2 月 28 日，現代汽車韓國蔚山工廠由於一名工人被檢測出新型冠狀病毒呈陽性而關閉。隨著德國疫情加重，西門子、博世等公司或將減產、停產，進一步衝擊汽車產業鏈。

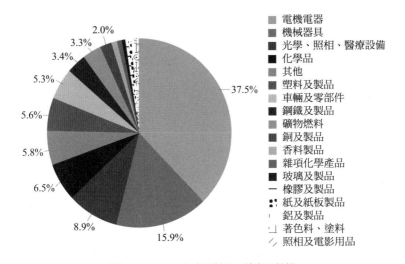

圖 1.23　2018 年中國對日、韓出口結構

資料來源：聯合國商品貿易統計數據庫，恒大研究院。

三、金融市場：外資抽逃、資本流出、情緒傳染

美股下跌，海外投資機構流動性緊張，拋售資產，資金回流美國，引發全球金融市場調整。A 股短期面臨流動性壓力，中期警惕基本面衝擊。

第一，海外資金流出施壓 A 股。2020 年 3 月 6 日—23 日，陸港通北上資金合計淨流出達 866 億元，日均淨流出達 72 億元，資金流出規模達到近五年來高位水平。同期上證綜指、深證綜指、中小板綜指跌幅均超

過 10%。受疫情擴散、避險情緒、資金流出等影響，美股走勢尚不明朗，A 股短期流動性壓力仍然存在。外資拋盤壓力下 A 股進入調整期情況，見圖 1.24。

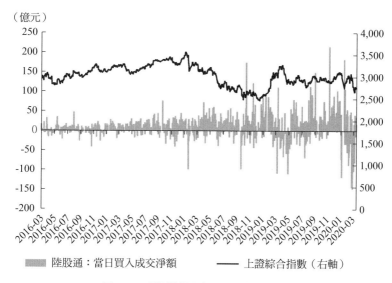

圖 1.24　外資拋盤壓力下 A 股進入調整期
資料來源：Wind，恒大研究院。

　　第二，中期來看，海外疫情衝擊加劇國內經濟下行壓力，企業經營受損，警惕基本面風險。復盤次貸危機時期，2007 年 10 月危機爆發，海外需求大幅下滑，受時滯效應影響，2008 年下半年國內經濟各項指標增速全面下行。2008 年 5 月—11 月初，上證綜指從 3,761 點單邊下跌至 1,707 點，跌幅達 55%。直至年末"四萬億"政策強力拉升。當前海外疫情影響或將持續 2~3 個季度。未來外圍衝擊逐步顯現，訂單需求下滑，部分原材料面臨斷供風險，企業生產及盈利能力恢復或低於預期。

　　中資美元債收益率上升，信用利差拉大，國內企業償債壓力上升，海外融資難度加大，加劇現金流壓力。

第一，美國企業債券方面，2020年3月6日—23日，美銀美國投資級企業債、高收益企業債有效收益率分別上升超過100BP（基點）、350BP至3.0%、10.0%，達到近年高位水平，高收益債與投資級企業債信用利差在兩周內由448BP大幅上行至700BP以上。

第二，中資美元債方面，2020年3月10日—23日，分等級看，中資美元債投資級收益率和利差分別上行約50BP、80BP，投機級收益率和利差均大幅上行超過600BP，下跌幅度大、速度快。分行業看，3月16日—22日，地產美元債券收益率和利差上行均超過400BP，幅度遠高於城投、金融等行業。2008年金融危機期間，中資美元債券指數在兩個月內大幅下跌15%。未來，在海外流動性風險帶來的拋售壓力下，中資美元債收益率上升、信用利差擴大局面短期或仍將持續，國內企業償債壓力加大，海外融資難度上升，加之疫情外圍衝擊下收入下滑，現金流壓力進一步加大。

四、交叉傳染：衝擊匯率和房地產

貿易和外需、產業鏈、金融市場等渠道還可能出現交叉傳染，相互強化，或者共同作用，擴大衝擊範圍。

人民幣匯率可能受到衝擊。出口減少、外資抽逃、美元指數上升等都會衝擊人民幣匯率。如圖1.25所示，2020年3月4日—23日，美元兌人民幣匯率由6.9331突破至7.1187。

房地產是周期之母，一旦觸發房地產市場風險，則波及範圍極廣。如果出現外需大幅收縮，經濟持續下滑，居民收入大降，資本流出，房地產市場也將面臨調整風險。商品房兼具投資品和消費品屬性，並且產業鏈條長，因此無論在發達國家還是發展中國家，房地產都在宏觀經濟中起到至關重要的作用。房地產作為典型的高槓桿部門，歷史上較大的金融危機多與房地產相關，"十次危機九次房地產"。2008 年金融危機期間，房價跌幅約 20%，房地產上下游涉及家電、傢具、裝修、銀行、建築、建材、玻璃、水泥等一系列後周期行業，牽一髮而動全身。每次經濟繁榮多與房地產帶動消費與投資相關，而每次經濟衰退多與房地產泡沫破滅相關，比如 1991 年日本房地產崩盤後陷入 "失去的二十年"，2007 年美國次貸危機演變為全球金融危機。反觀美國 1987 年、2000 年股災和中國 2015 年股災，其對經濟的影響則相對較小。

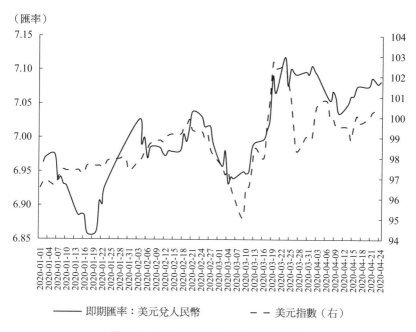

（匯率）

圖 1.25　2020 年 3 月人民幣匯率跌幅擴大

資料來源：Wind，恒大研究院。

第二章

啟動新基建：補短板、穩增長與五大新理念

面對疫情全球大流行、國際金融海嘯、中美貿易摩擦、轉型升級等重大挑戰，我們旗幟鮮明地倡導"新基建"，引發社會各界熱議。市場上關於"新基建"的討論推動了認識的深化、公共政策的形成，以及社會的進步。

"新基建"是應對疫情、對沖經濟下行和推動改革創新的最有效辦法。需求側有助於穩增長和穩就業，服務於消費升級，能更好地滿足人民美好生活的需要。供給側為中國創新發展，尤其是搶佔全球科技創新制高點創造了基礎條件。

中國基建在全球處於什麼水平？中國可以在哪些領域發力？"新基建"的發展空間有多大？本章旨在客觀、專業、系統、深入地對比中國基礎設施與發達國家的差距，探究"新基建"各領域的發展空間和潛力，在此基礎上提出"新基建"的五大新理念。要真正起到惠民生、穩增長、補短板、調結構、促創新的重大作用，必須改革創新，防止"新瓶裝舊酒""重走老路""四萬億重來"，避免淪為又一次純粹貨幣超發的飲鴆止渴。治國有常，利民為本。*

---

* 本章作者：任澤平、熊柴、孫婉瑩、梁穎、李曉桐。

第一節　中國基建的短板在哪裏

一、總體：中國基建助力世界工廠地位

基礎設施指為社會生產和生活提供基礎性、大眾性服務的工程和設施，是社會賴以生存和發展的基本條件。國際上對基礎設施的定義共分為三層：狹義指交通運輸（鐵路、公路、港口、機場）、能源、通信、水利四大經濟基礎設施，更寬鬆的定義包括社會性基礎設施（教育、科技、醫療衛生、體育、文化等社會事業）、油氣和礦產，最廣泛的定義延伸至房地產。基礎設施的基礎地位決定相關建設必須適度超前，基礎設施建設必須走在經濟社會發展需要的前面，否則將制約經濟社會發展。

中國基建存量已居世界第一位，但人均水平和質量與發達國家相比存在明顯差距。改革開放以來，通過適度超前的大規模基礎設施建設，中國快速成長為基礎設施大國，為快速成長為全球第二大經濟體和世界製造中心提供了有力的支撐。從數量上看，根據 IMF 數據，2017 年中國公共資本存量達到 48 萬億美元（2011 年不變價格計算），位列世界第一，但人均公共資本存量為 3.5 萬美元，在 149 個經濟體中居第 37 位，明顯低於日本（6.4 萬美元）、俄羅斯（5.7 萬美元）、美國（4.6 萬美元）等。從質量上看，根據世界經濟論壇《2019 年全球競爭力報告》，中國經濟類基建質量評分為 77.9（百分制），在 141 個經濟體中排名第 28 位，低於日本（93.2 分，第 5 名）、美國（87.9 分，第 13 名）等發達國家。中國與美國、

日本、英國、法國、德國基礎設施全面對比見表 2.1。

表 2.1　中國與美、日、英、法、德基礎設施全面對比

領域	指標	中國	美國	日本	英國	法國	德國
能源	發電量（太瓦時）	7,112	4,461	1,052	334	574	649
	人均發電量（千瓦時）	5,106	13,634	8,311	5,022	8,572	7,822
	一次能源消耗（百萬噸油當量）	3,274	2,301	454	192	243	323
	一次能源人均消耗（噸油當量）	2.35	7.03	3.59	2.89	3.62	3.91
	清潔能源消費比例	22.2%	46.2%	34.0%	56.0%	64.0%	44.6%
交通運輸	鐵路營業里程（萬千米）	13.17	22.50	2.73	1.68	2.82	3.34
	鐵路密度（千米 / 萬平方千米）	137.1	246.0	749.1	696.0	515.8	957.2
	公路里程（萬千米）	484.7	672.2	121.9	39.4	105.3	62.5
	公路密度（千米 / 萬平方千米）	5,049	7,349	33,431	16,303	19,235	17,890
	公共機場（個）	235	380	175	460	464	539
	城市軌道交通里程（千米）	5,767	1,297	886.8	868	1,183	3,148
通信	互聯網覆蓋面	61.2%	87.3%	84.6%	94.9%	82.0%	89.7%
	移動網速（Mbps）	68.21	41.23	32.12	35.21	46.82	36.39
	寬帶網速（Mbps）	99.49	134.77	100.44	65.82	139.65	79.31
水利	供水穩定性評分（百分制）	64.9	86.1	94.6	90.7	90.9	84.9
	接觸不安全飲水比例	18.0%	0.3%	1.9%	0.3%	0.5%	0.3%
科技	研發強度	2.1%	2.8%	3.2%	1.7%	2.2%	3.0%
	每百萬人研發人員數（人）	1,234	4,256	5,305	4,377	4,441	5,036

領域	指標	中國	美國	日本	英國	法國	德國
醫療衛生	每千人床位數（張）	4.3	2.8	13.1	2.5	5	8
	每千人醫生數（人）	2	2.6	2.4	2.9	3.4	4.3
	每千人護士數（人）	2.7	11.7	11.3	7.8	10.8	12.9
	醫療可及性及質量（HAQ）指數	78	89	94	90	92	92
文化	人均博物館數量（個／百萬人）	3.8	92.3	10.2	37.6	18.3	75.4
	人均公共圖書館數量（個／百萬人）	2.3	27.7	26.1	62.3	—	76.1
教育	25 歲及以上人口平均受教育年限	7.9	13.4	12.8	13.0	11.4	14.1
	學齡兒童平均預期受教育年限	13.9	16.3	15.2	17.4	15.5	17.1
	高等院校數量（所）	2,956	7,236	1,112	162	233	429
	QS 世界排名前 500 數量（所）	24	89	41	50	17	29
	高等教育毛入學率	51.0%	88.2%	63.2%	60.0%	65.6%	70.2%
體育	人均體育場地面積（平方米）	1.9	16	19	—	—	—
養老	每千名老人養老床位數（張）	29.1	34.8	—	—	—	—
環保	單位 GDP 能耗（千英熱／美元）	9.55	4.45	3.63	2.67	3.47	3.26
	耶魯大學全球環境績效指數	50.74	71.19	74.69	79.89	83.95	78.37
	PM2.5（$\mu g/m^3$）	53	7	12	10	12	12

資料來源：IMF、CIA、BP、《2018 國際統計年鑒》、《2019 年全球競爭力報告》、世界銀行等。

註：Mbps 為兆比特每秒，QS 為英國一家國際教育市場諮詢公司，PM2.5 為細顆粒物。

從區域看，因過去資源長期向欠發達地區傾斜，當前中國基礎設施已經發展到基本平衡，欠發達地區儘管密度較低，但人均水平不低，部分人均指標甚至較高。反觀東部地區，基礎設施由於人口和產業持續流入與聚集而短缺。比如，在交通方面，2018 年東部、中部、西部、東北地區鐵路路網密度分別為 342、281、73、234 千米／萬平方千米，高速公路路網密度分別為 442、351、79、154 千米／萬平方千米，西部地區確實很低；但從人均長度看，西部地區較高，2018 年四大地區鐵路萬人均長度分別為 0.59、0.78、1.31、1.70 千米，高速公路萬人均長度分別為 0.76、0.97、1.41、1.12 千米。在醫療方面，2018 年東部、中部、西部、東北地區每千人床位數分別為 5.47、6.12、6.49、6.75 張，每千人執業（助理）醫師數分別為 2.85、2.38、2.39、2.65 人，每千人護士數分別為 3.10、2.70、2.97、2.80 人，每百萬人三甲醫院數分別為 1.08、0.85、1.01、1.52 個，可以看到西部地區人均床位數、護士數、三甲醫院數均不低，但醫師數稍低。

二、經濟基建：總量居前，但人均水平和質量不高

（一）能源領域

中國發電量和能源消耗居全球第一，但人均水平低，清潔能源佔比低。在發電量方面，根據 2019 年《BP 世界能源統計年鑒》數據，2018 年中國發電量為 7,112 太瓦時，位居世界第一，高於美國（4,461 太瓦時）、日本（1,052 太瓦時），但人均發電量（5,106 千瓦時）遠低於美國（13,634 千瓦時）、日本（8,311 千瓦時）。在能源消耗方面，根據 BP（英國石油公司）數據，2018 年中國一次能源消耗總量為 3,274 百萬噸油當量，高於美國的 2,301 百萬噸油當量和日本的 454 百萬噸油當量；人均消耗 2.35 噸油當量，僅為美國（7.03 噸油當量）的 33.4% 和日本（3.59 噸油當量）的

65.5%。2018 年，中國一次能源對外依存度為 23.1%，而美國僅為 5.7%。在清潔能源消費比例方面，根據 2019 年《BP 世界能源統計年鑒》（見圖 2.1），2018 年中國能源消費中煤炭、石油、天然氣、水電、核能、可再生能源分別佔比約 58.2%、19.6%、7.4%、8.3%、2.0% 和 4.4%，清潔能源合計佔 22.2%；而美國的佔比分別為 13.8%、40.0%、30.5%、2.8%、8.4% 和 4.5%，清潔能源佔 46.2%；日本的佔比分別為 25.9%、40.2%、21.9%、4.0%、2.4% 和 5.6%，清潔能源佔比 34.0%。

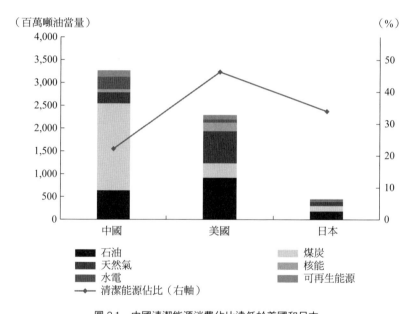

圖 2.1　中國清潔能源消費佔比遠低於美國和日本

資料來源：2019 年《BP 世界能源統計年鑒》，恒大研究院。

（二）交通運輸領域

第一，鐵路方面。中國鐵路里程僅次於美國，但密度大幅低於美、日兩國，其中高鐵里程世界佔比超過 2/3。如圖 2.2 所示，2018 年中國鐵路營業里程為 13.17 萬千米，位居世界第二，僅次於美國（2016 年，22.5 萬千米）；鐵路密度為 137.1 千米／萬平方千米，遠低於美國（246.0 千米／萬平方千米）、日本（749.1 千米／萬平方千米）；人均鐵路里程為 0.95 千米／萬人，也大幅低於美國（6.88 千米／萬人）等發達國家。高鐵方面，2019 年中國高鐵營業里程超過 3.5 萬千米，全球佔比超過 2/3。但根據世界經濟論壇《2019 年全球競爭力報告》，中國鐵路服務效率評分僅 59 分，在 141 個經濟體中排名第 24 名，稍高於印度（57.0 分，世界排名第 30 名）和英國（55.2 分，世界排名第 31 名），明顯低於日本（96.0 分，世界排名第 1 名）、美國（69.2 分，世界排名第 12 名）。

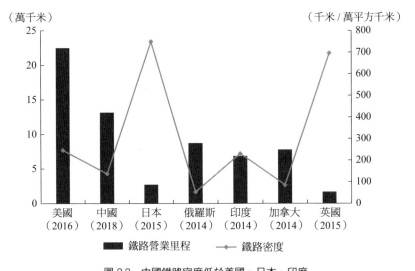

圖 2.2　中國鐵路密度低於美國、日本、印度

資料來源：國家統計局，世界銀行，UIC，CIA，恒大研究院。

第二，公路方面。中國公路里程僅次於美國，密度大幅低於美、日兩國。2018 年中國公路里程為 484.7 萬千米，公路密度為 5,049 千米／萬平方千米；而美國公路里程為 672.2 萬千米，公路密度為 7,349 千米／萬平方千米；日本 2015 年公路里程為 121.9 萬千米，公路密度為 33,431 千米／萬平方千米。中國高速公路和一級公路佔比分別為 2.9% 和 2.3%，而美國高速公路佔比 1.9%，英國 A 級公路佔比 12%。根據世界經濟論壇《2019 年全球競爭力報告》，中國道路質量評分為 59.7 分，世界排名為第 45 名，明顯低於日本（84.8 分，第 5 名）、韓國（81.6 分，第 9 名）、美國（74.5 分，第 17 名）等發達國家。

第三，機場方面。中國公共機場僅 235 個，相當於美國的 62%。根據中國民用航空局、CIA（美國中情局）和美國聯邦航空局數據，2018 年中國頒證公共機場為 235 個，平均每億人擁有 16.9 個公共機場；美國公共機場 5,099 個（其中 380 個承擔 99% 的航空客運量），私人機場 14,528 個，平均每億人擁有 116.1 個公共機場；日本公共機場 175 個（2013 年），平均每億人擁有 138.3 個公共機場。中國航空運輸量及註冊運營商全球出港量為 436 萬次，美國為 964 萬次。從航空服務效率看，根據世界經濟論壇《2019 年全球競爭力報告》，中國得分僅 60.7 分，位居世界第 66 名，而美國、日本、印度分別為 79.6、86.7、64.3 分，分別位居世界第 10、5、59 名。

第四，城軌方面。中國軌道交通里程居世界第一，人均高於美國，但低於日、英、法、德、俄等國。按照國際較為常用的分類方法，城軌分為地鐵、輕軌和有軌電車三類，從總量上看，根據韓寶明等（2019）的研究數據，如圖 2.3 所示，中國城軌里程共計 5,766.7 千米，位居世界第一，佔全球總里程的 22.1%；其中地鐵、輕軌和有軌電車里程分別為 5,013.3、420.8 和 332.6 千米，分別佔全球地鐵和輕軌里程的 35.3%、32.5% 和 3.1%，地鐵、輕軌里程也是世界第一。但從人均來看，中國人均城軌里程 4.1 千米／百萬人，高於美國（4.0），但低於日本（7.0）、英國（13.1）、法國（17.7）、德國（38.0）和俄羅斯（7.5）。

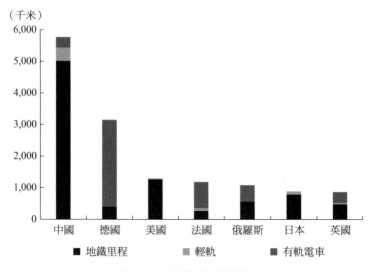

（千米）

圖 2.3　中國城軌總量世界第一

資料來源：韓寶明，代位，張紅健.2018 年世界城市軌道交通運營統計與分析〔J〕.都市快軌交通，2019（1）。

（三）通信領域

中國互聯網覆蓋面 61.2%，明顯低於美國的 87.3%、日本的 84.6%。互聯網覆蓋面、網速等可反映出各國通信基礎設施情況。在覆蓋面方面，根據中國互聯網絡信息中心和世界經濟論壇《2019 年全球競爭力報告》的數據，2019 年 6 月中國網民達 8.54 億人，覆蓋面為 61.2%，2018 年英國達 94.9%，日本達 84.6%，德國達 89.7%，法國達 82.0%，美國達 87.3%。在網速方面，根據測速網 Speedtest 2020 年 1 月全球網速測評數據，中國移動網絡網速在 140 個經濟體中排名第 6 位，固定帶寬網速在 176 個經濟體中排名第 27 位，而美國分別排在 35、8，日本分別排在 57、26。此外，根據世界銀行數據，2018 年中國平均每百萬人擁有安全的互聯網服務器 447 個，低於中等收入國家（925 個）和全球平均水平（6,173 個），遠低於日本（11,671 個）和美國（65,768 個）。

（四）水利領域

中國接觸不安全飲用水的人口佔比達 18%。根據世界經濟論壇《2019年全球競爭力報告》，2018 年中國供水穩定性（沒有中斷和流量波動）評分為 64.9 分，世界排名第 68 位，低於日本（94.6 分，世界排名第 12名）、美國（86.1 分，世界排名第 30 名）、德國（84.9 分，世界排名第 34名）等發達國家；接觸不安全飲用水人口佔總人口的比重為 18%，全球排名第 74 名，遠高於並列第一的美國、德國、英國的 0.3%，日本的 1.9%（世界排名第 27 名）。

三、社會基建：與美、日等差距較經濟基建更大

第一，科技領域。中國研發總投入為美國的 1/2，人均科研人員數遠低於美、日，基礎研究薄弱。在研發投入方面，根據世界銀行數據，2017年中國研發支出佔 GDP 比重為 2.1%，低於美國（2.8%）、日本（3.2%）、韓國（4.6%）、法國（2.2%），從絕對額看，中國研發總投入為美國的1/2。在研發人員方面，2017 年中國每百萬人口擁有的研發和技術人員數為 1,234 人，美國（2016 年）、英國、日本、韓國為 4,256、4,377、5,305、7,514 人，中國約為美國、英國、日本、韓國的 29%、28%、23%、16%。在研發投入結構方面，中國在基礎研究、應用研究、試驗發展階段的投入佔比分別為 5%、11%、84%，而美國的佔比分別為 16.9%、19.6%、63.5%。可見中國基礎研究投入明顯薄弱。

第二，教育領域。中國高校數量和質量全面低於美國，高等教育毛入學率較低。在教育程度方面，聯合國統計，2018 年中國 25 歲及以上人口平均受教育年限為 7.9 年，而美國、日本、德國分別為 13.4、12.8、14.1年；2018 年中國學齡兒童平均預期受教育年限為 13.9 年，而美國、日本、德國分別為 16.3、15.2、17.1 年。在高校數量方面，當前中國的大學

有 2,956 所，而美國有 7,236 所，日本有 1,112 所。在高等教育毛入學率方面，中國教育部和世界銀行統計，2018 年中國為 51%，美國為 88.2%（2017 年），日本為 63.2%（2015 年），英國為 60%，韓國為 94.3%。在高校水平方面，根據 2020 年 QS 世界大學排名，中國、美國、日本進入全球前 100 名的大學分別有 6、29、5 所，進入前 200 名的大學分別有 7、46、10 所，進入前 500 名的大學分別有 24、89、41 所。

第三，文化領域。中國博物館、公共圖書館數量分別是美國的 18%、35%。根據國家統計局和美國圖書館協會數據，2018 年中國博物館、公共圖書館分別為 5,354、3,176 個，每百萬人擁有博物館、公共圖書館數量分別為 3.8、2.3 個；美國現有博物館 30,168 個，公共圖書館 9,057 個（全美圖書館共 116,867 個，公共圖書館佔比 7.7%），每百萬人擁有博物館、公共圖書館數量分別為 92.3、27.7 個；日本擁有博物館、公共圖書館 1,287、3,296 個，每百萬人擁有數量為 10.2、26.1 個。

第四，醫療衛生領域。中國人均護士數差距明顯，醫療可及性和醫療質量有待提高。在床位、醫生數、護士數方面，根據 OECD 數據，2017 年中國每千人床位數、醫生數、護士數分別為 4.3 張、2.0 人、2.7 人，而美國為 2.8 張、2.6 人、11.7 人，日本為 13.1 張、2.4 人、11.3 人（見圖 2.4）。其中，在 ICU（重症監護室）床位方面，根據 2015 年第三次 ICU 普查數據，中國華東地區 ICU 床位數佔總床位數比例為 1.7%，而美國在 2010 年就已達到 13.4%。根據《柳葉刀》2018 年對全球醫療可及性和醫療質量（HAQ 指數，健康評定問卷）排名，中國得分 78、排名 48，美國得分 89、排名 28，日本得分 94、排名 12，印度得分 41、排名 145；中國在孕產婦安全、消化系統疾病以及慢性呼吸系統疾病等方面得分較高，但腫瘤和心血管疾病、慢性腎功能疾病、非黑色素瘤皮膚癌、卒中以及先天性心臟病等對醫療水平要求較高的疾病上得分較低甚至墊底。從本次應對疫情來看，中國重大疫情防控體制機制、公共衛生應急管理體系存在明顯的短板和不足，包括公共衛生法治體系和重大突發公共衛生事件應急響應機制有待完善，傳染病醫療機構投入相對不足，部分重大疾病治療藥物自主研發能力仍然相當薄弱等。

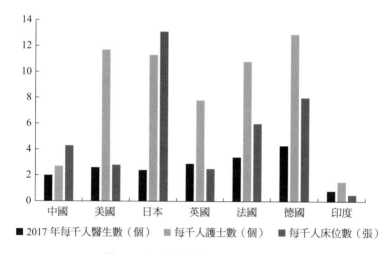

圖 2.4 中國每千人醫生數、護士數較低

資料來源：OECD，恒大研究院。

第五，體育領域。中國人均體育場地用地不到 2 平方米。根據國家統計局數據，2019 年中國共有體育場地 195.7 萬個，體育場地面積 25.9 億平方米，人均體育場地面積 1.9 平方米，遠低於美國（16 平方米）、日本（19 平方米）等發達國家。

第六，養老領域。中國老年人均養老床位數為美國的 84%，並且利用率不高。根據民政部《2018 年民政事業發展統計公報》，2018 年末中國各類養老床位合計 727.1 萬張，每千名老年人擁有養老床位 29.1 張。Statista（數據統計資源網站）估算，2015 年美國養老床位合計 166 萬張，每千名老年人擁有養老床位 34.8 張。不過，中國現有養老床位尚未得到充分利用，比如 2017 年北京市養老機構實際入住率約為 60.2%。

第七，環保領域。中國單位 GDP 能耗超過美、日的兩倍，空氣質量居全球第 120 位。在能耗方面，根據 BP 數據，2018 年中國單位 GDP 能耗為 9.55 千英熱 / 美元，而美國為 4.45 千英熱 / 美元，日本為 3.63 千英熱 / 美元。在空氣質量方面，根據耶魯大學《2018 年全球環境績效指數報告》，中國環境績效指數為 50.74 分，在 180 個經濟體中排名第 120 位，在全球處於中下水平；而美國為 71.19 分，排名第 27 位；日本為 74.69 分，排名第 20 位；瑞士為 87.42 分，排名第 1 位。世界銀行數據顯示，2017 年中國 PM2.5 的平均濃度為 53 $\mu g/m^3$，高於世界水平（46 $\mu g/m^3$），而美國、日本、韓國、德國和法國 PM2.5 平均濃度為 7 $\mu g/m^3$、12 $\mu g/m^3$、25 $\mu g/m^3$、12 $\mu g/m^3$ 和 12 $\mu g/m^3$。從大城市看，根據中國環境監測總站《2019 年 12 月全國城市空氣質量報告》和美國環境保護署數據，2019 年 12 月北京、上海 PM2.5 平均濃度分別為 45 $\mu g/m^3$、50 $\mu g/m^3$，而 2019 年華盛頓都市區和紐約大都市區的 PM2.5 平均濃度分別為 9.5 $\mu g/m^3$、11.1 $\mu g/m^3$。

第二節　新基建的內涵與意義

一、內涵豐富，符合未來新時代經濟社會發展的需要

近年來，中央密集點名新基建（見表 2.2）。新基建於 2015 年 7 月第一次出現在國務院文件中，2018 年 12 月第一次出現在中央經濟工作會議，2019 年寫入國務院政府工作報告，2020 年 1 月國務院常務會議、

2 月中央深改委會議、3 月中央政治局常委會會議持續密集部署。從中央會議內容來看，新基建側重於 5G 網絡、數據中心、人工智能、工業互聯網、物聯網等新一代信息技術。2020 年 3 月 2 日央視中文國際頻道報道，"新基建" 指發力於科技端的基礎設施建設，主要包含 5G 基建、特高壓、城際高速鐵路和城際軌道交通、新能源汽車充電樁、大數據中心、人工智能、工業互聯網七大領域。在央視頻道劃分的七大領域中，特高壓、城際高速鐵路和城際軌道交通、新能源汽車充電樁均非信息領域。2020 年 4 月 1 日，習近平在浙江考察時強調，要抓住產業數字化、數字產業化賦予的機遇，加快 5G 網絡、數據中心等新型基礎設施建設，抓緊佈局數字經濟、生命健康、新材料等戰略性新興產業、未來產業，大力推進科技創新，著力壯大新增長點，形成發展新動能。* 2020 年 4 月 20 日，國家發改委首次就 "新基建" 概念和內涵做出解釋，新型基礎設施是以新發展理念為引領，以技術創新為驅動，以信息網絡為基礎，面向高質量發展需要，提供數字轉型、智能升級、融合創新等服務的基礎設施體系。

表 2.2　中央有關新基建的指示內容

時間	類型	相關內容
2020 年 3 月 4 日	中央政治局常務委員會會議	要加大公共衛生服務、應急物資保障領域投入，加快 5G 網絡、數據中心等新型基礎設施建設進度。要注重調動民間投資積極性
2020 年 2 月 14 日	中央全面深化改革委員會第十二次會議	基礎設施是經濟社會發展的重要支撐，要以整體優化、協同融合為導向，統籌存量和增量、傳統和新型基礎設施發展，打造集約高效、經濟適用、智能綠色、安全可靠的現代化基礎設施體系

---

* 資料來源於新華網，http：//www.xinhuanet.com/2020−04/01/c_1125799612.htm。

續表

時間	類型	相關內容
2020 年 1 月 13 日	國務院常務會議	大力發展先進製造業，出台信息網絡等新型基礎設施投資支持政策，推進智能、綠色製造
2019 年 3 月 5 日	國務院政府工作報告	再開工一批重大水利工程，加快川藏鐵路規劃建設，加大城際交通、物流、市政、災害防治、民用和通用航空等基礎設施投資力度，加強新一代信息基礎設施建設
2018 年 12 月 21 日	中央經濟工作會議	要發揮投資關鍵作用，加大製造業技術改造和設備更新，加快 5G 商用步伐，加強人工智能、工業互聯網、物聯網等新型基礎設施建設，加大城際交通、物流、市政基礎設施等投資力度，補齊農村基礎設施和公共服務設施建設短板，加強自然災害防治能力建設
2017 年 1 月 15 日	中共中央辦公廳、國務院辦公廳《關於促進移動互聯網健康有序發展的意見》	加快建設並優化佈局內容分發網絡、雲計算及大數據平台等新型應用基礎設施
2015 年 7 月 4 日	國務院《關於積極推進 "互聯網 +" 行動的指導意見》	固定寬帶網絡、新一代移動通信網和下一代互聯網加快發展，物聯網、雲計算等新型基礎設施更加完備，人工智能等技術及其產業化能力顯著增強

資料來源：中國政府網，新華社，恒大研究院。

　　適應中國社會主要矛盾轉化和中國經濟邁向高質量發展的要求，能更好地支持創新、綠色環保和消費升級，在補短板的同時為新引擎助力，這是新時代對新基建的本質要求，也是新基建與老基建最大的不同。從根本上講，基礎設施是為經濟社會發展服務的，是為人口和產業發展服務的。中國社會主要矛盾已經轉化為人民日益增長的美好生活需要和不平衡不充分的發展之間的矛盾，中國經濟已由高速增長階段轉向高質量發展階段，產業鏈要邁向全球中高端，新時代對基礎設施產生了新要求。因此，"新基建"是有時代烙印的，如果說 20 年前中國經濟的"新基建"是鐵路、公路、橋樑，那麼未來 20 年支撐中國經濟社會繁榮發展的"新基建"則是 5G、人工智能、數據中心、工業互聯網等科技創新領域基礎設施，以及教育、醫療等消費升級重大民生領域。當然，在一般基礎設施領域，需注重通過數字化改造和升級進行基礎設施建設。

從需求看，新基建應更好地服務於消費升級，更好地滿足人民美好生活的需要。從國際經驗看，美國居民消費升級有兩個明顯變化趨勢（見圖 2.5）。一是服務消費逐漸取代商品消費成為主導。1946—2016 年美國服務消費、商品消費分別年均增長 7.3%、5.6%，服務消費比重從 40.3% 持續增至 69.0%。二是以休閒娛樂、醫療護理為代表的高層次享樂需求持續上升，1946—2019 年佔比從 16.0% 升至 30.8%。中國已經進入消費主導經濟新時代（見圖 2.6），2010—2018 年最終消費率從 48.5% 持續升至 54.3%，2014—2019 年消費連續六年成為經濟增長的主要動力。2019 年中國人均 GDP 首次超過一萬美元，預計將在三年後進入高收入經濟體行列。隨著中等收入群體規模擴大、人民生活水平不斷提高以及老齡化加快，享受型消費在中國快速增長，旅遊、文化、健康、養老等新興消費方興未艾。從居民消費支出結構看，2012—2019 年教育文化娛樂、醫療保健支出佔比分別上升 1.2、2.5 個百分點。

從生產看，新基建需要為中國創新發展、綠色環保發展，特別是搶佔全球新一代信息技術制高點創造基礎條件。新動能是指在新一輪科技革命和產業變革中形成的經濟社會發展新動力，包括新技術、新產業、新業態、新模式等。新舊動能最大的區別在於，由依靠要素和投資驅動轉向依靠創新驅動，由高污染、高消耗的粗放型經濟增長方式轉向綠色環保的集約型增長方式。科技是第一生產力，是國家實力的關鍵。從科技發展方向

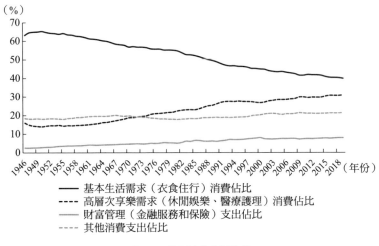

（%）

基本生活需求（衣食住行）消費佔比
高層次享樂需求（休閒娛樂、醫療護理）消費佔比
財富管理（金融服務和保險）支出佔比
其他消費支出佔比

圖 2.5 美國消費升級趨勢

資料來源：Wind，恒大研究院。

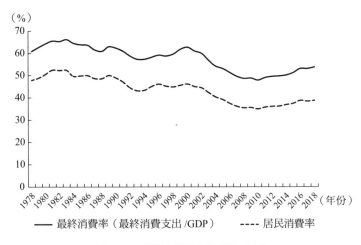

（%）

最終消費率（最終消費支出/GDP）　　　　居民消費率

圖 2.6 中國進入消費主導經濟新時代

資料來源：Wind，恒大研究院。

看，從日不落帝國到美元霸權，英國、法國、德國、日本、美國無一不是依靠抓住某次關鍵的產業革命機遇而成功崛起，最終成為世界的科技與經

濟中心的。人類在 18 世紀進入蒸汽時代，19 世紀進入電氣時代，20 世紀進入信息與互聯網時代，隨著未來人工智能技術逐漸成熟，21 世紀將步入智能時代。智能社會由三個戰略核心組成：一是芯片 / 半導體，即信息智能社會的心臟，負責信息的計算處理；二是軟件 / 操作系統，即信息智能社會的大腦，負責信息的規劃決策、資源的調度；三是通信，即信息智能社會的神經纖維和神經末梢，負責信息的傳輸與接收。ICT（信息與通信技術）產業是智能社會的基石，對經濟社會發展具有明顯的輻射作用，也是當前及未來各國科技競賽的制高點。能否抓住智能時代變革的機遇，是中國建設現代化強國的關鍵。習近平在 2018 年兩院院士大會上的重要講話指出："世界正在進入以信息產業為主導的經濟發展時期。我們要把握數字化、網絡化、智能化融合發展的契機，以信息化、智能化為槓桿培育新動能。" *

二、意義重大：惠民生、穩增長、補短板、調結構、促創新

新基建惠民生，滿足人民美好生活的需要。基礎設施是提供公共服務的載體，不管是經濟基建還是社會基建，都為人民群眾提供公共服務。通過當前基建存量的國際比較可以發現，中國雖然已經成為基礎設施大國，但人均基礎設施存量、質量與發達國家相比還存在明顯差距。由於中國過去長期注重投入推動能夠快速促進經濟增長的能源、交通運輸、通信等經濟基建，對社會基建重視相對不夠，所以醫療、環保、文化、體育等社會基礎設施與發達國家相比差距更為明顯。

新基建短期可拉動大量需求，對沖疫情和經濟下行壓力，穩投資、穩增長、穩就業。當前中國經濟處於增速換擋、跨越中等收入陷阱的關鍵

---

* 資料來源於人民網，http://scitech.people.com.cn/n1/2019/0301/c1007–30951004.html。

時刻，2019 年中國 GDP 實際增速降至 6.1%，創 1991 年以來新低（見圖 2.7）；2020 年 2 月中國製造業 PMI 和非製造業商務活動指數分別大降至 35.7%、29.6%，創歷史新低，短期影響超過 2008 年國際金融危機。

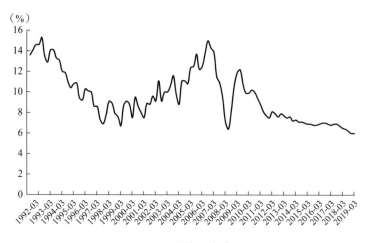

— GDP：不變價：當季同比

圖 2.7 中國經濟持續下行

資料來源：Wind，恒大研究院。

　　中國經濟持續下行，既有潛在增長率下降、內部改革不到位的因素，也有外部性、週期性和政策性因素的疊加，當前還疊加疫情衝擊，總需求不足。在外部環境方面，主要面臨全球經濟見頂回落和中美貿易摩擦影響，2019 年中國出口（以美元計）增長 0.5%，較 2018 年下滑 9.4 個百分點；其中對美出口 −12.5%，大幅下滑 23.8 個百分點。中美貿易摩擦具有長期性和日益嚴峻性，當前中美貿易摩擦只是再次階段性緩和，2020 年依然存在摩擦再起的可能。對沖疫情和經濟下行最簡單有效的辦法是基建，這是政府唯一可快速有效發力的工具（公開數據的基建投資數據一般限於水電燃氣、交運郵政倉儲、水利環保公用事業三大行業），近年基建投資增速處於低位（見圖 2.8）。從內需看，2019 年中國固定資產投資、社會消費品零售總額分別增長 5.1%、8.0%，分別下滑 0.8、1 個百分點。在投資中，房地產、基建、製造業投資分別增長 9.9%、3.3%、3.1%，分別變化 +0.4、+1.7、−6.4 個百分點。房地產投資在 2019 年對穩增長發揮了重要的壓艙石作用，但前期拿地增速大幅放緩預示 2020 年將高位回落；製造業投資與出口、企業利潤有關，2019 年規模以上工業企業利潤為 −3.3%，較 2018 年下滑 13.6 個百分點，短期難以依靠。

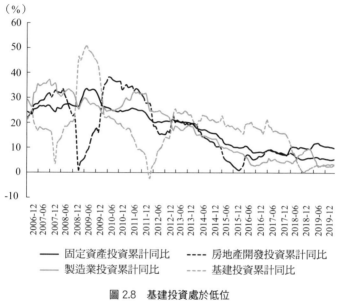

圖 2.8 基建投資處於低位

資料來源：Wind，恒大研究院。

新基建將長期推動新動能供給，推動中國經濟轉型升級，提升增長潛力。從歷史看，1929 年大蕭條時，美國總統羅斯福推出著名的"羅斯福新政"，其中一項重要政策是政府主導的大規模基礎設施建設，不僅提高了就業，增加了民眾收入，還為後期美國經濟大發展打下了堅實的基礎。1998 年亞洲金融危機時，中國增發特別國債加強基建。2008 年全球金融危機時，中國推出"四萬億"投資，儘管當時爭議很大，但現在看來意義重大：大幅降低了運輸成本，提升了中國製造的全球競爭力，釋放了中國經濟高增長的巨大潛力。而作為對比，印度受制於基礎設施短缺等因素，工業化進程緩慢，經濟發展潛力和人口紅利無法有效釋放。根據 IMF 數據，2017 年印度公共資本存量為 9.8 萬億美元，排名第 3 位；人均公共資本存量為 7,305 美元，排名第 102 位。當前中國新動能發展迅速，啟動新基建將進一步推動新動能發展。從投資看，2019 年高技術產業和社會領域投資分別增長 17.3%、13.2%，增速較整體投資分別快 12.2、8.1 個百分點。從生產看，2019 年高技術製造業、工業戰略性新興產業增加值分別比上年增長 8.8%、8.4%，增速分別較規模以上工業快 3.1、2.7 個百分點；服務機器人、太陽能電池和移動通信基站設備分別比上年增長 38.9%、26.8% 和 14%。戰略性新興服務業企業營業收入增長 12.7%，快於規模以上服務業 3.3 個百分點；信息服務業增加值增長 18.7%，持續一枝獨秀（見圖 2.9）。

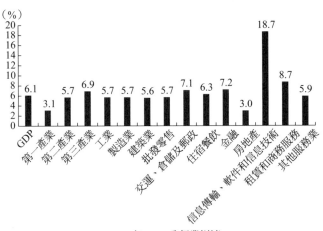

圖 2.9　信息服務業一枝獨秀

資料來源：Wind，恒大研究院。

第三節　新基建的五大新理念

　　啟動 "新" 一輪基建，關鍵在於 "新"，要用改革創新的方式推動新一輪基礎設施建設，而不是簡單地重走老路，導致產能過剩、資源浪費和 "鬼城" 現象。未來 "新" 一輪基建主要應有五 "新"。除新領域外，新基建還應有新地區、新主體、新方式，以及涉及深層次體制機制改革的軟基建。

一、新領域：新型科技基建＋傳統領域補短板

　　新領域指調整投資領域，在補齊鐵路、公路、軌道交通等傳統基建的基礎上大力發展 5G、特高壓、人工智能、工業互聯網、智慧城市、城際高速鐵路和城際軌道交通等新型基建。以下以央視報道的部分領域為例，分析其應用領域。

　　新一代移動通信技術將賦能未來，驅動人類社會進入萬物互聯時代。5G 與雲計算、物聯網、人工智能等領域深度融合，將形成新一代信息基礎設施的核心能力。5G 網絡較 4G 具有高傳輸、低延遲、廣連接的顯著提升（見圖 2.10）。5G 具有跨界融合的天然屬性，與新一代 ICT 技術、傳統行業、新興終端融合，未來將產生更多新產業、新業態和新模式。其應用場景主要包括增強型互聯網，應用於 8K（超高清視頻技術）視頻、3D（三維）視頻、雲辦公、雲遊戲、增強現實等；海量連接物聯網，應用於智慧城市、智慧家居；超低時延、高可靠通信，應用於工業自動化、自動駕駛

等。在數字經濟浪潮下，5G 如同“信息高速公路”，為龐大的數據量和信息量的傳遞提供了高速傳輸信道，補齊了制約人工智能、大數據、工業互聯網等在信息傳輸、連接規模、通信質量上的短板；人工智能如同雲端大腦，依靠“高速公路”傳來的信息學習和演化，完成機器智能化進程；工業互聯網如同“橋樑”，依靠“高速公路”聯結人、機、物，推動製造走向“智造”。

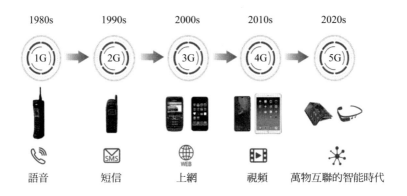

圖 2.10　十年一代，5G 將開啟移動通信新紀元

資料來源：華為，恒大研究院。

特高壓是建設能源互聯網、保障能源供應安全的關鍵一環。中國發電量、能源生產總量位居世界第一，但人均耗能與發達國家有較大差距，隨著人民生活水平的提高，未來還有較大的提高空間。同時，以 5G 基站、大數據中心為代表的信息新基建領域均是耗電大戶。從區域看，中國 80% 以上的煤炭、水能、風能和太陽能資源分佈在西部和北部地區，70% 以上的電力消費集中在東中部地區，資源分佈消費嚴重不均。上述情況迫切需要中國進一步開發新能源以保障能源供應，而風電、太陽能等新能源發電具有的隨機性、波動性亟須建立清潔能源大規模開發、大範圍配置、高效利用的能源互聯網，即“智能電網＋特高壓電網＋清潔能源”。特高壓的輸電能力是現有直流電網的 5~6 倍，具備輸送容量大、送電距離長、走廊利用率高、線路損耗低的特點。特高壓能更好地連接電力生產與消費，並變輸煤為輸電，改善生態環境。此外，特高壓工程建設能夠推進包括換流閥、電力電子、新材料等高端裝備製造的發展，符合國家產業轉換和升級的趨勢。

充電樁是中國新能源汽車發展的重要基礎設施，新能源汽車是推進製造強國和網絡強國建設的重要支撐和融合載體。如圖 2.11 所示，中國新能源汽車行業快速發展。2019 年 12 月工信部發佈《新能源汽車產業發展規劃（2021—2035 年）》（徵求意見稿），規劃到 2025 年新能源汽車銷量佔比達 20%，有條件自動駕駛智能網聯汽車銷量佔比 30%；到 2030 年，新能源汽車銷量佔當年汽車總銷量的 40%，有條件自動駕駛智能網聯汽車銷量佔比 70%。截至 2020 年 1 月底，中國已建成公共充電樁 53.1 萬台，私人充電樁 71.2 萬台，私人充電樁建設遠不及預期。假設 2025 年中國新能源乘用車銷量達 450 萬輛，保有量達 2,300 萬輛，即使按照目前車樁比 3.5 計算，國內仍需新建約 530 萬台充電樁，如果考慮車樁比提升，則市場空間更大。2020 年預計中國將新增公共充電樁 16 萬台，其中公共直流樁 6 萬台，公共交流樁 10 萬台；新增私人樁 30 萬台。參考國家電網充電樁中標價格，按照公共直流樁 8 萬元 / 台、交流和私人充電樁 3,000 元 / 台的成本計算，2020 年投資規模將超百億元。

城際高鐵、城際軌道交通是推進城市群一體化、都市圈同城化的"血脈"。中國高鐵里程、城市軌道交通里程已居世界前列，但人均水平仍較低，未來仍有很大發展空間。根據 2016 年版《中長期鐵路網規劃》，2030 年基本實現內外互聯互通、區際多路暢通、省會高鐵連通、地市快速通達、縣域基本覆蓋。從國內外經驗看，城市發展的高級形態是都市圈和城市群。2014 年《國家新型城鎮化規劃（2014—2020 年）》提出規劃建設 19 個城市群；2019 年 2 月國家發改委《關於培育發展現代化都市圈的指導意見》要求，打造一小時通勤圈，促進都市圈內同城化。2019 年 9 月國務院發佈《交通強國建設綱要》，要求到 2035 年基本形成 "全國 123 出行交通圈"（都市區一小時通勤，城市群兩小時通達，全國主要城市三小時覆蓋）和 "全球 123 快貨物流圈"（國內一天送達，周邊國家兩天送達，全球主要城市三天送達）。通過加強城際高速鐵路和城際軌道交通建設投資，促進基礎設施互聯互通，是推進城市群和都市圈發展的基礎。

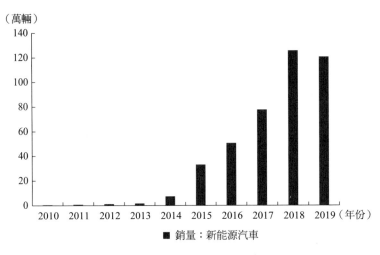

圖 2.11　中國新能源汽車行業快速發展

資料來源：Wind，恒大研究院。

二、新地區：在人口流入的城市群和都市圈適當超前基建，最大化經濟社會效益

隨著人口負增長臨近，未來越來越多的地區面臨人口收縮，但城市群和都市圈人口仍將持續流入。由於生育率持續低迷，出生人口持續下滑，中國人口總量將在 "十四五" 時期見頂，即進入人口存量博弈時代。

與此同時，2019 年中國城鎮化率為 60.6%，而發達國家平均約 80%，中國還有很大的發展空間，但未來新增城鎮人口將更多地向都市圈和城市群集聚。我們通過幾十個代表性經濟體上百年城市化歷史研究發現，人口流動的基本規律是 "人往高處走，人隨產業走"，在城鎮化中後期，人口遷移將從城鎮化轉為都市圈化和城市群化。我們預測，到 2042 年中國城鎮人口達到峰值時，新增 1.9 億城鎮人口約 80% 將分佈在 19 個城市群，約 60% 將分佈在長三角、珠三角、京津冀、長江中游、成渝、中原、山東半島七大城市群。

一方面，基礎設施最終是為人和產業服務的，對人口流入地區，要適當放鬆地方債務要求，不搞終身追責制，以推進大規模基建。都市圈和城市群是中國經濟和人口的主要載體，當前軌道交通、城際鐵路、教育、醫療等基礎設施短板明顯，並且伴隨人口持續流入，未來問題將更為突出。當前 19 大城市群，以全國 1/4 的土地集聚 75% 的人口，創造 88% 的 GDP，其中城鎮人口佔比 78%；24 個人口超過 1,000 萬的大都市圈，以全國 6.7% 的土地集聚 34.7% 的人口，創造 53.8% 的 GDP。有觀點認為，應該通過控制大城市規模而不是加大改善城市基礎設施來治理 "大城市病"。過去 "小城鎮派" 的 "控制大城市規模、積極發展中小城鎮、區域均衡發展" 的計劃經濟思想，導致人地錯配、供求分離，一、二線城市高房價，三、四線城市高庫存。2019 年 12 月，習近平在《求是》發表文章《推動形成優勢互補高質量發展的區域經濟佈局》，要求尊重產業和人口向優勢區域集中的客觀規律，經濟發展條件好的地區要承載更多產業和人口。

以北京為例，1983 年《北京市城市建設總體規劃方案》要求 2000 年常住人口控制在 1,000 萬左右，但 1986 年即被突破；1993 年《北京城市總體規劃（1991—2010 年）》要求 2010 年常住人口控制在 1,250 萬，但 2005 年即被突破；2005 年《北京城市總體規劃（2004—2020 年）》要求

2020 年常住人口控制在 1,800 萬，但 2010 年即被突破。2019 年北京市常住人口 2,154 萬人，大數據測算的實際管理服務人口可能已超過 2,500 萬人。當前北京的大城市病主要緣於過去城市規劃長期刻意控制人口，從而導致土地、軌道交通、公路、教育、醫院等均供給不足。比如，在交通方面，北京市 2019 年有機動車 637 萬輛、私人汽車 497 萬輛，而東京圈 2014 年機動車和私人汽車分別有 1,602 萬輛、1,200 萬輛；雖然東京圈汽車保有量遠超過北京，但通過大規模軌道交通建設、高額停車費降低汽車出行比例等改善交通，2019 年北京市軌道交通運營長度僅 699 千米，而紐約都市區、東京圈、首爾圈高達 3,347、2,705、1,098 千米（見圖 2.12）。如圖 2.13 所示，在軌道交通、公共（電）汽車、小汽車、出租車四種主要出行方式中，當前東京圈軌道交通出行比例為 61.1%，東京都區更是高達 80.8%，而北京中心城區僅為 27.8%。

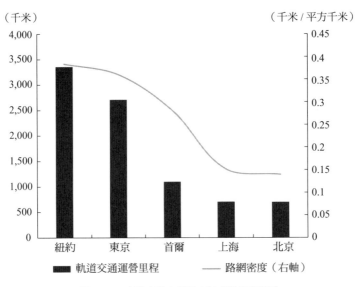

圖 2.12　中國大城市軌道交通建設明顯滯後

資料來源：中國城市軌道交通協會，恒大研究院。

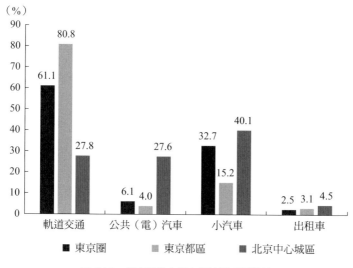

圖 2.13　北京軌道交通出行比例明顯較低

資料來源：日本總務省統計局，恒大研究院。

　　另一方面，對人口流出地區，要區別對待，避免因大規模基建造成明顯浪費。當前中國地區收縮、城市收縮現象已經出現，未來這種現象將越來越多，並且主要是欠發達地區、中小城市。從地級行政單元來看，扣除數據缺失地區外，2001—2010 年、2011—2018 年人口減少的收縮地區從 87 個降至 46 個，佔比從 25.8% 降至 13.6%，這主要是因為東部農民工回流中西部；人口正增長但低於自然增長的淨流出地區從 87 個升至 160 個，佔比從 25.8% 增至 47.5%；人口正增長且高於自然增長的淨流入地區從 162 個降至 116 個，佔比從 48.1% 降至 34.4%。隨著自然增長率逐漸下行乃至轉負，人口減少地區必將越來越多。從現實看，不少地區政府債務水平比較高，2018 年末西部、東北地區地方政府債務餘額與 GDP 比值高達 30.5%、34.5%，而東部、中部分別為 15.1%、18.7%（不含未公開債務數據的河北、湖北），其中青海、貴州分別為 64.2%、57.6%。2018 年西部、東北地區政府債務餘額與 GDP 比值見圖 2.14。因此，對於人口流出地區，基建要從促公平、保基本，"一帶一路"倡議，國家軍事安全，能源安全等角度考慮，防止無效投資造成明顯浪費，加劇政府債務壓力。

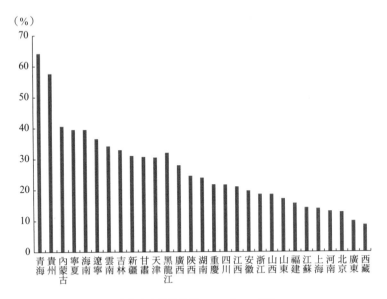

■ 地方政府債務餘額/GDP（2018年）

圖 2.14　西部、東北地區政府債務水平較高

資料來源：Wind，恒大研究院。

三、新主體：進一步放開基建市場准入，對民間資本一視同仁

一是建議進一步放開基建投資領域的市場准入，尤其是為民營企業參與基建投資拓展渠道、消除限制。全面實施市場准入負面清單，對於清單之外的所有行業、領域，都要給予各市場主體公平參與的機會，真正做到非禁即入、平等競爭。要合理確定投資資格，不得設置超過基礎設施項目實際需要的註冊資本金、資產規模、銀行存款證明或融資意向函等條件，不得設置與項目投融資、建設、運營無關的准入條件。

在傳統基建領域，當前民間投資仍存在較高的准入門檻。以統計局最後公佈分行業固定資產投資絕對額的 2017 年為例，民間投資在全部固定資產投資中佔比 60.4%；其中，在製造業、農林牧漁業、文體娛樂業中分別佔比 87.2%、76.0%、57.3%，但在水電燃氣、交運倉儲郵政業、水利環保公用事業三大基礎設施領域中僅分別佔比 38.2%、20.3%、22.6%，合計佔比 24.5%（見圖 2.15）。

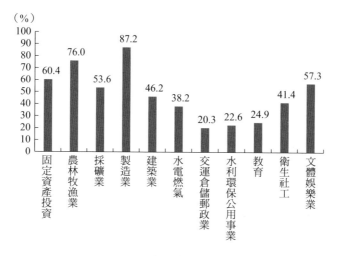

■ 2017 年民間投資佔比

圖 2.15　三大基建領域民間投資合計佔比僅 24.5%

資料來源：Wind，恒大研究院。

二是在信息類新基建領域，除 5G 基站、公共大數據中心等項目外，政府應充分讓市場發揮資源配置的決定性作用，主要通過制定行業規則、設施標準、產業規劃佈局等，推進市場有序運行。信息領域基礎設施與傳統基礎設施不同，不少項目具有明顯的商業化價值，一些企業已經進入或正考慮進入。對商業化價值低但又非常有必要的，涉及公共信息的，或市場整合難度比較大的信息類新基建，政府應積極主導或牽頭。

四、新方式：規範推動 PPP 引入私人資本，對信息類新基建給予專項配套政策支持

一是在資金來源方面，要規範並推動 PPP 融資模式，引進私人資本提高效率，拓寬融資來源。同時實行積極的財政政策，平衡財政轉向功能財政，上調赤字率和專項債發行規模。要適當擴大赤字率，赤字率可以突破 3%，赤字總額可以達到 3 萬億元，為減稅降費以及擴大基建的支出騰挪出空間。增加專項債額度，建議從 2019 年的 2.15 萬億元上調至 3 萬億 ~3.5 萬億元。當前中國政府槓桿率可控，並且背後有龐大的國有資產支撐，政府尤其是中央政府有加槓桿空間，可通過發行特別國債支持特定階段基建項目。據 BIS（國際清算銀行）數據，2019 年第三季度中國政府總槓桿率為 52.5%，較 2018 年提高 4.4 個百分點，遠低於 G20（20 國集團）的均值 82.7% 和發達國家的均值 99.0%，與發展中國家的均值 49.9% 相當。

二是對信息類新基建給予專門的財政、金融、產業等配套政策支持。因信息類新基建大多屬於新技術、新產業，需要不同於舊基建的財政、金融、產業等配套政策支撐。財政政策方面，研發支出加計扣除，高新技術企業低稅率；貨幣金融政策方面，在低息融資、專項貸款、多層次資本市場、併購、IPO、發債等方面給予支持；產業政策方面，納入國家戰略和各地經濟社會發展規劃中。

三是做好統籌規劃，防止 "一擁而上" 和重複建設，或 "新瓶裝舊酒"，造成大量浪費。要充分吸取過去基建的經驗與教訓，做好統籌規劃，明確發展重點和次序，地方制定投資項目需要充分考慮實際，不能盲目硬上，防止造成無效投資、產能過剩等。

有觀點認為，大搞減稅基建將增加地方債務負擔，財政收支平衡壓力大。我們認為，這種觀點目光短淺，在經濟下行壓力大的時候財政還要保

證收支平衡，將使企業和居民雪上加霜，財政應該搞跨期平衡，從平衡財政轉向功能財政。只要中國經濟繁榮發展，人民安居樂業，何愁未來財政問題。如果百業蕭條，財政何談平衡。

還有觀點認為，財政政策對民間投資有擠出效應。我們認為，不能只講擠出效應，財政政策還有外溢效應、帶動效應、規模效應。同時，在推進新基建的過程中，要優化財政投資方向和結構，更好地發揮財政資金的撬動作用，提高財政資金的使用和配置效率。

中國過去有兩輪大的刺激計劃，一次是 1998 年應對亞洲金融危機，另一次是 2008 年應對全球金融危機。這兩輪刺激計劃最大的不同是，2008 年是短時間一次性投入，而 1998 年是陸續投入。2008 年 11 月宣佈在 2010 年底前投入資金四萬億元，2009 年基建投資增速達 42% 的歷史峰值，政策用力過猛，雖然總體以成績為主，但是出手太快、太重帶來很多負面效果。而 1998 年中期啟動以增發國債為主要內容的積極財政政策，到 2004 年連續七年，實際赤字率從 1997 年的 0.7% 上升到 2002 年 2.6% 的階段峰值，隨著後續經濟復甦和財政政策從積極逐漸轉為穩健，2005 年赤字率回落到 1.2%。1998 年財政部發行 2,700 億元特別國債（期限為 30 年），用於向工、農、中、建四大國有銀行補充資本金，並且為加強基建等，當年增發長期國債 1,000 億元，1999 年為 1,100 億元，2000—2002 年均為 1,500 億元，2003 年為 1,400 億元，2004 年為 900 億元。因此，對這一輪新基建，絕不要一年幹完，而應做一個中期投資規劃，有節奏地、分批有序地推進。

五、軟基建：推進深層次體制機制改革，提高治理能力，優化營商環境

新時代不僅需要硬的新基建，還需要軟的新基建。從廣義的角度講，

基礎設施除物質性的"硬"基建，還包括涉及深層次體制機制改革、反映國家治理能力的"軟"基建。

近年經濟社會領域"疫"情頻發，經濟持續下行，先後遭遇 2015 年股災，2018 年中美貿易摩擦，2019 年民營經濟離場論、豬價大漲，2020 年新冠肺炎疫情等重大挑戰，暴露出經濟社會大轉型背景下，一些政策一刀切、層層加碼、誤傷民企與中小企業，部分領域改革進程緩慢、民生投入不足、科技創新短板、輿論監督缺位、社會治理無序等問題，制度短板凸顯，值得深思，深層次體制機制改革的緊迫性提升。

對此，我們建議：加強輿論監督和信息公開透明，建立"吹哨人保護法案"，補齊醫療短板，改革醫療衛生體制，加強公共衛生應急體系建設，加大汽車、金融、電信、電力等基礎行業開放，加大知識產權保護力度，改善營商環境，大幅減稅降費，尤其是社保繳費費率和企業所得稅，落實競爭中性，建立居住導向的新住房制度和長效機制，發展多層次資本市場，建立新激勵機制調動地方政府和企業家積極性等。

比如，在營商環境方面，近年來中國進步明顯，但仍有較大的提高空間。根據世界銀行《2020 年營商環境報告》，2019 年中國營商環境全球排名再度提升 15 位至第 31 位，躋身全球前 40，連續兩年入列全球優化營商環境改善幅度最大的十大經濟體。在國際上，新西蘭、新加坡名列前兩位，韓國、美國、英國分別位居第五、六、八名，德國位居第 22 名，日本位居第 29 名。從分項指標看（見圖 2.16），2018—2019 年中國在開辦企業（27/190）、獲得電力（12/190）、登記財產（28/190）、保護少數投資者（28/190）和執行合同（5/190）方面均好於美國，其他排名如獲得信貸（80/190）、納稅（105/190）、辦理破產（51/190）與美國存在較大差距。比如，中國開辦企業時間是美國的約 2.0 倍，2019 年中國開辦企業時間為 8.6 天，美國為 4.2 天。

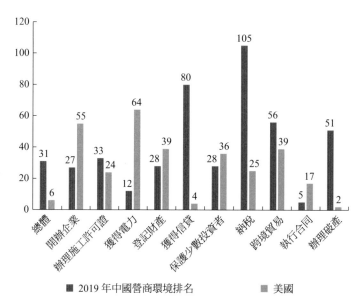

圖 2.16　中國在獲得信貸、納稅等方面與美國差距明顯

資料來源：世界銀行，恒大研究院。

第三章

5G：引領新一輪產業革命和大國競爭

通信基礎設施為數字經濟提供底層支撐，是各國發展高科技和保障戰略安全的必爭之地。歐、美主導了 1G 到 4G 的發展，美國在 4G 的領先地位累計帶動了一萬億美元的產出及年均 4,750 億美元的 GDP 增長，鞏固了其科技霸主地位。未來 5G 將以萬億美元級的投資拉動十萬億美元級的下游經濟價值，是中美博弈的關鍵領域。

中國移動通信行業經歷了 1G 空白、2G 落後、3G 追隨、4G 同步的發展歷程，終於在 5G 時代走在了前沿。歷史經驗表明，前瞻性的基礎設施建設可轉化為產業生態優勢，從而佔領新一輪全球科技競爭的制高點。我們建議應推動以 5G 為代表的新型基礎設施建設，深化產學研融合，並促進 5G 與工業互聯網、車聯網、人工智能等垂直行業應用融合發展，加速形成 5G 創新生態。*

---

* 本章作者：任澤平、連一席、陳樂 。

第一節　5G 時代來臨

一、5G 有三大應用場景

5G 是第五代移動通信技術的簡稱。與 4G 相比，5G 在用戶體驗速率、連接設備數量、時延方面具備明顯優勢。速率上，5G 基站峰值速率和用戶體驗速率達到 20Gbps（千兆比特每秒）、100Mbps，分別為 4G 的 20 倍、10 倍；連接設備數量可達 100 萬終端／平方千米，為 4G 的 10 倍；網絡時延可由 4G 時代的 10ms（毫秒）降低到 1ms。5G 與 4G 關鍵性能指標對比見表 3.1。

表 3.1　5G 與 4G 關鍵性能指標對比

指標	5G	4G
基站峰值速率	20Gbps	1Gbps
用戶體驗速率	100Mbps	10Mbps
頻譜效率	3x	1x
流量密度	10Mb/s/m	0.1Mb/s/m
移動性能	500km/h	350km/h
網絡能效	100x	1x
連接密度	100 萬終端／平方千米	10 萬終端／平方千米
時延	1ms	10ms

資料來源：C114 通信網，恒大研究院。

註：Mb 為兆比特。

根據 ITU（國際電信聯盟）的願景，5G 將主要面臨三大應用場景：eMBB（增強移動帶寬）、mMTC（大規模物聯網）、uRLLC（超高可靠與低時延通信）。eMBB 場景要求大帶寬，對應的是人與人之間極致的通信體驗，對應的是 3D/超高清視頻等大流量移動寬帶業務；mMTC 和 uRLLC 則是物聯網的應用場景，mMTC 要求廣連接，滿足物與物之間的通信需求，面向智慧城市、環境監測、智能農業、森林防火等以傳感和數據採集為目標的應用場景；uRLLC 對時延和可靠性具有極高的指標要求，面向如車聯網、工業控制等垂直行業的特殊應用需求。中國亦為 5G 定義了四大應用場景——連續廣域覆蓋、熱點高容量、低功耗大連接和低時延高可靠，主要是進一步把移動寬帶劃分為連續廣域覆蓋和熱點高容量。

二、移動通信經過 1G 到 4G 的演進，正式向 5G 邁進

移動通信技術每十年更新一代，目前經過 1G 到 4G 的演進。第一代無線通信技術發展於 20 世紀 50—60 年代，70 年代推出，80 年代正式投入使用。根據行業發展規律，移動通信技術每隔十年就會出現一次代際變更，如今經過幾十年的發展，已經完成 1G 到 4G 的演進，2020 年伊始正在向著 5G 全面邁進。

1G 到 4G 傳輸效率不斷提高，應用場景不斷擴展。1G 網絡為模擬信號，僅具備語音通信能力，傳輸速度僅為 2.4kbps（千比特每秒）；2G 網絡發展於 20 世紀 90 年代，由 1G 時代的模擬信號轉換為數字信號，支持文本和語音通信，傳輸速度提升至 64kbps；3G 被視為移動通信新紀元的關鍵，3G 網絡擁有高頻寬和穩定的傳輸，並實現了互聯網接入，視頻電話和大數據傳輸變得更加普遍，移動通信有了更加廣闊的應用，支持移動網絡的平板電腦也是在這個時代出現的；4G 時代網絡應用全 IP（國際互聯協議）組網，傳輸速度是 3G 的十倍，實現智能手機、平板電腦等無線

終端設備的普及，孕育了直播、移動購物、移動社交等多種廣闊的應用場景。

　　5G 網絡具有低時延、廣連接、大帶寬三大特點，後續將會促進物聯網、車聯網、VR、AR 等應用場景的不斷成熟，推動社會進步和人類生活方式的變革。1G 到 5G 的演化見表 3.2。

表 3.2　1G 到 5G 的演化

移動通信技術	1G	2G	3G	4G	5G
發展時間	20 世紀 80 年代	1990 年	2003 年	2009 年	2019 年
技術特徵	FDMA（頻分多址）	TDMA（分時多址）	CDMA（碼分多址）	OFDMA（正交頻分多址）	NFV（網絡功能虛擬化）
應用場景	語音通信	文本語音通信	音樂、圖片、視頻	直播、移動購物、移動社交	AR/VR、車聯網、智慧城市
體驗速率	2.4kbps	64kbps	2~10Mbps	10Mbps	100Mbps

資料來源：C114 通信網，恒大研究院。

第二節　5G 是全球新一代信息技術制高點

一、5G 將以萬億美元級的投資拉動十萬億美元級的下游經濟價值

　　5G 對經濟的貢獻可分為直接和間接兩個方面。5G 的直接貢獻為帶動電信運營商、相關設備企業和信息服務業務的快速增長。在 5G 商用的初

期，電信運營商首先投資於 5G 基站等網絡基礎設施，拉動對於 5G 設備的投資；在 5G 商用的中後期，大量社會資本湧入，成立相關互聯網企業提供 5G 相關信息服務，帶來大量收入。5G 的成熟會激活現有行業並創造新的場景與需求，間接刺激經濟的增長。5G 技術首先能達到 eMBB 標準，促成 AR/VR 等家庭娛樂需求的率先成熟，帶動終端設備及內容的爆發。隨著網絡建設的逐步完善，達到低時延高可靠和大帶寬的標準後，工業 4.0、車聯網、智慧城市、智慧醫療等廣闊的應用場景也會逐步被激發。

參考 4G 發展歷史，美國在 4G 時代的領先地位為其帶來了巨大的經濟貢獻和就業機會。2010 年 12 月，美國最大的移動運營商 Verizon Wireless（威瑞森無線公司）開始大規模商用 FDD–LTE（長期演進技術），標誌著美國開始主導 4G 技術。無線通信行業具有乘數效應，每投入 1 美元可以帶動 3.2 美元 GDP 增長，每增加 1 個工作崗位可以帶動 7.7 個相關工作崗位。CITA（美國無線通信和互聯網協會）統計，2010 年以來，無線通信行業累計創造了 470 萬個相關工作崗位，累計帶動了 1 萬億美元的產出，每年為美國 GDP 增長貢獻了 4,750 億美元。

中國有最廣闊的無線通信市場，在 5G 時代掌握主動權可以帶來巨大的經濟利益，同時 5G 也是決定中國在全球新一代信息技術競爭地位的關鍵。中國信通院統計，預計到 2030 年，中國 5G 直接貢獻的總產出、經濟增加值分別為 6.3 萬億元、2.9 萬億元；間接貢獻的總產出、經濟增加值分別為 10.6 萬億元、3.6 萬億元。5G 對中國經濟產出和 GDP 的貢獻見圖 3.1 及圖 3.2。

二、5G 產業安全對國家安全具有重要意義

5G 被廣泛應用於國民經濟、軍事等領域，5G 安全對國家安全具有重要意義。電信業作為戰略性行業，對於國家戰略安全具有重要意義。而

隨著 5G 的不斷成熟並在各個領域逐步應用，移動通信網絡、社會關係網絡、國家治理高度融合，5G 產業安全與國家總體安全的聯繫越發密切。

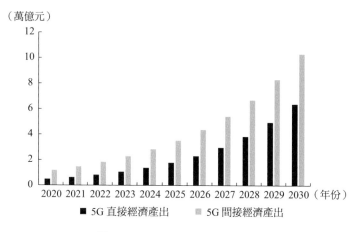

圖 3.1　5G 對中國經濟產出的貢獻

資料來源：中國信通院，恒大研究院。

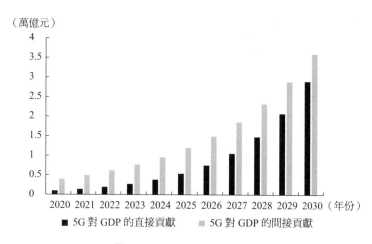

圖 3.2　5G 對中國 GDP 的貢獻

資料來源：中國信通院，恒大研究院。

5G 產業安全體現在 5G 產業鏈安全、信息安全、網絡安全等多個領域。

第一，5G 產業鏈的安全又可具體分為技術安全、設備安全和終端安全。在 5G 發展過程中，中國通信行業遭遇了以美國為首的相關國家以 5G 安全問題為由進行的全方位打壓。2018 年 4 月，美國禁止中興購買美國公司敏感產品，中興業務一度陷入停擺，隨後美國又多次對華為進行打壓，對其 5G 設備進行封殺。中國只有在 5G 技術積累、設備製造以及終端操作系統、技術標準等方面取得優勢，才能在層層重壓下保證 5G 產業鏈的安全，贏得 5G 產業正常與穩定發展的環境。

第二，5G 信息安全在萬物互聯時代面臨更大的考驗。未來隨著物聯網技術進一步成熟與應用，人際互聯網和物際互聯網並行發展，高度融合。未來每平方千米範圍內終端連接數量可達百萬量級，社交網絡、無人駕駛、遠程醫療產生的海量信息將給 5G 信息安全帶來前所未有的挑戰。

第三，5G 網絡安全對保障國家安全與經濟社會穩定具有重要意義。網絡功能虛擬化、網絡切片等新技術的應用會使 5G 網絡更易受到攻擊。未來 5G 將廣泛應用於工業製造、物聯網、車聯網等重點行業，此時一旦遭遇網絡攻擊，經濟社會穩定和人民生產生活將會遭受嚴重損失。

在未來的大國博弈中，5G 是否領先決定了一個國家能走多快，而 5G 安全防禦能力則注定了一個國家能走多遠。

第三節　5G 的國際競爭格局

通過對頻譜可用性、5G 部署進度、政府相關政策扶持與財政支持、行業企業投入情況、市場空間等多方面因素的對比，可見中美兩國處於領先地位。中國在各方面準備均較為充分，美國由於缺乏豐富的 Sub-6〔頻率範圍為 450~6,000MHz（兆赫茲）〕頻段，在頻譜資源可用性上較落後。韓國對於 5G 的重視程度高，在 5G 的研發投入、技術儲備、商用部署上均較為領先，然而受到自身人口的限制，韓國 5G 市場空間較小，不足以培育 5G 廣闊的應用場景。日本在標準貢獻、企業及商用進度上落後於中、美、韓，5G 研究上重點針對以 eMBB 為主的應用研究。歐盟區的目標不是贏得 5G 競爭，而只是力求保持競爭力。在歐盟區內部，5G 戰略主要基於國家層面，歐盟只能扮演一種協調角色。歐盟各成員國 5G 建設參差不齊，整體進度較慢。全球 5G 競賽國家排名見圖 3.3。

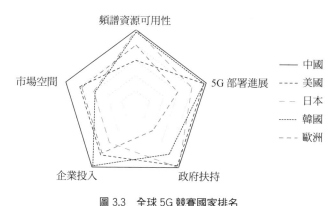

圖 3.3　全球 5G 競賽國家排名

資料來源：恒大研究院。

一、戰略之爭：中國將 5G 引領納入國家戰略，美國不斷施壓遏制中國崛起

（一）中國：政府主導，企業攻堅，研發、網絡建設、產業化全面推進

中國 5G 佈局以政府為主導積極推動產業發展。中國政府高度重視 5G 發展，提出 "5G 引領" 的發展目標，將 5G 納入國家戰略，在《中華人民共和國國民經濟和社會發展第十三個五年規劃綱要》（簡稱《"十三五"規劃》）、《國家信息化發展戰略綱要》等規劃中對 5G 發展做出明確部署，要求在 5G 方面成為技術、標準、產業、服務與應用的領先國家之一，綜合競爭實力和創新能力進入世界前列。為實現該目標，在國家層面支持下，從制定標準、研發、發展網絡基礎設施技術、建立產業鏈到參與重點應用情景等方面全面推進。

中國政府積極擴大標準制定的影響力。2013 年，中國工信部、發改委及科技部聯合成立了 IMT（國際移動通信）—2020（5G）組織，積極推進標準的編制，後續國內及國際的移動通信運營商及設備商均納入組織。目前中國 5G 方面標準必要專利達到全球第一的水平。研發方面，政府積極推動 5G 產學研一體化。在推進組框架下，政府規劃並指導完成了全球首個 5G 測試項目，並在 2018 年底提前完成第三階段的 5G 研發測試。在網絡基礎設施建設上，中國倡導新基建並利用財政政策大力扶持。2019 年 12 月初，中國 5G 基站數量已經達到 12.6 萬個。工信部表示，2020 年底爭取實現全國所有地級市覆蓋 5G 網絡。產業化方面，政府一方面積極推動 5G 商用，另一方面培育成熟的生態環境，促進下游應用的開發。2019 年 6 月，中國工信部正式向三大運營商及中國廣電下發了 5G 商用牌照。2019 年 10 月，三大運營商紛紛推出了 5G 套餐，中國正式進入5G 商用元年。積極的政府支持和產業資本投資，幫助中國形成了一個自給自足的 5G 環境。中國致力於打造由設備製造商、芯片供應商、電信運

營商、應用和平台提供商組成的豐富生態系統。隨著對 5G 服務需求的增加，應用程序開發商等新公司和設備銷售將會蓬勃發展。這將為電信和硬件製造商帶來新的收入，並使互聯網公司和應用程序開發商在較長時期內受益。

（二）美國：政府推動，私營部門主導，更新落後法規促進 5G 投資

美國 5G 發展主要依靠私營企業投入、研發和推動，在迅速推進 5G 建設的同時關注網絡安全，力求在 5G 網絡競賽中獲得主導權。2018 年 9 月，FCC（美國聯邦通信委員會）發佈 "5G 加速計劃"，其作為一個全面的 5G 發展戰略，包括三大重要內容：採取措施為 5G 服務提供更多頻譜，向市場投放近 5,000MHz 的 5G 高頻頻譜，並在中低頻段以及免許可頻段為 5G 進行有針對性的改變；加快對小型蜂窩設施的各級政府審查，鼓勵私營部門投資 5G 網絡；更新 5G 相關法規，鼓勵投資和創新，並確保美國 5G 通信供應鏈的完整和安全。

（三）日、韓、歐：政府與企業合作，共同推進 5G 發展

日本積極佈局 5G，前瞻性地開展應用研究。2014 年，日本設立 5G 移動論壇，推動 5G 的研究和發展。2016 年，日本內政和通信部發佈了《2020 年實現 5G 的無線電政策》，提出三項措施：一是舉辦 5G 移動峰會，組織協調各機構工作促進 5G 發展；二是推進政產學研協作，完成頻譜分配工作和 5G 演示；三是在國際電信聯盟和第三代合作夥伴計劃指導下開展標準制定工作。2018 年，日本總務省提出積極推動以 eMBB 為主的應用研究，重點研究車聯網、遠程醫療、智能工廠、應急救災等應用的新型商業模式，要求在 2025 年前後使 "後 5G" 標準實現商業化，並公佈以 2030 年為設想的頻譜利用戰略方案。2019 年 4 月，日本向四家運營商完成了中頻段頻譜及毫米波的分配。

韓國制定清晰的 5G 發展規劃，基礎設施建設和商用推進突出。2014年，韓國未來創造科學部發佈了以 5G 發展總體規劃為主要內容的"未來移動通信產業發展戰略"，決定投入 15 億美元支持 5G 發展，並在 2020年推出全面 5G 商用服務。同年，韓國政府設立由公立及私營部門，電信服務商和製造商代表、專家組成的 5G 論壇，推動 5G 標準化及全球化。2017 年，韓國發佈 5G 頻譜規劃，對 5G 中頻段及毫米波頻譜資源進行劃分。2018 年韓國冬季奧運會期間，韓國電信聯合國內外多家運營商和設備商推出 5G 服務，開創了 5G 全球首次商用。2019 年 2 月，韓國公佈《5G 應用戰略推進計劃》，致力於建設基礎環境，提出提前分配 5G 頻譜資源，為新建 5G 網絡減稅等政策。同年 4 月，韓國三大運營商正式推出 5G 服務，韓國成為全球首個啟用民用 5G 網絡的國家。韓國還發表了"5G+ 戰略"，選定五項核心服務和十大"5G+ 戰略產業"。

　　歐洲注重歐盟內部標準統一，力求在 5G 競賽中保持競爭力。歐盟 5G建設戰略主要有三點。一是北歐五國充當"先鋒"，領跑歐盟 5G 發展進程。二是英、法、德等國將 5G 研究和發展作為爭奪未來工業 4.0 制高點的戰略舉措。三是重點突出 5G 的網絡安全舉措。為達到戰略目標，歐盟主要採取以下三大舉措：第一，全力支持 5G 移動通信標準化活動。"標準"是 5G 將來取得市場化成功的關鍵。歐盟以直接出資或政策扶持的形式刺激民間資本投入 5G 標準制定工作，並為各標準制定組織之間的相互協調提供支持。第二，制定統一的 5G 試驗路線圖。根據歐盟發佈的《5G行動計劃》，歐洲 5G 試驗共分為兩個階段：第一階段截至 2018 年，歐洲各國以"獨立試驗聯盟"的形式開展 5G 試驗，驗證新興的 5G 能力，並培育相應的 5G 生態系統；第二階段為首批 5G 國際標準凍結後，歐洲移動通信業需就 5G 試驗規範達成一致，而且要在進行 5G 試驗時儘可能地採用符合 5G 標準的系統；第三，推動 5G 生態系統的建設。歐盟 5G PPP除了對 5G 研究與創新項目給予財政資助外，歐盟委員會還應該考慮分配一部分資金給進行 5G 技術試驗與驗證的垂直行業，並建立 "5G 創投基金"，以培育新一波與 5G 相關的創業與創新。

二、部署之爭：中國 Sub-6 頻段豐富，領跑 5G 部署

豐富的 Sub-6 頻段資源是 5G 部署取得先發優勢的關鍵。國家 5G 部署受到國家戰略、運營商投資、頻譜資源分配等多方面影響。其中頻譜資源分配是最關鍵和基礎的因素。目前世界主流國家主要採用 Sub-6 和毫米波兩個頻段對 5G 進行部署，其中 Sub-6 具有覆蓋範圍廣、建設成本低的特點，而毫米波作為 5G 新開發頻譜，覆蓋範圍小，相關技術尚不成熟，部署成本遠高於 Sub-6 頻段，因此，世界主流國家均選擇 Sub-6 作為 5G 初期建設的主要頻段。

（一）頻譜分配：中國優先發展中頻段，美國中頻資源不足，轉向毫米波

中國和歐洲在 5G 發展初期率先佈局中頻段，美國優先發展毫米波，日本和韓國完成三重頻譜分配。中國在中頻段向移動業務分配了 300MHz 頻譜，分佈在 3.4~3.6GHz 和 4.8~4.9GHz 兩個頻段，並向三家移動運營商頒發了實驗用頻許可。中國 2019 年正式開始 5G 商用。2019 年 6 月 6 日，工信部向中國電信、中國移動、中國聯通、中國廣電發放了 5G 商用牌照。10 月 31 日，三大運營商共同宣佈啟動 5G 服務，並發佈了 5G 相應的套餐。歐盟也在《5G 行動計劃》中提出 3,400~3,800MHz 頻段為歐盟 2020 年前 5G 部署的主要頻段。從歐盟角度來看，5G 部署沒有偏重毫米波頻段，而是從不同的低、中、高頻段滿足不同的 5G 需求。韓國搶跑毫米波，低頻資源分配不足。韓國在 2018 年 6 月成功拍賣了 3,420~3,700MHz 頻段頻譜共 280MHz，26.5~28.9GHz 頻段頻譜共 2.4GHz，成為第一個完成毫米波分配的國家。但韓國低頻資源分配相對

不足，共分配低頻譜資源 477MHz，在國際主流國家中排名倒數第二。由於低頻資源稀缺，韓國在 2016 年進行 700MHz 頻段的 2×20MHz 頻譜拍賣時，由於價格昂貴而流拍。日本高、中、低頻段均分配了豐富的頻譜資源，已經為四家運營商分配 5G 頻譜，涉及 39GHz、28GHz、4.5GHz、3.7GHz 等多個頻段。

　　美國中段頻譜主要是軍用或商用，在劃分上比較困難，因此美國在 5G 建設上採取毫米波優先的戰略，把拍賣高頻頻譜作為優先發展規劃，分配了豐富的高頻譜資源。美國頻譜分配情況如表 3.3 所示。美國於 2016 年、2017 年連續兩年發佈了 5G 頻譜規劃，授權包括 24.25~24.45GHz、24.75~25.25GHz、47.2~48.2GHz、27.5~28.35GHz、37~40GHz、64~71GHz 等頻段用於 5G，共計 12.55GHz。目前，美國已經完成三次全國性頻譜拍賣，24GHz、28GHz、37GHz，39GHz、47GHz 多個波段均已分配。中頻段擁擠，短期難以協調。3.5GHz 為國際主流 5G 建設波段，而美國 3.45GHz 波段被軍用雷達系統佔用，很難清理。3GHz 和 4GHz 頻譜大部分是美國國防部廣泛使用的頻段，可用於 5G 部署的中頻段資源非常有限。美國政府提出 FCC 在 2020 年底前出售至少 280MHz 頻譜，但實際效果還未可知。積極釋放低頻資源。FCC 對 600MHz、800MHz 和 900MHz 頻段用途變更，擴大 5G 業務低頻段使用。目前，美國累計釋放 716MHz 低頻頻譜。

表 3.3　美國頻譜分配情況

頻段	部署規劃
低頻段	釋放了 716MHz 頻譜
	探索 2.6GHz 頻段的共享，以及 1.3GHz 和 1.7GHz 頻段的開發

頻段	部署規劃
中頻段	目前沒有中頻釋放，美國 Sub-6 頻段多為軍用或非民用，2019 年底前能進行拍賣的 3.5GHz 頻譜只有 70MHz，美國短期內要提高中段頻譜可用性面臨很大障礙
	要求 FCC 在 2020 年底之前出售 C 波段至少 280MHz 的頻譜，遠期對 3.7~4.2GHz 頻段及更多中頻頻譜的規劃還在進行
高頻段	分配了 2.5GHz 毫米波。美國毫米波頻段共 12.55GHz 授權頻率用於 5G（包括 24.25~24.45GHz、24.75~25.25GHz、47.2~48.2GHz、27.5~28.35GHz、37~40GHz、64~71GHz），其中 37.6~38.6GHz、38.6~40.0GHz 和 47.2~48.2GHz 頻段等已完成拍賣
	遠期將會徵詢 26GHz、32GHz、42GHz、50GHz 和 70/80GHz 頻段以及 95GHz 以上的頻段使用意見

資料來源：美國國防部，恒大研究院。

美國毫米波建設難度較大，成本收益不匹配。毫米波短波長和窄光束的特性限制了傳播距離，因此對基站數量要求較高，建設成本成倍於 Sub-6。另外，毫米波很容易被牆壁、樹葉和人體等障礙物阻擋，這進一步加劇了基站部署的難度。全球大多數國家未來 5G 生態系統是建立在 Sub-6 中頻頻譜之上的，美國也將面臨毫米波設備通用性的挑戰和 Sub-6 基礎設施安全問題。無線網絡的領導地位要求全球市場認可並遵循領導者制定的頻譜頻段規範，因此，如果美國繼續探索與世界其他國家不同的頻譜範圍，一方面，會導致 5G 組網缺乏全球供應鏈基礎；另一方面，美國即使在毫米波取得較強的技術優勢，由於缺乏追隨者，也仍然無法主導 5G 標準話語權，美國本土供應商無法投資研發未來的 5G 產品，會進一步失去市場主導權。

（二）商用進展：5G 商用進度超預期，中、日、韓正式商用

全球來看，5G 商用進展超預期。5G 商用在 2019 年正式啟動，截至

2020 年 1 月，全球共有 121 個國家和地區的 356 家運營商正在進行 5G 計劃、試驗、部署或已經實現 5G 商用，其中 34 個國家和地區的 62 家運營商已經宣佈提供 3GPP（第三代移動通信合作計劃）標準下的 5G 商用服務（包括固定接入服務和移動服務），目前運營商公佈的 5G 商用規劃基本都在 2020 年、2021 年。

如表 3.4 所示，目前中國、韓國、美國及歐洲部分國家均已經實現 5G 商用，日本軟銀於 2020 年 3 月正式推出 5G 服務。韓國在 5G 商用上走得最快，在 2019 年 4 月率先開展 5G 商用，截至 2019 年底，韓國三家運營商在 5G 網絡方面合計部署約 19 萬站 AAU（有源天線單元），覆蓋了 85% 的城市和 93% 的人口，5G 用戶規模達到 500 萬。美國部分運營商在 2018 年初期就開始進行小規模 5G 部署，但由於缺乏中頻資源，存在信號差、覆蓋差的問題。中國在 2019 年 11 月 1 日開始提供 5G 服務，計劃在 2020 年底實現全國所有地級市覆蓋 5G 網絡。

表 3.4　各個國家與地區 5G 商用進展

指標	5G
中國	中國三大運營商在 2019 年 11 月正式推出 5G 商用服務 中國移動提出 "5G+" 計劃，"5G+4G" 滿足用戶數據業務和話音業務需求，"5G+AICDE" 推動人工智能、物聯網、大數據、邊緣計算等新技術緊密結合，提供更多、更豐富的應用 "5G+Ecology" 聯合設備廠商，通過垂直行業應用構建 5G 生態 中國聯通與中國電信達成 5G 共享共建協議，雙方合計開通共建共享基站五萬站，並就各自建設的地理範圍做出了詳細規劃
美國	美國通信企業 AT&T（美國電話電報公司）在 2018 年 12 月採用毫米波推出 5G，計劃在 2019 年底實現全國 21 個州覆蓋，2020 年初實現全美覆蓋 美國通信企業威瑞森 2019 年 4 月在芝加哥的市中心部分地區使用毫米波推出 5G，計劃在 2019 年底前完成 30 個城市的 5G 覆蓋，尚未發佈全美覆蓋時間表

指標	5G
美國	美國通信企業 T–Mobile 和 Sprint 合併，T–Mobile 原計劃在 2020 年前採用 600MHz 頻譜實現 5G 網絡全美覆蓋，在城市熱點區域採用毫米波，2019 年下半年在 30 個城市推出 5G 服務。Sprint 擁有 2.5GHz 頻段頻譜是其實現廣覆蓋的競爭力所在
韓國	2018 年 12 月，韓國三大移動通信運營商共同宣佈提供 5G 網絡服務，韓國成為首個 5G 網絡商用國家 韓國三大運營商注重打造 5G 服務生態圈：（1）SK 集團注重 5G 產品廣覆蓋，致力於高清視頻、移動通信、互聯網及大數據等諸多領域；（2）KT 公司制訂了在智能城市、智能工廠、車聯網、傳媒、B2B（公司對公司業務）等 5G 領域推出 5G 服務的計劃；（3）LG 集團 U+ 推出 "U+ 棒球" "U+ 高爾夫" "U+idol（偶像）" 等產品，為用戶提供體育賽事和演唱會直播等視頻服務
日本	日本計劃在 2020 年東京奧運會和殘奧會上開展 5G 商用，各運營商將率先在東京都地區啟動 5G 商業服務；另外，日本在遠程醫療、移動辦公、觀光領域、8K 影像傳輸上開展相關實驗 2019 年 4 月，日本為四大運營商分配了 5G 中高段頻譜，四大電信運營商將在今後五年向 5G 建設投入近三萬億日元，在全日本分階段推進 5G 基站建設軟銀於 2020 年 3 月 27 日開始 5G 商用服務
歐盟	根據歐盟規劃，2020 年各成員國至少選擇一個城市提供 5G 服務，2025 年各成員國在城區主要公路、鐵路沿線提供 5G 服務 2019 年，英國、瑞士、意大利、芬蘭、西班牙等國已經率先實現 5G 商用

資料來源：根據有關新聞資料整理，恒大研究院。

三、標準之爭：中國 SEPs 數量領先，華為 Polar 碼在關鍵領域取得突破

5G 標準制定權決定產業話語權，具體體現在標準必要專利的數量與分佈領域。5G 作為新一代移動通信網絡，其網絡架構發生了較大變革，

調制、編碼、空口等都需要運用新的技術方案。為保證無線通信的通用性、實現規模效應，各國加入 3GPP 組織，以 3GPP 選定的最優技術方案作為標準進行 5G 網絡建設。5G 關鍵技術相關的 SEPs（標準必要專利）的分佈和構成，體現了各企業在不同關鍵技術及其產業實踐中的話語權。SEPs 在 5G 領域是指經 3GPP 認定的實施某一技術標準無法避免、無替代方案、必須使用的專利。企業向 3GPP 提交的提案為標準的技術方案，經過 3GPP 採用、寫入標準中，並同時申請專利，形成了標準必要專利。企業技術方案被採用為 SEPs 後，可以向任何使用該專利的企業收取專利許可費，擴大自身產品市場份額，不斷提高產業鏈地位與話語權。

（一）移動通信發展史表明，標準制定權即產業鏈主導權

一般來說，擁有標準制定權的企業可以獲得豐厚的專利費、巨大的市場價值，實現全球產業鏈的主導。移動通信行業作為一個專利密集型行業，每個通信產品都離不開其所依賴的通信協議標準，擁有標準制定權的國家可以進一步推廣其技術、架構和設備。標準的壟斷促進芯片等設備銷售，帶來巨大的市場價值。

全球通信標準存在十年一代的規律，高通是 2G 到 4G 時代的霸主，高通帶領美國完成對 GSM（全球移動通信系統）標準的逆風翻盤，成就了全球領導地位。2G 時代，歐洲電信標準組織（ETSI）推行的 GSM 是行業主流標準；高通後期研發 CDMA 技術，並利用各大巨頭爭奪 GSM 標準的時機，大量註冊 CDMA 技術專利。3G 時代，高通聯合諸多廠商成立 3GPP2，制定 CDMA2000 標準，奠定了其在 CDMA 生態圈中的霸主地位。據不完全統計，高通目前擁有的專利超過 13,000 項，主要集中分佈在 3G 和 4G 的核心領域，其中 3,900 多項是 CDMA 的專利。高通營業收入佔比見圖 3.4。

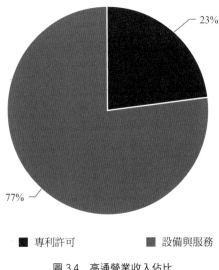

23%

77%

■ 專利許可　　　　■ 設備與服務

圖 3.4　高通營業收入佔比

資料來源：公司年報，恒大研究院。

　　高通對 CDMA 技術標準的壟斷為其帶來了巨額專利費。CDMA 技術作為移動通信的底層技術，端到端的通信涉及基站設備、運營商網絡、手機終端等，整個通信產業都要向底層核心技術專利所有者繳納數額不菲的專利費。高通的專利費可以分為兩個部分：一方面，高通向使用其芯片的手機、平板電腦等廠商收取專利費；另一方面，高通還向其他使用高通專利的芯片生產廠商收取專利授權費，專利授權費採用整機收費的方式，向使用其他芯片的手機廠商收取。這些手機廠商每年需要向高通繳納幾十萬至幾百萬美元不等的固定授權費和產品銷售價格的 3%~5% 的專利許可費。專利業務成為高通的利潤"奶牛"，2018 年專利授權業務貢獻了高通總收入的 23%、總利潤的 54%（見圖 3.5）。

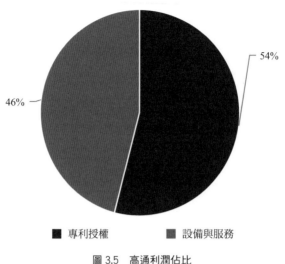

54%

46%

■ 專利授權　　■ 設備與服務

圖 3.5　高通利潤佔比

資料來源：公司年報，恒大研究院。

（二）中國經過 1G 到 4G 時代的追趕，5G 時代終獲領先優勢

如表 3.5 所示，中國在無線通信標準上實現了從 1G 空白、2G 落後、3G 追隨、4G 同步到 5G 領跑的過程，目前中國在 5G SEPs 數量上遙遙領先，在移動通信最關鍵的底層編碼技術上也取得了突破。2G 時代，國外企業主導技術標準，在市場上佔據主導地位。3G 時代，中國推出了自主網絡制式 TD–SCDMA（即時分同步的碼分多址技術），但行業話語權依然很低，國內企業逐步開始與歐美企業在市場上直接競爭。4G 時代，中國企業對於標準的話語權增大，TD–LTE 迅猛發展，中國通信技術走在了世界前列。5G 技術標準研發是中國趕超世界先進水平的歷史機遇，也是中國通信業的一個必爭之地。

表 3.5　中國無線通信發展

通信制式		2G	3G	4G	5G
技術標準		GMA CDMA	WCDMA CDMA2000 TD-SCDMA	FDD-LTE TDD-LTE	5G NR
調制技術		TKMA	CDMA	OFDMA+ SC-FDMA	OFDMA NOMA
標準確定時間			2000 年	2008 年	2018 年
商用 進度	中國		2009 年	2013 年	2019 年
	美國		2003 年	2010 年	2018 年底
	歐洲		2003 年	2009 年	2020 年
	日本		2001 年	2010 年	2020 年
	韓國	—	2001 年	2011 年	2019 年

資料來源：C114 通信網，恒大研究院。

　　從數量上看，中國 5G SEPs 數量遙遙領先。近年來，5G SEPs 數量急劇增加，主要來自中國、美國、韓國、歐洲和日本。根據 IPlytics（德國專利數據庫公司）數據，截至 2019 年 11 月，中國標準必要專利已申報組數 6,783 組，對 5G 標準貢獻達到 32,103 個，參加 3GPP 會議的工程師數量累計 6,512 人，均位列世界第一的水平。具體到企業，華為標準必要專利已申報組數 3,325 組，對 5G 標準貢獻達到 19,473 個，參加 3GPP 會議的工程師數量為 3,098 人，超過所有參會企業。中興和中國移動也對中國標準必要專利儲備和標準的制定做出了重要貢獻。5G SEPs 相關專利情況見圖 3.6。各國 5G 技術貢獻數量見圖 3.7。

　　從質量上看，中國在 5G 信道編碼這一關鍵技術上已取得突破。5G 網絡可以分為接入網和核心網，其中接入網相應的無線接口協議又可分為物理層、數據鏈路層和網絡層。物理層是整個系統設計中最核心的部分，佔到了 5G 接入網標準必要專利申請量的 67%，其中，新型調制技術、信

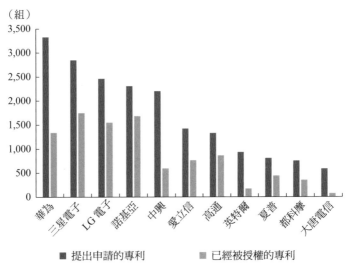

圖 3.6　5G SEPs 相關專利情況

資料來源：IPlytics，恒大研究院。

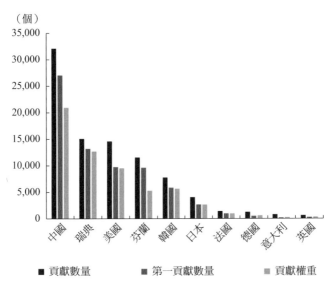

圖 3.7　各國 5G 技術貢獻數量

資料來源：IPlytic，恒大研究院。

道編碼技術是物理層設計中最核心、最深奧的部分。在 5G 通信技術標準制定中，華為主推的 Polar Code（極化碼）方案成了 5G 控制信道 eMBB 場景編碼方案。

四、設備之爭：中歐企業四強爭霸，華為、中興異軍突起

（一）5G 產業鏈主設備價值量大，產業地位高

在 5G 產業鏈中，通信網絡設備是價值量最大、產業鏈地位最高的一環。通信網絡設備是移動通信系統的核心環節，涉及無線、傳輸、核心網及業務承載支撐等系統設備，而主設備商在整個網絡建設中類似於總承包商的角色，為運營商提供完整的解決方案，處於統籌地位。5G 產業鏈價值量佔比見圖 3.8。

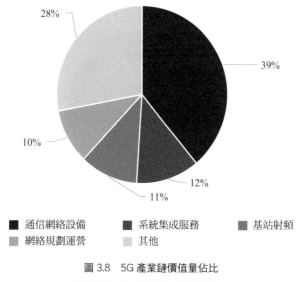

圖 3.8　5G 產業鏈價值量佔比

資料來源：C114 通信網，恒大研究院。

（二）全球設備廠商四強爭霸，中國企業優勢明顯

　　全球網絡通信設備廠商經過多年兼併整合，目前呈現四強爭霸格局。隨著通信網絡的代際演進，主設備廠商格局不斷變化。1G 時代設備市場由美國摩托羅拉、AT&T 主導。2G 時代歐洲國家取得先手，美國廠商逐漸沒落，歐洲企業崛起，諾基亞、愛立信成為行業兩大巨頭。3G、4G 時代，原有設備廠商不斷兼併整合，同時中國企業開始崛起。3G 時代全球共有九家主要的通信設備商：愛立信、諾基亞、西門子、阿爾卡特、朗訊、北電網絡、摩托羅拉、華為、中興。2006 年，阿爾卡特與朗訊宣佈合併，諾基亞與西門子將電信設備業務合併。2009 年，北電網絡申請破產。2010 年，諾基亞、西門子收購摩托羅拉無線部門。2013 年，諾基亞收購西門子持有的諾基亞西門子 50% 股份。2016 年，諾基亞收購阿爾卡特—朗訊。在全球通信設備市場中，華為、愛立信、諾基亞和中興 2018 年累計市場份額達到近 70%，呈四強爭霸的格局（見圖 3.9）。

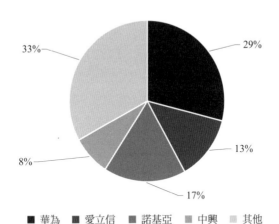

圖 3.9　2018 年全球電信設備市場份額

資料來源：Dell'Oro Group，恒大研究院。

華為趕超，中興緊咬，歐洲設備商市場份額不斷被擠壓。2013—2018 年，華為市場份額由 20% 上升到 29%，每年上升接近兩個百分點。中興除 2018 年受到美國制裁因而市場佔有率小幅下降外，2013—2017 年市場佔有率由 7% 穩步提升至 10%。與此同時，愛立信和諾基亞市場佔有率以每年 1% 的速度不斷下降。從業績情況來看，華為 2018 年營業收入 7,212 億元，高於其他三家的收入總和；淨利潤 600 億元，為四大設備廠商中唯一盈利的企業。其中，愛立信和諾基亞已連續兩年虧損，中興 2017 年淨利潤為 6.8 億元，2018 年虧損主要是受美國制裁而繳納罰款所致。

5G 時代，華為在技術和產品等多個維度實現全面領先，5G 商用合同訂單居首位且超半數位於歐洲市場。全球 ICT 行業權威諮詢公司 GlobalData 發佈的《5G 接入網（RAN）競爭力分析報告》指出：前五大設備商中，華為在 5G RAN（無線接入網）競爭力綜合排名中位列第一，而其他設備商各有優劣，並列處於第二梯隊。華為在基帶容量、射頻產品組合、部署簡易度及技術演進能力這四個運營商看重的關鍵維度中均保持第一。基帶容量方面，華為 5G RAN 產品基帶容量最大，能更好地幫助運營商應對 5G 海量的連接需求；射頻產品覆蓋頻譜最多，體積小，重量輕，從而讓運營商在各種場景中能夠靈活部署；在技術演進方面，華為產品能夠支持運營商平滑地向 5G 演進，節約 5G 網絡建設成本。根據 2020 年 2 月華為倫敦產品與解決方案發佈會數據，目前華為獲得了 91 個 5G 商用合同，超過愛立信、諾基亞，位居世界第一（見表 3.6）。在合同的地域分佈上，歐洲有 47 個，亞洲有 27 個，其他地區有 17 個。截至 2019 年底，全球已有 34 個國家及地區的 62 家運營商正式宣佈 5G 商用，而華為支持了其中的 41 家，佔比達 2/3。

表 3.6　通信廠商 5G 訂單數量

設備商	時間節點	合同數量	基站出貨量（萬）	主要客戶
華為	2020 年 2 月	91	40+	測試：俄羅斯、德國、葡萄牙。商用夥伴：土耳其、葡萄牙、部分中東國家。其中供貨有韓國、英國（英國需要華為做出流程調整）。IOT（物聯網）合作：印度
愛立信	2020 年 2 月	81	—	測試：俄羅斯、日本。使用：新加坡、泰國、印尼。商用夥伴：瑞士。其中供貨有美國、韓國。IOT 合作：印度、意大利
諾基亞	2019 年 2 月	67	—	商用夥伴：中國、南非等國家。其中供貨有美國、韓國。IOT 合作：印度、西班牙
中興	2019 年 9 月	35	10+	IOT 合作：印度

資料來源：C114 通信網，恒大研究院。

第四節　展望與建議

以 5G 為代表的新型信息基礎設施為智能經濟的發展和產業數字化轉型提供了底層支撐。人類在 18 世紀進入蒸汽時代，19 世紀進入電氣時代，20 世紀進入信息與互聯網時代，隨著未來人工智能技術逐漸成熟，21 世紀將步入智能時代。智能社會由三個戰略核心組成：芯片／半導體，即信息智能社會的心臟，負責信息的計算處理；軟件／操作系統，即信息智能社會的大腦，負責信息的規劃決策、資源的調度；通信，即信息智能社會的神經纖維和神經末梢，負責信息的傳輸與接收。

在數字經濟浪潮下，5G 就如同 "信息高速公路"，為龐大的數據量和信息量的傳遞提供了高速傳輸信道，補齊了制約人工智能、大數據、工業互聯網等在信息傳輸、連接規模、通信質量上的短板；人工智能如同雲端大腦，依靠 "高速公路" 傳來的信息學習和演化，完成機器智能化進程；工業互聯網如同 "橋樑"，依靠 "高速公路" 聯結人、機、物，推動製造走向 "智造"。5G 使萬物互聯成為可能，將推動整個社會生產方式的改進和生產力的發展，對經濟社會發展具有明顯的輻射作用，也是當前及未來各國科技競賽的制高點。

因此提出政策建議：用改革創新的方式加快推動 5G 等新一輪基礎設施建設，而不是簡單地重走老路。

一是建議進一步放開基建投資領域的市場准入，尤其是為民營企業參與基建投資拓展渠道，消除限制。全面實施市場准入負面清單，對於清單之外的所有行業、領域，都要給予各市場主體公平參與的機會，真正做到非禁即入、平等競爭。要合理確定投資資格，不得設置超過基礎設施項目實際需要的註冊資本金、資產規模、銀行存款證明或融資意向函等條件，不得設置與項目投融資、建設、運營無關的准入條件。

二是對信息類新基建，給予專門的財政、金融、產業等配套政策支持。信息類新基建大多屬於新技術、新產業，需要不同於舊基建的財政、金融、產業等配套政策支撐。財政政策方面，研發支出加計扣除，高新技術企業低稅率；貨幣金融政策方面，在低息融資、專項貸款、多層次資本市場、併購、IPO、發債等方面給予支持；產業政策方面，納入國家戰略和各地經濟社會發展規劃中。

三是推動產學研結合，完善 5G 產業生態，促進融合發展。5G 作為社會進步的基礎設施，產業生態的成熟需要各方共同參與。5G 是未來人工智能、物聯網、車聯網等其他技術的基礎，以 5G 為平台的全方位信息生態系統將為通信、製造業、汽車、市政建設等各行各業的融合鋪路。因此，5G 的發展與創新不僅事關電信業，更需要科研機構、高校、行業、企業等多元主體的積極參與合作。建議有關部門通過加強產業政策的扶持與引導，建立多主體共同參與、平等對話的窗口。聯合產學研各方力量和產業鏈各方資源參與，引導資金鏈、人才鏈和創新鏈的深度融合，完善創新網絡，培育 5G 創新生態。5G 正在不斷演進中，其下游應用場景與商業模式尚未成熟。唯有加快推動 5G 工業互聯網、車聯網、智能交通、智慧醫療、超高清視頻等垂直行業應用融合發展，才能充分發揮 5G 的賦能作用。建議電信運營商、設備製造商、終端廠商、互聯網企業建立新興合作夥伴關係，最大限度地開發 5G 在社會發展與經濟建設中的作用。

四是做好科學統籌規劃，防止"一擁而上"和重複建設，或"新瓶裝舊酒"，造成大量浪費。要充分吸收過去基建的經驗與教訓，做好統籌規劃，明確發展重點和次序，地方制定投資項目需充分考慮實際，不能盲目硬上，防止造成無效投資、產能過剩等。

第四章

數據中心：抓住數字經濟新機遇

在新一輪科技革命和產業變革中，以互聯網、大數據、人工智能和實體經濟深度融合為特徵的數字經濟重要性日益突出。按照中國信通院對數字經濟的定義，數字經濟包括數字產業化和產業數字化兩部分。數字產業化指數字技術創新和數字產品生產，主要包括電子信息製造業、信息通信業、互聯網行業和軟件服務業等行業增加值。產業數字化指國民經濟其他非數字產業部門使用數字技術和數字產品帶來的產出增加和效率提升（增加值）。2018年中國數字經濟規模佔 GDP 比重達 34.8%，就業人數佔比達 24.6%，成為經濟和就業的重要支柱。2020 年，數字經濟在抗擊新冠肺炎疫情和復工復產中發揮了巨大作用。

數字經濟的快速發展催生了海量的數據需求，數據中心應運而生，成為數據集中計算、傳輸、存儲的"圖書館"。數據中心建設受到政府和企業的高度重視，成為新基建的核心領域之一。在數字經濟時代，新基建意味著新機遇。*

---

* 本章作者：任澤平、連一席、郭雙桃。

第一節　抓住數字經濟新機遇

一、數字產業發展迅速，成為中國經濟和就業的重要支柱

　　數字經濟是以數字化的知識和信息為關鍵生產要素，以數字技術創新為核心驅動力，以現代信息網絡為重要載體，通過數字技術與實體經濟的深度融合，不斷地提高傳統產業數字化、智能化水平，加速重構經濟發展與政府治理模式的新型經濟形態。

　　在新一輪科技革命和產業變革浪潮之下，以互聯網、大數據、人工智能和實體經濟深度融合為特徵的數字經濟重要性日益突出，亦受到政府高度重視。2016 年 10 月，中共中央政治局會議上，習近平強調“加快數字經濟對經濟發展的推動”。2017 年 10 月，中共十九大報告強調，“發展數字經濟，助推實體經濟與傳統產業數字化轉型成為信息通信業肩上的新使命與面前的新機遇”。2018 年 11 月，習近平在第五屆世界互聯網大會致賀信中再次強調“為世界經濟發展增添新動能，迫切需要加快數字經濟發展”。2020 年，中國將數據中心列入“新基建”。

　　國家統計局披露，中國 GDP 規模從 2002 年的 12.17 萬億元增長到 2018 年的 90.03 萬億元，累計增長 639.77%，複合增速 13.32%。中國信通院披露，中國數字經濟規模從 2002 年的 1.22 萬億元增長到 2018 年的 31.29 萬億元，累計增長 2,464.75%，複合增速 22.47%；數字經濟增速遠高於 GDP 增速，對應數字經濟佔 GDP 比重從 2002 年的 10.04% 提升到

2018 年的 34.76%（見圖 4.1）。此外，國家統計局披露，2018 年中國就業總人數 7.76 億，同比下滑 0.07%；中國信通院披露，2018 年中國數字經濟產業就業總人數 1.91 億，同比增長 11.38%；數字經濟就業人數增速遠超總就業人數增速，對應就業人數佔比從 2007 年的 5.86% 提升到 2018 年的 24.62%（見圖 4.2）。

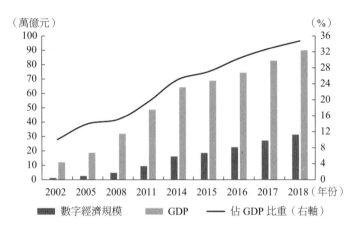

圖 4.1　2002—2018 年中國數字經濟規模、增速及佔比

資料來源：國家統計局，信通院，恒大研究院。

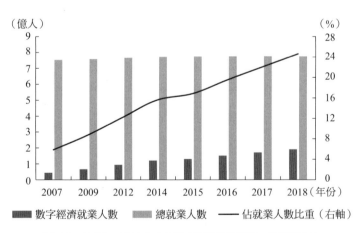

圖 4.2　2007—2018 年中國數字經濟產業就業、增速及佔比

資料來源：國家統計局，信通院，恒大研究院。

二、數據成為數字經濟時代的新型生產要素，5G、雲計算催生數據爆發式增長

數據是發展數字經濟的關鍵生產要素，中國數字經濟的飛速發展離不開海量的數據支撐。生產要素的形態隨著經濟發展不斷變遷，土地、勞動力是農業時代的重要生產要素，資本是工業時代的重要生產要素，還催生出技術、管理等更多生產要素；隨著信息化、智能化的發展，以大數據為代表的信息資源向生產要素的形態演進。數據對其他要素效率有倍增作用，對生產力發展有廣泛影響。2019 年十九屆四中全會首次將數據與勞動力、技術、資本等一起作為要素。2020 年 4 月 9 日，中共中央、國務院發佈的《關於構建更加完善的要素市場化配置體制機制的意見》提出，"推進政府數據開放共享，提升社會數據資源價值，加強數據資源整合和安全保護，研究根據數據性質完善產權性質，制定數據隱私保護制度和安全審查制度"。如圖 4.3 所示，IDC（互聯網數據中心）統計，2018 年全球和中國數據規模分別為 33ZB（澤字節）、7.6ZB，其中中國佔比 23.0%；預計到 2025 年全球和中國數據規模分別為 175ZB、48.6ZB，對應全球和中國複合增速分別為 26.91%、30.35%。

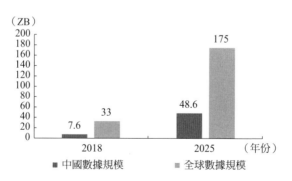

圖 4.3　2018—2025 年全球／中國數據規模及預測

資料來源：IDC，恒大研究院。

5G、雲計算、人工智能、互聯網、線上娛樂等是中國數據爆發的核心驅動力。以互聯網為例，工信部統計，中國固定寬帶用戶從 2011 年的 1.6 億戶提高到 2019 年的 4.49 億戶，八年增長近三倍，年複合增速達 13.8%，其中 2019 年光纖用戶達 4.17 億戶，滲透率超過 90%；如圖 4.4 所示，中國移動電話用戶從 2011 年的 9.9 億戶增加到 2019 年的 16.0 億戶，八年增長近兩倍，年複合增速達 6.2%，其中 2019 年 4G 用戶達 12.8 億戶，滲透率超過 80%。互聯網基礎設施的完善和內容的豐富是上網人數劇增的主要推動因素，反過來，上網人數的劇增又對互聯網基礎設施和內容提出了更高的要求。雙重因素驅動下，中國互聯網數據規模不斷攀升，尤其是移動互聯網。工信部披露，2019 年中國移動互聯網接入流量消費達 1,220 億 GB（十億字節），同比增長 71.6%，其中，手機上網流量達到 1,210 億 GB，同比增長 72.4%，流量佔比 99.2%。

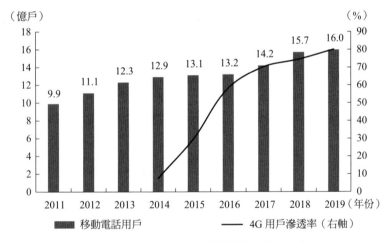

圖 4.4　2011—2019 年中國移動電話用戶及 4G 佔比

資料來源：工信部，恒大研究院。

第二節　數據中心建設正當其時

數據的發展離不開數據中心的同步配套，數據中心是海量數據的承載實體。數據中心通常是指可實現數字信息的集中計算處理、傳輸交換以及存儲管理的物理空間，可理解成數據集中存儲和運作的"圖書館"；其核心設備為服務器及網絡交換設備，其關鍵運營輔助設備有供電、製冷、消防、監控等系統。

數據中心產業鏈包括：第一，上游提供土地、設備、軟件等，主要有IT（信息技術）設備商、電力設備商、軟件商、網絡許可商、土地、機架供應商等；第二，中游提供 IDC 集成、運維、雲計算等服務，包括三大運營商、第三方 IDC 廠商、雲服務廠商；第三，下游主要是用戶，主要有互聯網企業、金融機構、製造及軟件企業、政府機構等。

一、政策導向：數據中心被列入新基建領域，政策持續加碼

政策持續推動數據中心建設。如表 4.1 所示，2010 年國務院發佈《關於加快培育和發展戰略性新興產業的決定》，強調要加快信息網絡基礎設施建設。2012 年政府降低 IDC 市場准入門檻，引入民間資本。2015 年提出加快推進實施"寬帶中國"戰略。2017 年強調優先支持工業互聯網、數據中心、大數據、雲計算等新增領域創建國家示範基地。2020 年數據中心被列為新基建核心領域之一，數據中心的重要性日益凸顯。

表 4.1　中國數據中心歷年政策梳理

發佈時間	發佈部門	文件名稱	主要內容
2010.10.18	國務院	《關於加快培育和發展戰略性新興產業的決定》	加快建設"寬帶、融合、安全、泛在"的信息網絡基礎設施，發展數字虛擬等技術
2012.6.28	工信部	《關於鼓勵和引導民間資本進一步進入電信業的實施意見》	支持民間資本在互聯網領域投資，引導民間資本參與 IDC 和 ISP（互聯網服務提供商）業務經營
2012.11.30	工信部	《關於進一步規範因特網數據中心（IDC）業務和因特網接入服務（ISP）業務市場准入工作的實施方案》	監管政策降低了 IDC 市場准入門檻，進一步明確 IDC、ISP 申請企業資金、人員、場地、設施等方面的要求
2015.1.30	國務院	《關於促進雲計算創新發展培育信息產業新業態的意見》	加快推進"寬帶中國"戰略，到 2017 年，新建大型雲計算數據中心 PUE（數據中心消耗的所有能源與 IT 負載消耗的能源之比）值優於 1.5
2017.8.8	工信部	《關於組織申報 2017 年度國家新型工業化產業示範基地的通知》	年度優先支持工業互聯網、數據中心、大數據、雲計算、產業轉移合作等新增領域集聚區，積極創建國家示範基地
2019.11.8	工信部	《綠色數據中心先進適用技術產品目錄（2019 年版）》	開展了綠色數據中心先進適用技術產品篩選工作，對先進示範予以公告
2020.3.4	中央政治局常務委員會會議	—	會議強調"加快 5G 網絡、數據中心等新型基礎設施建設進度"

資料來源：國務院，發改委，工信部，國家能源局，恒大研究院。

二、市場規模：2019 年中國數據中心機架數量超過 200 萬個，市場規模超過 1,500 億元

數據中心按規模可分為超大型、大型、中小型三種。2013 年 1 月，工信部等五部委聯合發佈的《關於數據中心建設佈局的指導意見》規定：第一，超大型數據中心是指規模 ≥ 10,000 個標準機架（功率 2.5 千瓦）的數據中心；第二，大型數據中心是指規模 ≥ 3,000 個標準機架，並且 <10,000 個標準機架的數據中心；第三，中小型數據中心是指規模 <3,000 個標準機架的數據中心。

由於不同等級之間數據處理能力的差別很大，因此實際中一般用機架數量來衡量國家數據中心規模。工信部直屬中國電子信息產業發展研究院統計，2016、2017、2018、2019 年中國數據中心機架數量分別為 124 萬個、166 萬個、210 萬個、227 萬個（見圖 4.5）。中國 IDC 圈統計，2016、2017、2018、2019 年中國數據中心市場規模分別為 714.5 億元、946.1 億元、1,228.0 億元、1,562.5 億元。

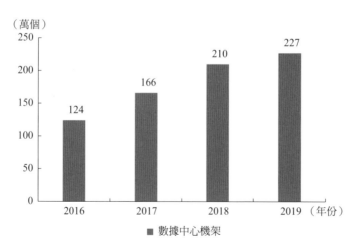

圖 4.5　2016—2019 年中國數據中心機架數量

資料來源：電子信息產業發展研究院，恒大研究院。

三、地域分佈：北京、上海等城市及周邊地區佔數據中心總機架的六成以上

　　2019 年 5 月，工信部發佈《全國數據中心應用發展指引（2018）》，測算到 2019 年，北京及周邊（河北、天津、內蒙古）、上海及周邊（浙江、江蘇）、廣州及周邊（廣東、福建）、中部地區（安徽、湖北、湖南、河南、江西、山西）、西部地區（廣西、寧夏、新疆、青海、陝西、甘肅、四川、西藏、貴州、雲南、重慶）、東北地區（黑龍江、吉林、遼寧）的可用機架數量分別為 64.7 萬個、61.8 萬個、33.3 萬個、29.8 萬個、45.6 萬個、9.2 萬個，對應佔比 26.5%、25.3%、13.6%、12.2%、18.7%、3.8%；其中北京、上海及周邊和西部是 2019 年的主要增長點（見圖 4.6）。

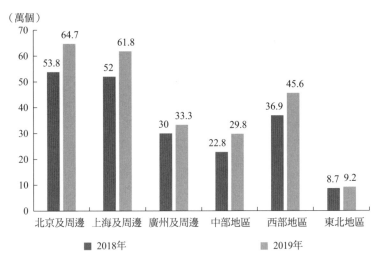

圖 4.6　2018—2019 年數據中心測算可用機架

資料來源：工信部，恒大研究院。

四、結構分佈：大型及以上數據中心能耗更低，機架增速更快

  2019 年 5 月，工信部發佈《全國數據中心應用發展指引（2018）》披露：數量方面，2016、2017 年中國大型及以上數據中心所含機架總量分別為 49.3 萬個、82.8 萬個，其中 2017 年大型及以上數據中心機架佔比近一半，同比增長 68.0%，是增長主力（見圖 4.7）；利用率方面（見圖 4.8），2017 年中國超大型、大型、中小型數據中心利用率分別為 34.4%、54.9%、56.0%；能耗效率方面，2017 年中國超大型、大型、中小型數據中心 PUE 分別為 1.41、1.48、1.54。

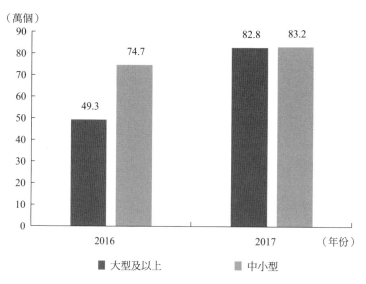

圖 4.7　2016—2017 年中國數據中心機架數量分佈

資料來源：工信部，恒大研究院。

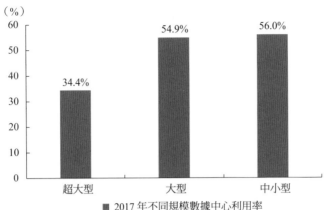

圖 4.8　2017 年不同規模數據中心利用率

資料來源：工信部，恒大研究院。

五、競爭格局：三大運營商佔據主流，合計市場份額佔比達七成

數據中心 IDC 市場主要服務商有三類：三大運營商、第三方 IDC 廠商、雲服務廠商。其中雲服務廠商可選擇自建或者租用數據中心，對外提供雲服務。如圖 4.9 所示，中國產業信息網統計，2018 年中國數據中心廠

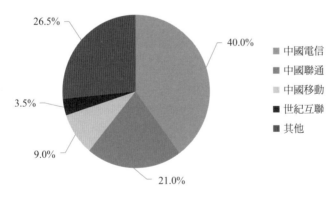

圖 4.9　2018 年中國 IDC 各廠商市場份額

資料來源：中國產業信息網，恒大研究院。

商中，電信、聯通、移動三大運營商分別佔據 40.0%、21.0%、9.0% 的市場份額，合計佔比達 70%。

第三節　行業面臨的挑戰

一、能耗水平有所改善，但仍比目標值偏高

數據中心耗電量大，降低 PUE 既節能環保，又可降本增效。第一，節能環保。中國三峽集團、國家能源局統計，2018 年中國三峽發電量、上海市用電量、數據中心總用電量分別為 1,016 億、1,567 億、1,609 億千瓦時；數據中心總用電量相當於 1.6 個三峽發電站（見圖 4.10）。假設 2018 年中國數據中心 PUE 在 1.6~2.0（工信部披露，2017 年中國在用超大型、大型數據中心平均 PUE 分別為 1.63、1.54），如果中國數據中心的 PUE 較當前下降 0.1，就可節省用電 53.5 億 ~100.6 億千瓦時。第二，降本增效。以第三方數據中心廠商光環新網為例，其年報披露，2018、2019 年公司 IDC 業務成本中，電費分別佔比 46.8%、44.8%，遠高於其他項目（見圖 4.11）。降低數據中心 PUE 不僅可以降低電費消耗，減少製冷用水，提高設備使用壽命，而且可極大地降低企業運維成本。

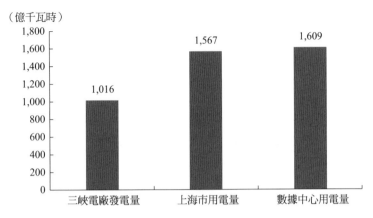

（億千瓦時）

圖 4.10　2018 年中國三峽電廠發電量，上海市和數據中心用電量規模

資料來源：中國三峽集團，國家能源局，恒大研究院。

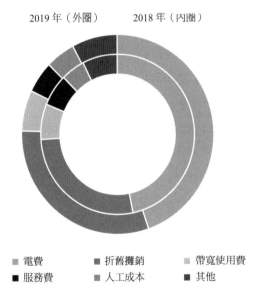

2019 年（外圈）　　2018 年（內圈）

■ 電費　　　■ 折舊攤銷　　■ 帶寬使用費
■ 服務費　　■ 人工成本　　■ 其他

圖 4.11　2018—2019 年光環新網 IDC 業務成本分佈

資料來源：光環新網年報，恒大研究院。

　　如圖 4.12 所示，IDC 通過對 200 家企業調研後發佈的《2019 中國企業綠色計算與可持續發展研究報告》指出，2019 年中國數據中心受訪對

象中只有 12.9% 的數據中心 PUE 小於 1.5，39.1% 企業數據中心 PUE 為 1.5~1.8，48% 的企業數據中心 PUE 高於 1.8。這與中國工信部提出的 "到 2020 年，新建大型、超大型數據中心的能耗效率值達到 1.4 以下" 仍有一定差距。

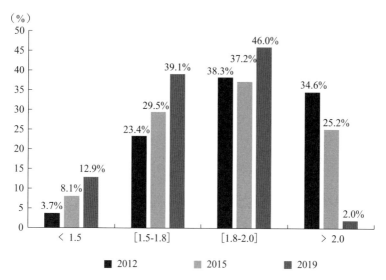

圖 4.12　2012—2019 年中國企業數據中心 PUE 值調研

資料來源：IDC，恒大研究院。

二、地域結構性供需失衡

由於中國不同城市在經濟、人口、產業結構、消費特徵等方面存在差異，故其數據總量和結構亦存在較大區別，反映到數據中心上即存在部分結構性失衡。中國信通院統計，2017 年中國數據中心各地區上架率如下：西部地區為 30%，河南、浙江、江西、四川、天津等地區為 60% 以上，是西部地區的約兩倍，二者上架率差異極大。此外，中國信通院測算，2018 年北京地區數據中心可用機架、需求機架分別為 17.2 萬個、22.0 萬個，超過 1/5 的需求得不到滿足（見圖 4.13）。

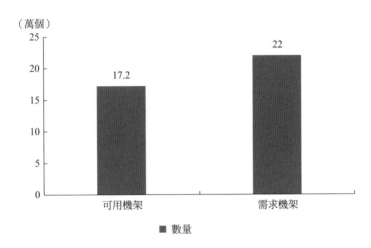

圖 4.13　2018 年北京數據中心機架供需預測

資料來源：中國信通院，恒大研究院。

出現供需失衡主要有三方面原因。

第一，需求快速爆發。工信部 2020 年 2 月發佈的《2019 年通信業統計公報》披露，2019 年全國移動互聯網接入流量共 1,220.5 億 GB，其中東部、中部、西部、北部分別為 531 億、262 億、355 億、72.5 億 GB，同比增速分別為 67.8%、75.2%、76.7%、62.4%，對應佔比分別為 43.5%、21.5%、29.1%、5.9%。東部地區數據流量需求大，並且增速快。

第二，供給相當受限。數據需求大的省市由於資源有限，限制新增數據中心的數量。而數據中心作為高能耗產業，需要大量的電力、水力及空間資源。一線城市電力、水力資源緊張，碳排放、標煤等考核指標嚴格。近幾年北京、上海、深圳、浙江等地區紛紛出台政策，限制新建數據中心規模，一線省市新建數據中心數量逐步減少。以北京、上海為例，2018

年 9 月，北京經信局發佈《北京市新增產業的禁止和限制目錄（2018 年版）》規定，北京市中心城區全面禁止新建和擴建數據中心。2019 年 1 月，上海市發改委和經信委聯合發佈《關於加強本市互聯網數據中心統籌建設的指導意見》要求，到 2020 年全上海市互聯網數據中心新增機架數嚴格控制在六萬架以內。

　　第三，時延的存在導致跨區域建設只能解決部分痛點。跨區域調用數據中心資源進行遠程服務是一個解決辦法，但是對當前狀況的改善程度有限，核心原因在於，遠距離提供數據服務會存在時延，並且隨著距離和網絡切換的增加而增加。如表 4.2 所示，工信部 2018 年 3 月發佈的《全國數據中心應用發展指引（2017）》中披露了不同業務的時效性要求，其中網絡遊戲、付費結算等業務對時延要求較高，在 10 毫秒以內，建議佈局地域範圍在骨幹直聯點城市或周邊 200 千米範圍內。此外信號時延與距離、網絡跳轉具有直接關係：每 1,000 千米產生 10 毫秒傳輸網絡時延，不同運營商城域網間每次跳轉產生 40 毫秒網絡時延。

表 4.2　數據中心各項業務時延要求與地理佈局

業務類型	時延要求	地域範圍	不同因素對時延的影響
時延要求較高的業務（如網絡遊戲、付費結算等）	10 毫秒以內	骨幹直聯點城市或周邊 200 千米範圍內	信號傳輸時延：每 1,000 千米產生 10 毫秒網絡時延 同一運營商網絡內部跳轉：每次跳轉產生 2~3 毫秒網絡時延
時延要求中等的業務（如網頁瀏覽、視頻播放等）	50 毫秒以內	骨幹直聯點城市或周邊 400 千米範圍內	不同運營商骨幹網間跳轉：每次跳轉產生 10 毫秒網絡時延
時延要求較低的業務（如數據備份存儲、大數據運算處理等）	200 毫秒以內或更長	骨幹直聯點城市或省級節點周邊 1,000 千米範圍內	不同運營商城域網間跳轉：每次跳轉產生 40 毫秒網絡時延

資料來源：工信部，恒大研究院。

第四節　展望與建議

一、短期高清視頻等驅動中時延數據爆發，中長期以 5G、智能駕駛為核心，低時延數據佔比提升

數據中心是一個由需求決定的市場，其下游需求變化決定了數據中心產業鏈的未來走勢。5G、雲計算、大數據、移動互聯網、人工智能等新技術與新模式的發展和應用無不以海量數據為支撐，反過來又帶動了數據量的爆發式增長和新的數據需求。我們認為，短期以高清視頻、AR/VR、線上會議為代表，將帶來中時延數據需求的爆發；中長期以自動駕駛、移動醫療、付費結算為代表的低時延實時性數據佔比將會持續提升。

短期：以視頻為主要驅動的中時延數據需求爆發。隨著中國信息基礎設施的完善和信息技術的進步，信息傳播也從文字、語音、圖片逐漸過渡到信息更為立體和豐富的視頻，視頻已成為中國信息呈現和傳播的主要載體，帶來數據量的暴增，並且得到國家高度重視。工信部統計，中國移動互聯網數據流量從 2014 年的 20.6 億 GB 提升到 2019 年的 1,220 億 GB，五年增長了近 60 倍。中國互聯網絡信息中心統計，2019 年中國移動互聯網應用使用時長中，網絡視頻、短視頻、網絡直播分別佔比 13.4%、11.5%、4.3%，合計佔比 29.2%，比 2018 年提高了 2.3 個百分點。2019 年 2 月，工信部、廣電總局、中央廣播台聯合發佈的《超高清視頻產業發展行動計劃（2019—2022 年）》提出，到 2020、2022 年中國實現超高清節

目製作能力分別超過 1 萬小時 / 年、3 萬小時 / 年，4K 超高清視頻用戶數分別達一億、兩億。

中長期：以 5G、智能駕駛為核心的低時延數據需求佔比持續提升。國際標準化組織 3GPP 為 5G 定義了三大應用場景：eMBB、mMTC、uRLLC。按照商用化規劃，第一階段是以 eMBB 為特徵的 3D/ 超高清視頻等大流量移動寬帶業務，第二階段是以 mMTC 為特徵的智能交通、智慧城市等大規模物聯網業務，第三階段是以 uRLLC 為特徵的自動駕駛、工業互聯網等低時延、高可靠應用（見圖 4.14）。

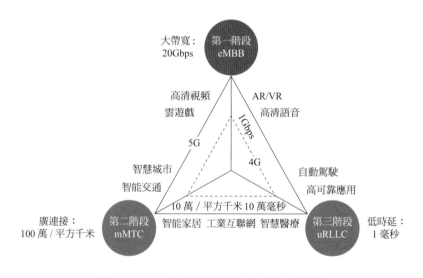

圖 4.14　5G 三大應用場景及相關領域商用化進程

資料來源：中國信通院，華為，恒大研究院。

當前中國智能駕駛業務發展迅速，2019 年 9 月，電動車百人會發佈的《中國自動駕駛產業發展報告（2019）》披露，中國主流輔助駕駛功能覆蓋率從 2016 年的不到 1% 迅速提升到 2018 年的 20% 左右。而根據 2019 年12 月工信部發佈的《新能源汽車產業發展規劃（2021—2035 年）》（徵求意見稿）最新版本，到 2025 年中國智能網聯汽車新車銷量將佔比 30%，高度自動駕駛智能網聯汽車實現限定區域和特定場景商業化應用。智能駕駛業務發展確定性強、前景廣闊，亦將帶動大量的實時性數據需求。

二、企業上雲率提升，雲計算成為數據中心發展的重要推動力

近年來中國企業上雲率增加迅速，推動中國雲服務市場規模快速增長。中國數據中心產業發展聯盟統計，2018 年中國雲計算用戶佔比37%，位列第一。國務院發展研究中心預測，2019—2023 年中國政府和大型企業上雲率將從 38% 提升到 61%（見圖 4.15）。

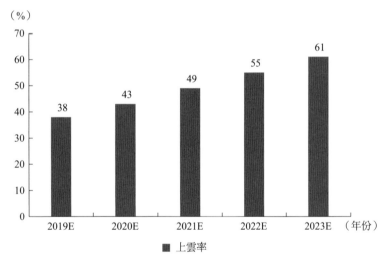

圖 4.15　2019—2023 年中國政府和大型企業上雲率預測

資料來源：國務院發展研究中心，恒大研究院。

企業上雲率持續提升有三個原因：國家推動、行業趨勢、企業降本提效。2015 年 1 月國務院發佈的《關於促進雲計算創新發展培育信息產業新業態的意見》指出，雲計算是推動信息技術能力實現按需供給、促進信息技術和數據資源充分利用的全新業態，是信息化發展的重大變革和必然

趨勢。阿里雲披露，企業上雲後可實現成本下降 1/2，效率提高 3 倍，數據穩定性提升 10 倍，安全性提升 50 倍。

三、單個數據中心規模將呈啞鈴狀發展

如圖 4.16 所示，由於下游需求不同，未來單個數據中心的規模將呈現啞鈴狀發展。第一，數據中心向更大規模發展以實現規模效應，降低運營成本。部分地區具有氣候、地理、資源優勢，可大幅度降低數據中心的運營成本，企業將會集中建設超大規模數據中心實現佔位。以貴州為例，貴州因常年低溫、雨水充足等優勢，吸引了大量的明星企業入駐，企業紛紛在此建立旗下最大的數據中心，因此如今貴州成為全國最大的數據中心。代表項目有：中國電信雲計算貴州信息園，總投資 70 億元，佔地約 39 公頃，可提供 80 萬台服務器，利用貴州的低溫優勢，PUE 綜合為1.3；華為七星湖數據存儲中心，總投資 80 億元，佔地約 101 公頃，可安裝存儲服務器約 40 萬台，綜合 PUE 低於 1.3，極限值可達 1.125。第二，數據中心向更小規模發展，以實現邊緣計算為目的，靠近終端提供實時

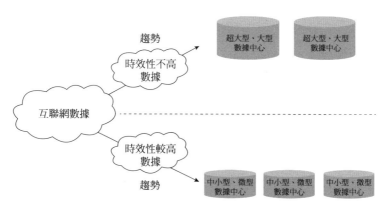

圖 4.16　不同規模數據中心未來趨勢預測

資料來源：中國信通院，恒大研究院。

服務。未來實時性業務需求爆發，佔比持續提升，雲數據中心需要將時延敏感型業務卸載，交由邊緣數據中心處理，減少網絡流量和往返延遲，提升效率。

四、政策建議

第一，深入推進數據要素市場化改革。中國數據要素市場尚處於發展的起步階段，數據確權、開放、流通、交易等環節相關制度尚不完善，數據存不下、流不動、用不好等問題依舊存在，成為大數據產業乃至數字經濟發展的制約因素。建議完善數據標準，推動人工智能、車聯網等領域的數據採集標準化建設，優化數據庫結構，建立統一的數據共享平台，優先推動政府部門、交通、醫療等公共領域實現數據互通共享。

第二，加強數據安全防護。數據產業健康發展應該以安全為前提。世界各國每年因數據泄露問題而損失慘重。建議加強數據專利、產權制度，制定數據隱私和安全審查制度，建立數據分類、分等級制度，不同類別、不同等級數據適配不同客戶需求；加強數據脫敏、安全多方計算等數據安全技術開發。

第三，加強數據全生命周期監管。中國數據產業仍處於早期階段，新技術和新應用的發展應用給產業帶來的變化，既蘊藏著機遇，也潛藏著巨大的風險。建立數據採集、運輸、計算、儲存、交易等全生命周期監管制度，建立數據檢測、預警體系，實現早發現、早處理，建立數據評價體系，並針對性地建立數據獎懲制度，對數據綜合評價較低的廠商進行罰款並公示。

第四，數據中心服務商扶優扶強。以年收入或機架數量等劃分優先級，為數據中心服務商稅收、補貼、貸款、建設等提供支持，鼓勵國內數據中心服務商藉助“一帶一路”倡議等實現全球化佈局，鼓勵地方政府引導構建以地方優質數據中心服務商為核心的產業生態，推進國內數據中心產業規模化、分工精細化進程。

第五，合理引導數據中心佈局。中央制定區域發展政策，建立統籌規劃協調制度，強化中部、西部等區域與東部數據互聯互通、信息資源共享，制定數據跨城市、跨地區制度；鼓勵資源、土地、氣候優勢省市進行大數據中心建設；對於供需失衡的省市，政策上要引導綠色數據中心建設。

第六，加強數據人才建設，集中攻克關鍵技術。加強數字經濟宣傳，開發數字經濟相關線上培訓課程和平台，向信息技術等數字重點產業推廣數字經濟線下培訓，強化勞動者數據技術和素養；推進產學研結合，鼓勵以聯盟形式集中資源推進服務器、存儲、CPU（中央處理器）、GPU（圖形處理器）、分佈式雲計算創新，同時加強國際合作，優勢互補，實現共贏。

第五章

人工智能：迎接智能新時代

人工智能是新一輪產業變革的核心驅動力量，將推動數萬億元數字經濟產業轉型升級。三次工業革命的歷史表明，不論是機械技術、電力技術，還是信息技術，都可以極大地促進生產標準化、自動化、模塊化，具有很強的通用性，人工智能技術同樣具有類似的特徵，應用潛力巨大。國務院發佈的《新一代人工智能發展規劃》指出，到 2025 年中國人工智能核心產業規模將超過 4,000 億元，帶動相關產業規模將超過 5 萬億元。

人工智能是新一輪科技競賽的制高點，對經濟增長和國家安全至關重要。在這場全球競爭中，中國的優勢在於百度、華為、阿里巴巴等平台型公司積累了扎實的技術基礎、豐富的應用場景和海量數據，在新基建大戰略下，這將為國家發展打造競爭新優勢，注入增長新動能，有望成為人工智能新基建的領軍力量。當然，在基礎科研、基礎算法、核心芯片、高端人才等方面，中國仍存在短板。大國科技實力是國家實力的核心，能否抓住智能時代的變革機遇，是中國建設現代化強國的關鍵。*

---

* 本章作者：任澤平、連一席、謝嘉琪。

第一節　迎接智能新時代

一、人工智能是數字經濟時代的"新電能"

　　人工智能是第四次工業革命的重要組成部分，將推動數字經濟產業轉型升級。自 18 世紀以來，人類社會共發生過三次大型的技術革命，分別是蒸汽機革命、電力革命和信息互聯網革命。每一次的技術革命均伴隨著相關學科的發展，理論知識又在實際應用中得到完善，"技術突破—知識學科進步"形成良性循環，並且成為後續其他技術發展的支撐，對社會的影響力也隨之增強。得益於互聯網信息時代的數據積累，半導體行業設計、製程工藝進步和芯片運算能力提升，深度學習結合強化學習帶來的計算機視覺、語音技術、自然語言處理技術應用更精準，人工智能將是第四次技術革命中的重要技術，如同人工智能和機器學習領域國際權威學者吳恩達所說的："人工智能是新電能，正改變醫療、交通、娛樂、製造業等主要行業，豐富充實著無數人的生活。"

　　自 1956 年達特茅斯會議上首次提出人工智能以來，人工智能已經發展了 60 多年。一般認為，計算機需要通過不斷的自我學習、擴充知識庫，進而掌握人類擁有的畫畫、唱歌、讀書、設計等眾多技能，這便是"智能"的表現。中國信通院在《人工智能發展白皮書（2018 年）》中提到，人工智能可以理解為用機器不斷感知、模擬人類的思維過程，使機器達到甚至超越人類的智能，即人工智能需具備類人的感知、思考和決策能力。

人工智能基礎層、技術層和應用層快速發展，諸多應用已經深入日常生活。如圖 5.1 所示，人工智能大致可以分為基礎層、技術層和應用層。基礎層包括硬件、算法和海量數據三部分。其中硬件的核心是具備高運算能力的芯片，例如 CPU、GPU、ASIC（專用集成電路）、FPGA（現場可編程邏輯門陣列）等。算法的核心是機器學習，包括深度學習、淺層學習和強化學習等。技術層包括計算機視覺、語音、自然語言處理等技術。應用層則是人工智能產品、服務和解決方案，適用於家電、金融、機器人、汽車、醫療等領域。近十年來，人工智能快速發展，面對日益增長的需求，百度、華為、阿里巴巴等具備長期研發經驗的企業也陸續推出人工智能開發平台或人工智能系統，有望成為人工智能新基建的領軍力量。儘管與科幻小說和電影裏對人工智能的構想有較大差距，但人工智能產品和服

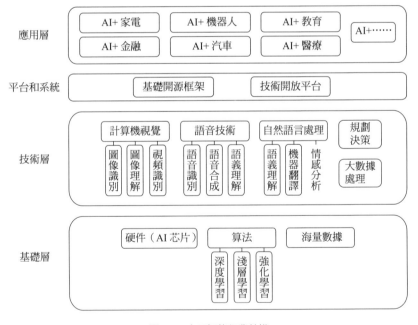

圖 5.1　人工智能行業結構

資料來源：恒大研究院。

務已經普遍存在於我們的生活中，小到多語言翻譯軟件、智能音箱，大到自動駕駛系統、城市安防系統、城市大腦等，人工智能的發展已經遠遠超出早期構想，政府、企業、非營利機構都開始積極擁抱這項技術。

二、從"＋人工智能"走向"人工智能＋"

人工智能已經在眾多垂直領域實現應用，目前較為成熟的領域包括家居、金融、交通、醫療等。通過與諸多垂直領域相結合，人工智能技術可以通過兩方面進行產業賦能：一是提高生產效率，降本增效，即"＋人工智能"；二是創造新的需求和增長點，即"人工智能＋"。

（一）"＋人工智能"

快速高效處理數據，同時兼顧普通和長尾用戶，提高生產效率，實現降本增效。以金融行業為例，目前人工智能主要用於風控、支付、理賠、投顧等方面，其中智能投顧應用最為成熟。智能投顧在 2008 年誕生於美國，由於專業素養和人工服務性質，美國各大金融機構的投顧門檻較高，平均投資門檻約為五萬美元，平均管理費用為所管理資產規模的 1.35%，服務對象主要為中高收入人群。但隨著千禧一代的成長，以及傳統投顧用戶逐漸飽和，金融機構對爭取這群長尾用戶的需求日益提高。人工智能通過海量數據學習、精準算法分析，結合用戶提供的風險承受水平、收益目標、市場的動態，進行個性化定製服務。對比人工服務，智能投顧投資門檻最低至 500 美元，管理費率為 0.02%~1%。目前，例如招商銀行、工商銀行等國內主流金融機構推出智能投顧產品，其他機構也加強研發具備類似功能的產品和服務。

在此次新冠肺炎疫情防控中，人工智能也發揮了巨大的作用，主要覆蓋疫情監控、體溫檢測、病毒檢測、復工復產等方面。2020 年春節時期疫情暴發，給病毒檢測、追蹤、隔離防控等工作帶來巨大挑戰，人工智能的應用以數據為支撐，主要幫助實時追蹤和疫情研判。以百度解決方案為例。第一，體溫監測和疫情地圖加強疫情監控。對比"非典"時期，新冠病毒暴發的春節假期正逢全國人員高速流動時期，而病毒高感染特性加大了早期的人工排查難度。人工智能計算機視覺的運用，一方面滿足了機場、高鐵等公共場合的體溫監測，另一方面滿足了對疑似病例和攜帶病毒人員的身份排查記錄，增強疫情排查力度和效率。第二，在線問診和病毒檢測減緩了醫療服務壓力。中國醫療資源不足且分佈不均，疫情早期因恐慌造成的多例醫院門診交叉感染病例更是給醫療資源帶來了極大的壓力。在線問診工具的開發，一方面降低了醫護人員接觸感染概率；另一方面聚集醫療資源，減輕了臨床醫生的負擔，提升了診斷效率和服務質量，彌補了人力短缺。此外，人工智能極大地提高了新型病毒的檢測速度，百度開發線性時間算法 LinearFold，將新冠病毒 RNA（核糖核酸）結構檢測從 55 分鐘縮短至 27 秒，速度提高了 120 倍以上。第三，遠程辦公與在線教育助力復工和教育。百度 Hi 企業智能遠程辦公平台和空中課堂提供企業通信、語音視頻會議、協同辦公、線上教學等服務，在保障員工和學生健康的同時，加速恢復辦公和教學。

（二）"人工智能 ＋"

創造新需求、新商業模式、新的經濟增長點。以汽車為例，其中智能網聯是人工智能在汽車行業應用最受關注的領域。智能網聯一方面可以提升汽車的智能化，包括自動駕駛、智能語音、智能座艙等；另一方面與5G 相結合，提高汽車信息溝通能力，實現網聯化，包括人員和車輛安全管理、城市道路交通規劃等。第一，汽車將成為各種服務和應用的入口，催生新的商業模式。智能網聯汽車可以在生命周期內通過 OTA（空中下載）升級持續更新應用，界面交互將賦予汽車更多應用場景——在無人駕駛的情況下，司機將有更多的自由時間，而車聯網技術使汽車隨時與辦公室、家、公共設施相關聯，實現遠程控制。與智能手機行業發展類似，隨著智能網聯汽車發展成熟，數據增值（包括共享出行、汽車保險、金融服務）、娛樂休閒、智能規劃等應用環節的重要性和產業價值將超過單純的汽車生產和製造環節。第二，汽車電子、汽車軟件等需求提升。汽車電子和軟件對汽車的重要性提高，自動駕駛、計算平台、車載操作系統等前沿技術成為新的價值增長點。

2020 年 4 月 19 日，百度 Apollo Robotaxi（自動駕駛出租車服務）上線百度地圖及百度智能應用小程序 Dutaxi，向長沙市民全面開放試乘服務。這意味著在相關法律法規的指導下，百度率先推動 Apollo Robotaxi 在湖南湘江新區進入常態化的測試試乘階段。在場景端，Apollo Robotaxi 開放的打車範圍約 130 平方千米，行車路線覆蓋長沙當地的居民區、商業休閒區及工業園區等多維度實用生活場景。在產品端，Apollo Robotaxi 的可視化界面能夠還原 360 度視野範圍內的障礙物及動態預測，呈現途經車輛、車道、路口、紅綠燈等路況，並伴有限速提示及變道提醒，用戶可通過屏幕實時關注時速、剩餘里程等駕駛信息。百度等企業在自動駕駛、車路協同、智能車聯等平台技術的研發積累，有望進一步複製到智能信控、智能公交、智能停車、智能貨運等應用場景，不僅帶動傳感器、芯片、自動駕駛算法、智能座艙、車雲服務等產業發展，而且可以提升出行效率，降低出行成本，有望成為智慧出行的重要增長點。

第二節　人工智能技術制高點之爭

人工智能產業競爭是各國政策、基礎研究、技術、資本等各方面綜合實力的競爭。目前各國政府高度重視人工智能，在基礎設施搭建、基礎科研、人才培養、資助研發、合作交流等方面給予支持鼓勵。資本和企業也積極尋求商業落地場景，協助技術轉化。技術落地於垂直領域，繼而產生新的數據，促進算法更新迭代，還可以進一步服務於垂直領域，如此循環往復、不斷發展。在這場全球競賽中，中國的優勢在於擁有海量數據和實踐經驗，但在基礎科研、基礎技術、前沿拓展方面仍存在薄弱環節。

一、政策：全球主要國家和地區均高度重視

以 AlphaGo（阿爾法圍棋）事件為分水嶺，人工智能獲得了空前的關注，主要國家和地區紛紛加入這場事關未來大國科技實力的競爭當中。因為基礎設施尚未普及、技術超前、理論分支眾多等，人工智能的發展經歷過三次潮起潮落，直到 2016 年 DeepMind（深度思考）公司研發的 AlphaGo 挑戰世界頂尖圍棋選手李世石，並獲得最終勝利，才讓全球重新感受到人工智能所帶來的魅力。AlphaGo 在人機大賽中表現出的與人類相似甚至更勝一籌的觀察、思考、決策能力，吸引了世界各國和地區著手並加強人工智能領域的研發。據不完全統計，目前全球包括美國、中國、歐盟、日本、韓國、印度、丹麥、俄羅斯等近 30 個國家和地區發佈了與人工智能相關的戰略規劃和政策部署。其中，約 80% 的國家在 2016 年之後密集發佈相關政策和官方計劃，例如美國《國家人工智能研究與發展戰略規劃》，英國《機器人技術與人工智能》，中國《"互聯網 +" 人工智能三年行動實施方案》等。

從發佈的政策規劃來看，各國和地區認同人工智能對未來的人才、產業升級、社會福祉、全球影響力的重要性，並作為國家級戰略進行推進。根據各國科研實力、人才匯集程度、基礎設施完備度、國情等因素，各國和地區的側重點有所不同。

美國致力於維持全球科技霸主地位，人工智能位於其科技版圖的核心。從奧巴馬時期到特朗普時期，美國一直積極支持人工智能的研究，並將政策態度從“引導和扶持”轉為“必須領先”。2019 年，美國陸續頒佈《維護美國在人工智能領域領導地位》《國家人工智能研發戰略計劃》《美國人工智能時代：行動藍圖》三部重要政策，表現美國政府對人工智能技術的高度重視和維持領先地位的決心，主要措施包括：加強聯邦政府資助，美國認為政府資金支持是參與推動科研進步的重要環節，但官方資助力度逐漸減弱，1976—2018 年，聯邦政府的研發支出佔 GDP 比重從約 1.2％下降為約 0.7％；此外，通過減稅來鼓勵企業加大研發投入；發揮硅谷創新力量，建立包括計算機視覺、語音語義、開源框架平台等在內的技術和產業生態鏈；重視以芯片為主的硬件層，包括促進國內半導體製造產業、建立多邊出口管制、保護供應鏈等；重視全球性人才，包括對國內人才的培育和國際人才的吸引，認為有必要簡化相關人才的 H-1B 工作簽證申請程序；加強合作，包括國內外組織研發中心或聯合實驗室、舉辦創新比賽等；開展前沿技術研究。

歐盟重點關注工業、製造業、醫療、能源等領域，強調發揮創新創造力，應用人工智能使製造業及相關領域智能升級。與美國類似，歐盟較早對人工智能進行研發，並通過頒佈政策、扶助資金、推出國家級計劃、建立重點科研實驗室等行為支持人工智能技術和產業發展，例如 2018 年頒佈的《人工智能合作宣言》。此外，作為“數字歐洲”計劃和“地平線 2020”計劃中的重要環節，人工智能相關項目也將接受數十億歐元的投資。首先，與美國對比，歐盟更加重視人工智能的道德和倫理研究，並在多份文件中表明人工智能發展需要符合人類倫理道德，例如 2020 年 3 月頒佈的《走向卓越與信任——歐盟人工智能監管新路徑》明確提出，為解決能力不對等和信息不透明問題，保障人民相關權利，需要建立人為監督的監管框架，重視數據安全和隱私保護。其次，歐盟對人工智能的應用側重更細化，不同於美國的全方位領先，歐盟希望藉助自身在製造業、工業、汽車等領域的優勢，利用人工智能技術進行產業強化升級，例如頒佈《通往自動化出行之路：歐盟未來出行戰略》。

日本由於面臨嚴峻的少子化與老齡化問題，著重研究人工智能在機器人、醫療、汽車交通等領域的應用。

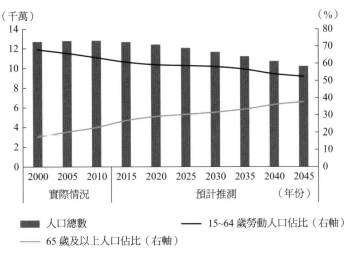

圖 5.2　日本人口結構情況

資料來源：《日本下一代人工智能促進戰略》，恒大研究院。

如圖 5.2 所示，日本生育率長期低迷 , 老齡化水平長期位居世界第一。1992 年日本勞動年齡人口佔比見頂，2008 年日本人口總量見頂，這對日本經濟和社會發展產生了深遠的負面影響，日本面臨著例如養老、健康等問題的挑戰。在這一背景下，人工智能被認為是日本經濟增長的"第四次產業革命"，以 2016 年發佈的《日本下一代人工智能促進戰略》為起點，不斷推出相關政策規劃，圍繞"基礎研究、應用研究、產業化"三個方面，其中日本總務省下設的信息通信技術研究所和文部科學省進行人工智能理論和技術研發，經產省解決應用場景問題，經產省建立的人工智能研究中心促進產學研合作，主要承擔成果轉化和推廣。

中國人工智能呈三階段逐步推進，重視與製造業和服務業的融合。自 2015 年起，中國人工智能相關政策從智能製造時期、"互聯網 +"時期（以《"互聯網 +"人工智能三年行動實施方案》為代表），到"智能 +"國家戰略時期（以《新一代人工智能發展規劃》為代表）演變。政策重心從核心技術攻克到實際場景應用，從特定行業到跨界融合，從單項技術到人機協同。與美國和歐盟類似，中國也強調建立相關試點項目，包括技術示範試點、政策試驗、社會實驗。

二、基礎科研：美國最強，中國快速追趕

中國人工智能領域論文數量增長較快，但論文質量與美國依然存在差距。如圖 5.3 所示，全球累計發佈人工智能論文超過 70 萬篇，中美兩國是論文發表大國，2018 年中美兩國分別發表人工智能論文 2.5 萬篇和 1.6 萬篇，合計佔全球比重達 46.5%。從增長趨勢來看，美國保持勻速增長，中國自 2014 年後增長較快，中國人工智能論文數量佔全球總量比重從 1998 年的 8.9% 上升為 2018 年的 28.2%。從代表論文質量的 FWCI（平均加權引用影響）指數來看，如圖 5.4 所示，中國論文質量也在穩步提升，從 1998 年的 0.43 提升至 2018 年的 1.39。美國保持全球最高水平，長年保持在 2 左右，2018 年 FWCI 指數達 2.38。

從論文發表機構類型來看，包括中國、美國、歐盟 27 國等在內的各國和地區均以高校為核心科研力量，2018 年三者高校論文產出佔各自總產出的 92.1%、84.6%、90.7%。除高校外，中美兩國的主力科研主體有所不同。如圖 5.5 所示，2018 年中國科研機構產出約為中國企業產出的 3 倍。如圖 5.6 所示，同期美國企業產出約為美國科研機構產出的 1.6 倍。

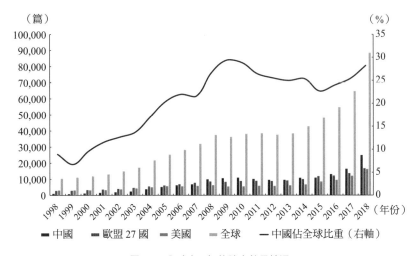

圖 5.3　全球人工智能論文數量情況

資料來源：*Artificial Intelligence Index Report 2019*, Stanford University，恒大研究院。

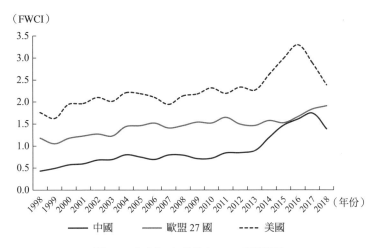

圖 5.4　全球人工智能論文 FWCI 指數情況

資料來源：*Artificial Intelligence Index Report 2019*, Stanford University，恒大研究院。

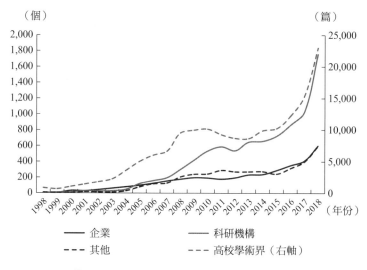

圖 5.5　按人工智能論文發表機構分類的中國情況

資料來源：*Artificial Intelligence Index Report 2019*, Stanford University，恒大研究院。

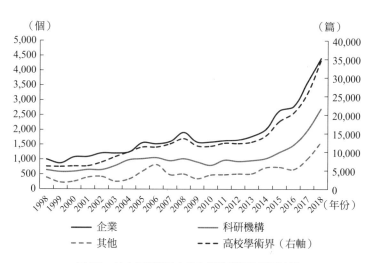

圖 5.6　按人工智能論文發表機構分類的美國情況

資料來源：*Artificial Intelligence Index Report 2019*, Stanford University，恒大研究院。

三、數據量：人工智能時代的“原材料”，中國具有規模優勢

　　電腦和智能手機的普及、互聯網和移動互聯網所累積的數據爆發，是促進人工智能技術和應用突破的重要原因之一。人工智能需要做到“感知、思考、決策”，首先就需要足夠多、足夠好的原始數據對計算機進行訓練，猶如培育良駒，必須餵足新鮮的牧草。“足夠多”代表數據的數量要多，電腦的發明使運算簡化，並讓信息以電子化形式保存，智能手機的普及使全球網民滲透率大幅提高，兩者令大量的數據被保存。“足夠好”代表數據的質量要佳，互聯網的誕生極大地縮短了信息交流的物理距離，提高了傳播速度，各類互聯網類服務應用程序誕生，其產生的數據類型也更加多樣，包括瀏覽網頁喜好、外賣點單頻率、行程記錄等，只有多元豐富的數據才能應對各種訓練人工智能的要求。數據增長和應用依賴於信息及物理的基礎設施構建，中國將成為全球最大的數據中心。得益於人口數量、互聯網滲透率、智能手機滲透率、網速等因素，如圖 5.7 所示，2018 年中國擁有數據量 7.6ZB，佔全球數據總量的 23.4%。隨著 5G、物聯網等的發展，通信設備接入數量和承載能力的提高，終端消費者的增多，預計中國的數據量將在 2025 年達 48.6ZB，佔全球數據總量的 27.8%（見圖 5.8），成為全球最大的數據集中地，這將極大地促進和豐富人工智能訓練，相關模型結構和結果也會更精準。

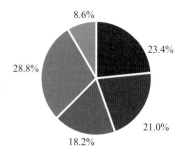

8.6%

23.4%

28.8%

21.0%

18.2%

■ 中國　■ 亞太地區（不包括中國）　■ 美國　■ 歐洲、中東、非洲　■ 其他地區

圖 5.7　2018 年全球數據量分佈情況

資料來源：*Data Age 2025*，恒大研究院。

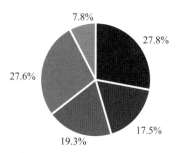

7.8%

27.8%

27.6%

17.5%

19.3%

■ 中國　■ 亞太地區（不包括中國）　■ 美國　■ 歐洲、中東、非洲　■ 其他地區

圖 5.8　預計 2025 年全球數據量分佈情況

資料來源：*Data Age 2025*，恒大研究院。

四、技術：深度學習推動本次人工智能熱潮

足夠多、足夠好的數據支撐人工智能"感知"階段，而人工智能算法使計算機擁有思維，從而達到"理解、決策"，深度學習在此過程中做出了巨大貢獻。深度學習是一類模式分析方法的統稱，計算機通過學習樣本數據來掌握內在邏輯和規律，從而擁有分析能力，這項研究最早可以追

溯到 1958 年弗蘭克・羅森布拉特發明的感知機（Perceptron）。利用感知機，可以進行圖像區分訓練，例如，最常見的是從水果堆中選出“蘋果”或者“香蕉”。然而由於當時缺少足量的數據，該項研究陷入瓶頸，並出現過度擬合（Overfitting）問題。例如學生希望通過練習相似的題目來掌握一種題型，但是訓練量不夠大，學生並沒有理解題型背後的知識點，因此試題一旦發生些許變化，學生便無法解出答案。後來，科學家通過研究人腦，試圖模仿腦神經網絡機制來進行圖像、聲音等分類工作，逐漸演化成如今的深度學習（見圖 5.9）。

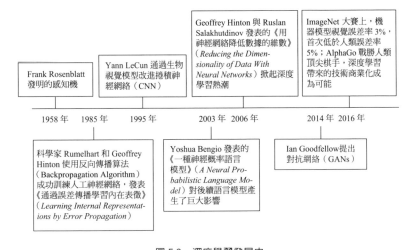

圖 5.9　深度學習發展史

資料來源：恒大研究院。

深度學習的發展推動了人工智能基礎應用技術的突破，自 2010 年起，全球包括計算機視覺、語音語義等基礎應用技術的專利申請量急速增長。

計算機視覺技術主要是讓計算機擁有人類的眼睛，學會“看”圖片、文字、視頻等，經常用於圖像識別、人臉識別等，適用於自動駕駛、安防、人臉支付等領域。從計算機視覺和圖像識別相關的技術申請情況來看，截至 2018 年 12 月 31 日，全球共申請 14.3 萬項同族專利，中國、美國、韓國成為全球申請數量排名前三的國家，分別為 5.3 萬項、2.4 萬項、2.3 萬項。從技術授權情況來看，美國技術授權量全球最高，達 1.3 萬項，日本和中國排名為第二、第三，分別為 1.04 萬項和 1 萬項。從申請人來看，佳能、東芝、三星為前三位申請人，申請數量分別為 2,900 項、2,700 項、2,300 項。

語音語義技術主要是讓計算機學會"聽、讀"文字、段落、文章等，經常用於文字識別、語音情感分析、人機對話、聲音定位等，適用於翻譯軟件、車載操作系統、智能音箱、語音助手等領域。從語音語義技術相關的技術申請情況來看，如圖 5.10 所示，截至 2019 年 12 月 20 日，全球共申請 4.3 萬項專利族，中美兩國依然是這個領域的主要申請國，合計佔比超過 75%。從申請人來看，如圖 5.11 所示，截至 2019 年 12 月 20 日，語音語義領域的申請人以企業為主，其中 IBM（美國國際商用機器公司）、三星、微軟為前三位申請人，申請專利量分別為 1,741 項、890 項、821 項。從專利授權人來看，微軟、IBM、Nuance（一家領先的語音和語言理解解決方案提供商）為前三位授權人，授權量分別為 672 項、468 項、440 項。從國內企業情況來看，百度成為唯一一家在語音語義技術領域申請量和授權量均位列全球前十的企業，分別排名第五和第八。

中國人工智能領域的專利申請量呈逐年上升趨勢，根據國家工業信息安全發展研究中心《人工智能中國專利技術分析報告》數據，2018 年國內專利申請量達 94,539 件，為 2010 年申請量的十倍。截至 2019 年 10 月，百度、騰訊、微軟、浪潮、華為分別以 5,712、4,115、3,978、3,755、3,656 件專利申請量位列國內人工智能專利申請量前五。

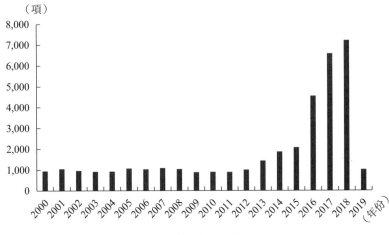

圖 5.10　全球語音語義技術申請情況

資料來源：中國人工智能產業發展聯盟，恒大研究院。

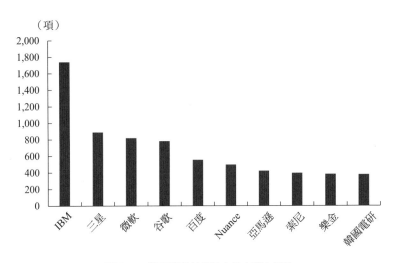

圖 5.11　語音語義技術前十位申請人情況

資料來源：中國人工智能產業發展聯盟，恒大研究院。

人工智能芯片的出現顯著提高了數據處理速度，支撐了日益複雜的算法處理龐雜數據，是人工智能發展的重要基礎。隨著處理的數據量增多，從通用場景到各類特定場景，算法模型設計的框架和層數也越來越複雜，這對基礎硬件提出了更高的運算要求。從相關專利申請情況來看，中美兩國是申請大國，截至 2019 年 10 月，中美兩國人工智能芯片專利申請量分別為 1.6 萬項和 1.1 萬項。從相關申請人來看，傳統芯片和半導體企業更有優勢，其中三星、日立和 IBM 是該領域的前三位專利申請人，從近年申請趨勢來看，三星和英特爾表現得更積極。從實際應用產品來看，如表5.1 所示，目前較典型的有英特爾 EyeQ 系列、英偉達 Xavier 系列、華為昇騰 310、寒武紀 Cambricon 1M–4K 系列、百度崑崙芯片等。

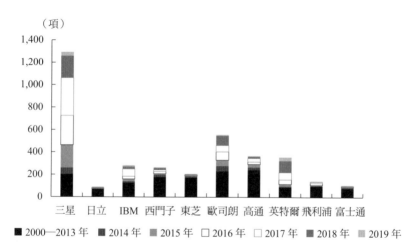

圖 5.12　全球人工智能芯片前十位申請人歷年申請情況

資料來源：中國人工智能產業發展聯盟，恒大研究院。

表 5.1　主要人工智能芯片對比

	英特爾 EyeQ4	英偉達 Xavier	華為昇騰 310	寒武紀 Cambricon 1M-4K	百度崑崙
工藝製程（納米）	28	12	12	7	14
整數運算能力（TOPS）	N/A	30	16（INT8）	8（INT8）	260
浮點運算能力（TFLOPS）	2.5	N/A	8（FP16）	N/A	N/A
功耗（瓦）	5	30	8	N/A	150
能耗比（TOPS/瓦）	N/A	1	2	N/A	1.7

資料來源：企業官網，恒大研究院。

中美兩國是全球人工智能企業的聚集地，中國企業集中於應用層，美國企業集中於技術層。截至 2019 年 2 月，全球共有人工智能企業 3,438 家。美國以 1,446 家位列第一，全球佔比 42.1%。中國以 745 家位列第二，全球佔比 21.7%。從企業類型來看，如圖 5.13 所示，中國主要為應用層企業，美國主要為技術層企業。中國應用層人工智能企業佔比最高，為 75.2%；技術層居第二位，佔比為 22%；基礎層企業佔比最少，僅為 2.8%。而美國更重視技術研發，基礎層、技術層、應用層這三類企業佔比分別為 39.1%、57.7%、3.2%。

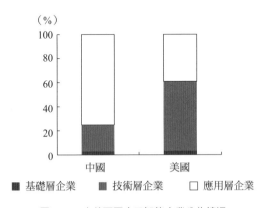

圖 5.13　中美兩國人工智能企業分佈情況

資料來源：《中國新一代人工智能科技產業發展報告（2019）》，恒大研究院。

五、資本：全球投資持續上升，中美兩國人工智能企業最受資本青睞

人工智能技術突破和政策支持吸引資本持續投入，過去十年平均投資年增速約為 50%。根據斯坦福大學數據，全球對人工智能初創企業投資金額從 2009 年的不到 10 億美元升至 2019 年的近 400 億美元，其中從 2014 年開始投資加快，2014—2019 年 11 月，全球人工智能初創企業共獲得 1.6 萬筆投資，平均每筆投資金額約 860 萬美元。

從國家和地區來看，如圖 5.14 所示，2018 年 1 月—2019 年 10 月，美國公司和中國公司是全球投資重點。由於美國的技術領先性，美國無論是被投資金額還是被投資企業數量均為世界第一。儘管中國被投資企業數量不及美國，但由於每筆投資金額較高（例如，曠視科技 2018 年 3 月 C 輪融資 4.6 億美元，商湯科技 2018 年 4 月 C 輪融資 6.2 億美元），中國初創企業被投資金額僅次於美國，約為 250 億美元。此外，英國、以色列、加拿大、法國、日本、新加坡、德國和印度是被關注較多的國家和地區。

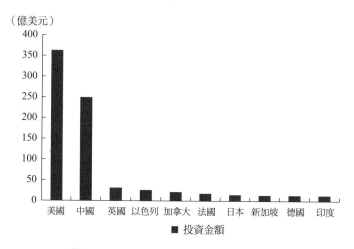

圖 5.14　全球投資初創企業前十位國家和地區

資料來源：*Artificial Intelligence Index Report 2019*, Stanford University，恒大研究院。

第三節　展望與建議

人工智能具有明顯的溢出效應，將與 5G、數據中心等一起推動數字經濟時代的產業轉型升級，是當前及未來各國科技競賽的制高點。大國科技實力是國家實力的核心，能否抓住智能時代的變革機遇，是中國建設現代化強國的關鍵。總體而言，中國人工智能產業仍處於發展初期，面臨著基礎研發欠缺、技術和場景尚未融合、傳統基礎設施跟不上技術發展等問題。因此，提出以下建議。

第一，為人工智能發展做好"軟性"支撐，做好人才培養、前沿技術研究和聯絡合作。加強國內高校開展相關課程，培育本土人才。積極吸引海外科研人員，聚集全球人才。對照美國對科研人才的吸引措施，中國應該抓住這一機遇，在研究經費資助、個人稅收、簽證、戶口、子女教育等一系列領域推出引進海外高端人才的一攬子政策，切實解決科研人員的後顧之憂，並為其科研、創業提供更大力度的支持。加快科教體制改革，建立市場化、多層次的產學研協作體系。由國家主導加大基礎研究投入，由企業主導加大試驗開發投入，多類主體形成合理的科研分工。

第二，為人工智能發展做好"硬性"保障，加快信息化基礎設施建設，並對傳統物理基礎設施進行智能化升級。與鐵路、公路、機場三者構成工業時代的基礎設施不同，雲計算、大數據、人工智能、5G、區塊鏈等將是未來的重點，其所覆蓋的新基建包括兩類：一類是以數字中心、基站等為代表的信息化設備，另一類是公路、鐵路等傳統基建設備。為應對未來的數字挑戰，需要從這兩方面入手：一方面加快寬帶網絡、5G 網絡等建設；另一方面加強對傳統鐵路、機場等公共場景，例如傳感器、控制平台、雲平台等智能化配備。為後續技術發展做好數據搜集、傳輸、溝通、分析的硬件基礎。

第三，重視人工智能技術帶來的人倫道德問題，從立法和監管兩個角度跟上技術革新。人工智能的發展離不開數據，由於大部分的數據是公開透明、自由流通的虛擬產物，容易引發由數據的所屬而產生的權責問題，這也涉及數據安全、知識產權保護和隱私問題。例如，企業可以通過消費者的上網瀏覽信息來分析其傾向與喜好，進行精準推送，企業在降低營銷費用的同時，消費者可以更好地獲得信息或者產品，然而這一行為是否徵得消費者同意、是否涉及侵犯個人隱私也值得考慮。由於數據的生產和使用涉及消費者、平台、運營商、服務商等多個環節，數據在每個環節被加工整合，難以使用傳統的產品標準去統一管理，這也對相關立法和監管造成了阻礙。因此，需要關注人工智能的人倫道德、技術標準，以及其與人類社會的關係等問題，以人為本，重視數據安全。

第六章

充電樁：邁向新能源汽車時代

發展新能源汽車是中國從汽車大國邁向汽車強國的必由之路,推進充電基礎設施建設是重要保障。2015—2019 年中國充電樁保有量從 6.6 萬台增加到 121.9 萬台,對應車樁比從 6.4:1 降至 3.1:1,充電配套設施顯著改善。國際能源署測算,2030 年全球公共、私人充電樁保有量預計分別達到 1,000 萬 ~2,000 萬台、12,800 萬 ~24,500 萬台,對應充電量 70~124TWh(億千瓦時)、480~820TWh。按照國內 40% 的市場份額測算,預計 2020—2030 年國內充電樁市場規模將超過 5,000 億元,有望成為新基建的重要抓手之一。

　　然而,充電樁行業仍面臨私人建樁少、公共充電難、充電存在安全隱患等問題。因此我們建議:一是由中央負責頂層設計,制定中長期發展規劃;二是地方因城施策,給予稅惠補貼;三是協調多方力量,鼓勵合資運營;四是推廣智能有序充電;五是加快標準體系建設。*

---

*　本章作者:任澤平、連一席、郭雙桃。

第一節 中國充電基礎設施發展情況

一、充電基礎設施成為新基建七大領域之一，潛在市場超過千億元

充電基礎設施政策支持力度不斷提升。從 2009 年 "十城千輛" 新能源汽車示範推廣開始，中國定下 "中央補貼新能源汽車，地方補助充電設施" 的政策基調。2014 年 11 月，財政部、科技部、工業和信息化部、發展改革委（以下稱四部委）聯合下發《關於新能源汽車充電設施建設獎勵的通知》，按照推廣新能源汽車數量，分檔給予地方充電設施補助獎勵。2019 年 3 月，四部委聯合發佈《關於進一步完善新能源汽車推廣應用財政補貼政策的通知》，明確未來 "補貼將從新能源汽車購置轉向充電基礎設施建設"。2020 年 3 月央視新聞將充電樁列為新基建七大領域之一，充電基礎設施建設的關注度和支持度不斷提升。

2019 年，中國充電樁保有量超過 100 萬台，車樁比達 3.1：1。充電樁作為電動汽車的重要配套設施，有力地支撐著中國新能源汽車產業的高速發展。中國充電聯盟披露，中國充電樁保有量從 2015 年的 6.6 萬台增加到 2019 年的 121.9 萬台，年複合增速達 107.3%；公安部披露，中國新能源汽車保有量從 2015 年的 42 萬輛，增加到 2019 年的 381 萬輛，年複合增速達 73.5%；對應車樁比從 2015 年的 6.4：1 下降到 2019 年的 3.1：1，充電配套有所改善。2015—2019 年中國充電樁歷年保有量及車樁比情況見圖 6.1。

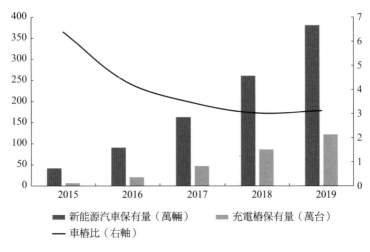

圖 6.1　2015—2019 年中國充電樁歷年保有量及車樁比

資料來源：中國充電聯盟，公安部，恒大研究院。

　　2019 年 5 月國際能源署發佈《全球電動汽車展望》報告，並對 2030 年全球充電樁規模做出預測：基於各國最新政策及 EV30@30 目標倡議，到 2030 年有 30% 的汽車應該是新能源汽車。有兩種情形，到 2030 年全球私人充電樁保有量預計分別達 12,800 萬台、24,500 萬台，總充電功率達 1,000GW（千兆瓦）、1,800GW，總充電量達 480TWh、820TWh；全球公共充電樁保有量預計達 1,000 萬台、2,000 萬台，總充電功率達 113GW、215GW，總充電量達 70TWh、124TWh。

　　假設不考慮各個國家的差異，以 2030 年公共充電樁均價 3 萬元 / 台、私人充電樁均價 0.4 萬元 / 台、電費 0.5 元 / 千瓦時、服務費 0.7 元 / 千瓦時計算，預計 2030 年全球充電樁費用總規模為 0.81 萬億 ~1.58 萬億元，2030 年充電費用總規模為 0.66 萬億 ~1.13 萬億元。假設國內市場佔全球充電樁市場的份額為 40%，那麼國內充電樁設備和服務市場規模將超過 5,000 億元。

二、私人充電樁建設提速，增速快於公共充電樁

　　私人充電樁四年來增長近十倍。按照用戶場景，充電樁可分為廣義公共充電樁和私人充電樁，其中廣義公共充電樁又可細分成狹義公共充電樁和公共專用樁（本章公共充電樁無特殊說明都指廣義公共充電樁）。2020 年 2 月，中國充電聯盟發佈《2019—2020 年度中國充電基礎設施發展年度報告》稱，中國公共充電樁從 2015 年的 5.8 萬台增加到 2019 年的 51.6 萬台，年複合增速達 72.9%；私人充電樁從 2015 年的 0.8 萬台增加到 2019 年的 70.3 萬台，年複合增速達 206.17%（見圖 6.2）；近幾年私人充電樁建樁提速，佔比從 2015 年的 12.2% 提升到 2019 年的 57.7%，提升了 45.5 個百分點。

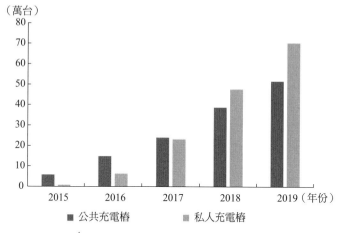

圖 6.2　2015—2019 年中國公共、私人充電樁歷年保有量

資料來源：中國充電聯盟，恒大研究院。

　　《2019—2020 年度中國充電基礎設施發展年度報告》披露，2016—2019 年中國新增公共交流樁功率分別為 8.715 千瓦、6.675 千瓦、8.975 千瓦、8.65 千瓦，基本保持在 8.7 千瓦左右，主要是因為交流樁對功率要求

小，而且標準化程度更高。目前中國公共交流樁分為單相交流樁和三相交流樁，其中三相交流樁主要有 21 千瓦、40 千瓦和 80 千瓦三種，但整體數量較少；單相交流樁有 3.5 千瓦和 7 千瓦兩種，以 7 千瓦為主。相反，如圖 6.3 所示，中國新增公共直流充電樁平均功率從 2016 年的 69.23 千瓦持續增加到 2019 年的 115.76 千瓦，功率提升了 67.2%，主要是用戶對於快充的需求增加。

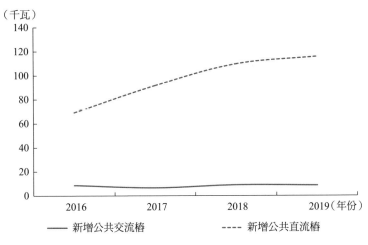

圖 6.3　2016—2019 年中國歷年新增公共充電樁平均功率

資料來源：中國充電聯盟，恒大研究院。

三、中國二、三線城市充電樁建設加快

如圖 6.4 所示，中國充電聯盟披露，截至 2020 年 2 月，中國公共充電樁前十個省市分別為江蘇、廣東、北京、上海、山東、浙江、安徽、河北、湖北、福建，合計公共充電樁保有量 39.24 萬台，佔比 73.9%，其中前四名市場份額皆超過 10%，合計佔比 46.1%。從趨勢上看，北京、上海、廣東等發達地區公共充電樁市場份額持續降低，從 2016 年 2 月的

43.5% 減少到 2020 年 2 月的 36.1%，二、三線城市充電樁建設加快，從側面印證了中國新能源汽車往二、三線城市滲透提速。2016─2020 年 2 月，中國部分省市公共充電樁分佈見圖 6.5。

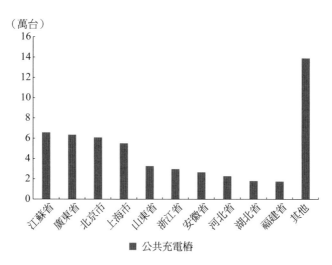

圖 6.4　2020 年 2 月中國公共充電樁保有量前十個省市

資料來源：中國充電聯盟，恒大研究院。

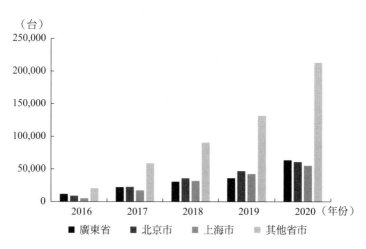

圖 6.5　2016─2020 年 2 月中國部分省市公共充電樁分佈

資料來源：中國充電聯盟，恒大研究院。

四、國企、民營企業等多類主體參與建設運營，行業集中度高

如圖 6.6 和圖 6.7 所示，中國充電聯盟披露，截至 2020 年 2 月，中國公共充電樁前十大企業中，特來電、星星充電、國家電網分別運營公共充電樁 15.2 萬台、13.0 萬台、8.8 萬台，對應市場佔有率 28.7%、24.5%、16.5%，遠高於其他企業，合計佔比 69.7%；中國私人充電樁前十大企業中，前三名皆是傳統車企，其中比亞迪一家獨大，運營私人充電樁 41.9 萬台，市場份額 58.7%，遠高於北汽的 11.3 萬台、15.9%，上汽的 9.4 萬台、13.1%。

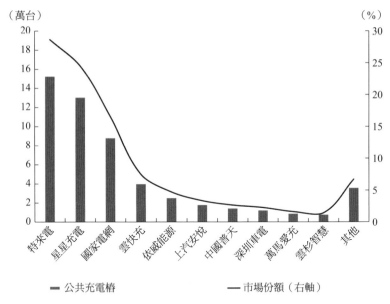

圖 6.6 2020 年 2 月中國公共充電樁運營商保有量分佈

資料來源：中國充電聯盟，恒大研究院。

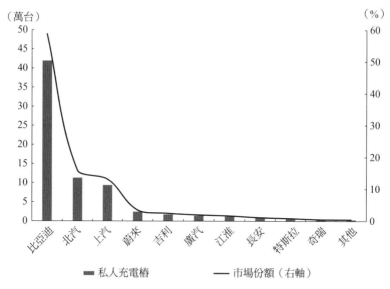

圖 6.7　2020 年 2 月中國私人充電樁運營商保有量分佈

資料來源：中國充電聯盟，恒大研究院。

第二節　行業面臨的挑戰

　　雖然中國車樁比不斷下降，充電配套持續改善，但是行業仍然存在部分問題亟待解決，新能源汽車用戶對充電的滿意度仍然較低，嚴重影響新能源汽車的消費體驗。如圖 6.8 所示，2019 年 8 月，中國汽車流通協會發佈的《2019 年新能源汽車消費市場研究報告》調查顯示：充電體驗對品牌忠誠度的影響佔比是 11.2%，遠高於售前和售中的服務體驗；而當前新能源車用戶對充電體驗的滿意度最低，只有 7.3 分，說明充電體驗已成為他們的核心痛點。

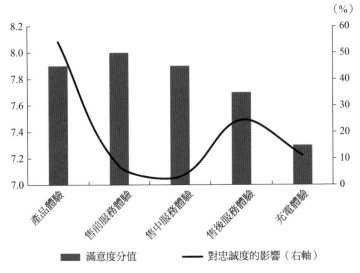

圖 6.8　新能源汽車用戶各項體驗滿意度及對忠誠度的影響

資料來源：中國汽車流通協會，恒大研究院。

一、私人樁：目標完成率不到 20%

2015 年 10 月，國家發展改革委、國家能源局、工業和信息化部、住房城鄉建設部聯合發佈《電動汽車充電基礎設施發展指南（2015—2020）》，規劃至 2020 年中國將新增集中式充換電站超過 1.2 萬座，分散式充電樁超過 480 萬台，其中公共樁 50 萬台，私人樁 430 萬台，以滿足全國 500 萬輛電動汽車的充電需求。中國充電聯盟統計，截至 2019 年底，中國公共充電樁保有量達 51.6 萬台，提前一年完成目標（見圖 6.9）；而私人充電樁保有量只有 70.3 萬台，完成率為 16.3%，遠低於預期（見圖 6.10）。

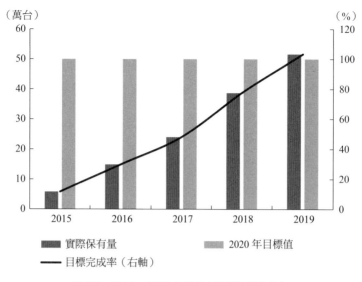

圖 6.9　2015—2019 年公共充電樁目標完成率

資料來源：中國充電聯盟，恒大研究院。

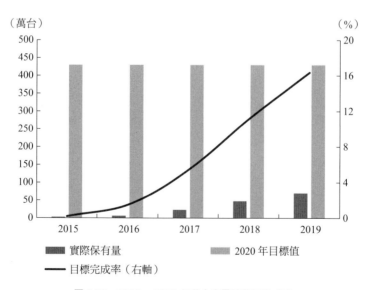

圖 6.10　2015—2019 年私人充電樁目標完成率

資料來源：中國充電聯盟，恒大研究院。

二、公共充電樁存在四類痛點

當前公共充電領域存在四類痛點：部分充電樁不可用；可用充電樁充電較慢；快充樁存在安全隱患；建樁數量和充電利用率很難平衡，持續虧損削弱運營商的建樁積極性。

（一）燃油車佔位多，故障率高，導致部分公共充電樁不能用

2019 年 8 月，中國汽車流通協會發佈的《2019 新能源汽車消費市場研究報告》披露，針對新能源汽車用戶十大熱門城市（北京、上海、深圳等）公共充電樁調查顯示（見圖 6.11），主要有四類問題導致部分公共充電樁不能用：5.8% 的公共充電樁不對外開放，並且各城市分化嚴重，北京這一比例高達 19.22%；35.9% 的公共充電樁停車位被燃油車佔據；20.7% 的公共充電樁發生故障；13.3% 的自主品牌充電樁相互不兼容。

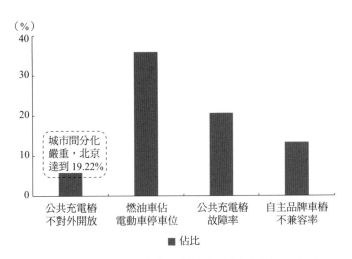

圖 6.11　2019 年新能源汽車用戶十大熱門城市公共充電樁調研

資料來源：中國汽車流通協會，恒大研究院。

（二）公共充電耗時長

2019 年 12 月，北京市公共充電設施數據信息服務平台 e 充網發佈的《2019 北京市新能源汽車充電行為報告》顯示（見圖 6.12）：用戶單筆平均充電量 22.2 千瓦時，單筆充電金額 31.9 元；單筆使用公共快充樁充電時長 1.32 小時，公共慢充樁充電時長 5.09 小時，但這不包括排隊的時間。值得注意的是，根據合格證數據，中國新增純電動汽車單車帶電量從 2015 年 1 月的 22.2 千瓦時提升到 2020 年 1 月的 48.3 千瓦時，不考慮公交車和插電混動乘用車，22.2 千瓦時只能補充純電動乘用車 50%~80% 的電量。

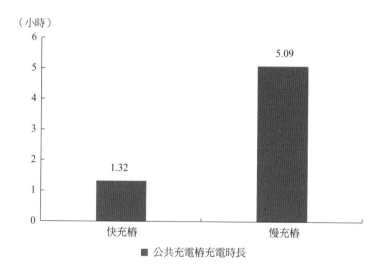

圖 6.12　2019 年北京市新能源汽車充電行為報告

資料來源：北京市公共充電設施數據信息服務平台，恒大研究院。

（三）充電引發著火事故佔比高，電池在高 SOC 狀態下安全性變差

新能源汽車國家大數據聯盟披露，從 2019 年 5 月 1 日至 2019 年底，國家平台監測和統計的新能源車輛事故共計 113 起。如圖 6.13 所示，在著火事故車輛中，處於充電狀態與充滿電後靜置狀態，最容易發生

著火事故，分別佔比 38% 和 24%。另外，新能源汽車著火事故大多發生在高 SOC（荷電）狀態（如圖 6.14 所示），其中 SOC 在 90% 以上的事故佔比達到 45%，SOC 在 95% 以上的佔比 29%。

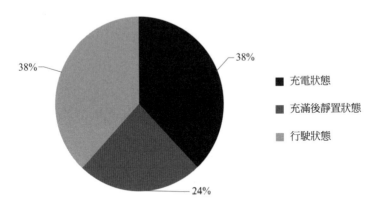

圖 6.13　2019 年新能源汽車著火事故車輛狀態

資料來源：新能源汽車國家大數據聯盟，恒大研究院。

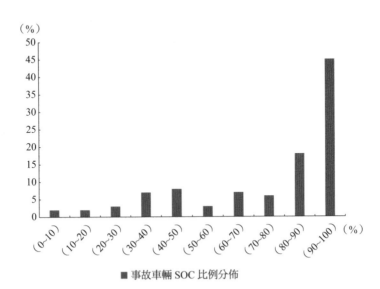

圖 6.14　2019 年新能源汽車著火事故車輛狀態

資料來源：新能源汽車國家大數據聯盟，恒大研究院。

（四）充電利用率低，運營商持續虧損，建樁積極性低

中國充電聯盟披露，截至 2019 年 12 月，中國公共充電樁交流樁和直流樁分別佔比 58%、42%；2019 年新增公共充電樁交流樁和直流樁也是分別佔比 58%、42%。以公共直流樁為例，其核心零部件直流模塊（切換交流成直流）成本佔比較高，接近 80%；近幾年成本呈現下降趨勢，降幅逐漸趨緩，截至 2019 年，價格在 0.4 元／瓦左右；根據合理假設，測算其實現盈虧平衡的充電利用率應在 8%~10%，與主流充電樁運營商反饋基本一致。

第一，固定成本：設備成本在 2.5 萬元（50 千瓦 × 0.4 元／瓦 ÷ 80%），考慮配電和土地建設施工成本，合理估算在 5 萬 ~7 萬元，以 6 萬元計；第二，營業收入：按照 0.7 元／千瓦時充電服務費計（考慮分成之後）；第三，相關費用：貸款比例 50%，貸款利率 6%，設備折舊 10 年，年設備維護和人工費用為初始成本 10%。

根據計算，年平均營業成本為 1.38 萬元，對應需充電 19,700 千瓦時，即 50 千瓦充電樁需充電 394 小時，充電利用率需達到 9.0% 方可實現盈虧平衡（交流樁基本也維持在該水平）。

充電樁投入大，盈虧嚴重依賴充電時長，增加充電樁數量與提升充電利用率難以同時實現。上海唯一官方平台上海充換電設施公共數據採集與檢測市級平台統計，如圖 6.15 所示，2019 年上海市狹義公共充電樁、公共專用樁、小區專用樁、單位專用樁、物流專用樁充電利用率分別為 1.5%、7.5%、2.8%、1.3%、1.2%，遠未達到盈虧平衡點。即使是充電樁數量排名第一的特銳德也僅在 2018 年達到 12.1 萬台充電樁、11.3 億千瓦時體量才實現盈虧平衡。

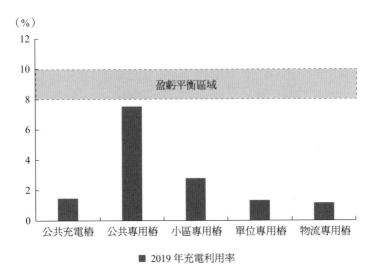

圖 6.15　2019 年上海市公共充電樁、專用樁利用率

資料來源：上海市充換電設施公共數據採集與監測市級平台，恒大研究院。

第三節　展望與建議

一、行業格局展望

　　未來充電樁行業將以智能有序充電為主，大功率公共充電為輔，換電站作為細分市場補充。

（一）私人領域：智能有序充電可降低電網衝擊，減少電網改造

　　私人樁成本低廉、技術成熟，但是截至 2019 年 12 月，私人建樁 70.3

萬台,目標完成率 16.3%,遠不及預期。主要在於建樁有兩大難點:物業難,建立私人充電樁涉及電路鋪設與安全隱患,而且部分小區存在物業更換頻繁等問題;電網難,部分老舊小區電網已接近滿載,即使 7 千瓦的慢充樁數量較大也會對電網容量造成衝擊。

國家電網通過對北京市居民區私人充電樁運行數據分析發現,多數人在下班回家後立即充電,充電時間分佈在 18 點至 1 點,高峰時段集中在 19 點至 22 點,充電負荷與生活用電負荷高峰時段嚴重重疊,形成三個小時左右的尖峰負荷;而居民生活用電在夜間有八個小時左右的低谷期,負荷率僅為 10%~20%;若充分利用 80% 的低谷容量空間,戶均可為 1.2 輛車充電,現有配電網無須改造即可實現社區全部車輛充電。

(二)公共領域:大功率充電是未來趨勢

2019 年北京市用戶快充樁充電時間長達 1.32 小時,充電慢已經成為車主的核心痛點,之後隨著單車帶電量的提升,若不提升公共充電功率,這一問題只會更嚴重,因此目前各方都在努力提升充電樁功率。以特斯拉為例,2019 年 3 月特斯拉推出第三代功率 250 千瓦的充電樁,相比第二代 120 千瓦,充電功率提升了 108.3%;充電聯盟統計,中國新增公共充電樁平均功率從 2016 年的 69.23 千瓦持續增加到 2019 年的 115.76 千瓦,功率提升了 67.2%。

(三)細分市場:換電站增加迅速,更適合標準化程度高、對運營效率要求高的場景

公共充電領域,慢充所需時間長,快充存在安全隱患與導致電池衰減嚴重等問題。相比公共充電而言,換電模式可迅速補充能源,解決里程和充電焦慮,並降低購置成本。但是換電模式的缺點也很明顯,建站成本高,電池規格難統一,無法解決電池所有權問題;所以換電模式比較適合

在公交車和運營車上使用，因為兩者的標準化程度高，而且對運營效率要求更嚴格。在私家車領域，由於定製化屬性強，換電模式只適用自家車型，更適合有一定銷量規模的車企。2019 年 8 月—2020 年 2 月中國換電站月度保有量見圖 6.16。充電聯盟統計，截至 2020 年 2 月，中國換電站保有量為 400 座，相比 2019 年 8 月的 245 座增加了 63.3%；主要運營商有三家，奧動、蔚來、伯坦分別運營 183、123、94 座。

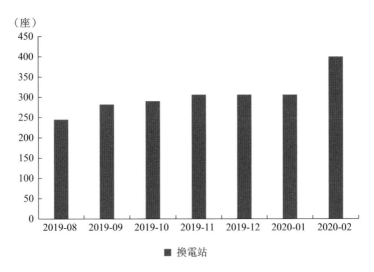

圖 6.16　2019 年 8 月—2020 年 2 月中國換電站月度保有量

資料來源：中國充電聯盟，恒大研究院。

二、產業賦能展望

　　未來生活場景只要涉及電動車出行，背後都離不開電能的支持，這一特性決定了充電樁獲取數據的便利性和廣泛性，充電樁將成為未來車聯網的重要入口之一，數據價值值得挖掘。充電樁數據將有三方面應用價值。

　　一是充電安全數據。通過對電動車進行充電，監測充電過程的電池系統的電壓、電流、溫度變化，結合歷史充電數據，可實現充電安全預警。特來電大數據平台披露，截至 2018 年底，特來電大數據雲平台對 3,780 多萬次充電過程有安全監控和防護情況，觸發 25.8 萬次主動防護，佔比 0.7%，可能預防了 20~25 起重大事故。

二是汽車用電數據。通過對所有平台中電動車的監測，可以推斷各城市不同車型電動車的保有量、日均充電量、日均用電量、日均行駛里程等數據。相關數據可輔助新能源汽車推廣，協助充電樁建設，提高運營效率，降低二手車信息不對稱，繁榮新能源二手車市場。

三是汽車行為數據。通過獲得車企授權，實現車載系統等數據互通，可記錄汽車重要行為數據，包括車主駕駛習慣、行駛軌跡、用車時長、周圍環境等，實現充電數據、車輛數據、電網數據、環境數據、用戶數據等全覆蓋。

三、政策建議

建議從如下幾個方面著手推廣充電樁的建設。

第一，中央負責頂層設計，制定充電樁建設中長期發展規劃，給予市場明確指引。2015 年發佈的《電動汽車充電基礎設施發展指南（2015—2020）》指導中國充電樁建設；目前來看，需要重新制定 2020 年以後的發展規劃。

第二，地方結合實際情況，因地制宜推廣充電樁，給予補貼。科學佈局充電樁地理建設，兼顧運營效率與充電便捷度；新能源公交車、運營車較多的省市以大功率快充樁建設為主，其他城市以慢充樁建設為主。

第三，鼓勵充電樁產業上下游相關方以合資形式成立充電樁運營公司。協調各方利益訴求，解決公共充電樁投資大、不互聯互通等問題。

第四，加快智能有序充電試點，總結經驗進行全國推廣。利用晚上

10點以後的低谷期充電，不僅充電成本低，而且不會對電網造成衝擊，可以在很大程度上解決私人建樁過程中的電網擴容難等問題。

第五，加快充電樁標準體系建設，改善充電樁故障率高、有充電安全隱患等問題。

第六，借鑒美國經驗，聯合商業力量，給予補貼、貸款或稅收優惠。美國在公共充電樁選址方面更多樣化，百思買、西夫韋、全食超市、宜家等商業巨頭皆在旗下連鎖店的停車場安裝充電樁。調研顯示，在店舖外安裝充電樁後，消費者在店裏停留的平均時間是以往的三倍，消費額也有所增長。

第七章

城市群：人口大流動帶來的投資機遇

人口流動的基本邏輯是"人隨產業走，人往高處走"。從全球來看，隨著全球城市化整體進入中後期，人口將越發向都市圈和城市群集聚。從中國來看，儘管當前人口流動整體放緩，但向大城市、大都市圈集聚更為明顯。隨著自然增長率走低、人口峰值見頂，未來越來越多的地區將陷入人口減少的收縮局面。我們估計，到 2042 年，1.9 億新增城鎮人口中的約 80% 將分佈在 19 個城市群，約 60% 將分佈在長三角、珠三角、京津冀、長江中游、成渝、中原、山東半島七大城市群。

基礎設施是為人口和產業服務的，需在人口持續流入的城市群和都市圈適當超前建設。當前中國大城市、都市圈和城市群交通建設明顯滯後，教育、醫療等公共服務資源不足，未來伴隨著人口持續流入，上述矛盾將日益突出，並將帶來潛力巨大的投資機遇，這屬於新基建的新地區。*

---

* 本章作者：熊柴、白學松、閆凱。本章為國家社科基金項目"中國人口城鎮化與土地城鎮化協調發展研究"（15CJY026）的階段性成果。

第一節　人口遷移的基本邏輯

影響人口遷移的因素很多，比如自然、地理、經濟、政治、社會、文化等，相關理論有拉文斯坦遷移法則、推拉理論、發展經濟學二元結構理論等。從長期和根本來看，決定一個區域人口集聚的關鍵是該區域的經濟規模，以及該城市與本國其他地區的人均收入差距，簡單地講，就是我們提出的"人隨產業走，人往高處走"。理論上，在完全的市場競爭和個體同質條件下，較高的人均收入將不斷地吸引區外人口淨遷入，直至該地區的人均收入與其他地區持平。

我們曾提出以經濟—人口分佈平衡法則作為人口遷移和集聚的基本分析框架，即區域經濟份額與人口份額的分佈平衡引導人口流動，並通過 OECD 城市功能區，美、日、韓等發達經濟體的數據進行驗證。靜態地看，當區域經濟份額與人口份額的比值趨近於 0 時，表示該區域人均收入遠低於全國平均水平，人口很可能呈淨遷出狀態；當該比值等於 1 時，表示該區域人均收入等於全國人均收入，人口淨遷入規模很可能接近於 0；當該比值趨近於 + ∞ 時，表示該區域人均收入遠高於全國平均水平，人口很可能呈淨遷入狀態。動態地看，當某區域經濟—人口比值處於 1 附近，但該地區經濟增長快於全國平均水平時，人口仍將淨遷入，呈現一邊經濟高速增長、一邊人口淨流入的基本平衡。在短期，由於經濟波動幅度大多明顯大於人口增長速度，經濟—人口比值受經濟波動的影響更大。在長期，由於市場不完全競爭以及城市之間、個體之間等存在明顯差異，所以當城市發展比較穩定時，其經濟份額與人口份額的比值雖不能等於

1，但將保持在 1 附近的水平。

在實踐中，由於產業結構差異，經濟—人口比值高的地區人均收入不一定高，比如以能源、重工業等資本密集型產業為主導的城市，可能 GDP 份額和人均 GDP 高，但人均收入一般。而在以服務業為主導的城市，人均 GDP 與人均收入的相對排序往往比較一致。總的來看，工業發展需要集聚，所以工業化帶動城市化，人口大規模從鄉村向城市集聚。服務業發展比工業更需要集聚，所以在城市化中後期，人口主要向一、二線大城市和大都市圈城市群集聚。

第二節　人口遷移的國際規律

一、全球人口遷移：從低收入地區流向高收入地區，從中小城市流向大城市群

全球人口遷移呈現兩大特點。

一是在跨國層面，人口從中等收入、低收入國家向高收入國家遷移。聯合國《世界人口展望》（2019 年修訂版）統計，1960—2017 年，高收入經濟體人口淨流入 1.36 億，其中來自中高收入、中低收入、低收入經濟體的比例分別為 26.4%、53.2%、20.5%。中高收入經濟體人口生活水平接近於高收入經濟體，遷移動力不強；低收入經濟體人口雖然遷移

動力強，但難以承擔遷移成本；而中低收入經濟體人口遷移動力強，並且能夠承擔遷移成本。從國別來看，人口主要是從中國、東南亞（菲律賓、緬甸、印尼、越南等）、南亞（孟加拉國、印度、巴基斯坦等）、拉美（墨西哥等）、非洲、中東動亂國家（敘利亞等）、中東歐，向北美、西歐、中東石油富國（阿聯酋、沙特阿拉伯）、俄羅斯、澳大利亞等遷移。其中，1960—2017 年美國淨遷入人口超過 4,900 萬，德、法、英、西、意西歐五國淨遷入合計超過 3,300 萬，沙特阿拉伯和阿聯酋淨遷入合計超過 1,400 萬，俄羅斯淨遷入近 1,100 萬，加拿大淨遷入超過 900 萬，澳大利亞淨遷入近 700 萬。日本移民政策長期較為保守，淨遷入人口較少，僅 235 萬。雖然中國、印度等新興經濟體快速發展，但全球經濟人口分佈仍非常不平衡，差距甚至較 60 多年前明顯擴大，未來大規模跨國人口流動仍將持續。1960—2018 年，高收入經濟體經濟份額從 77.3% 降至 63.1%，人口份額從 25.1% 降至 15.9%，經濟份額與人口份額的比值從 3.08 升至 2003 年的 4.74，再降至 3.96。

二是在城鄉層面，隨著全球城市化進程進入中後期，不同規模的城市人口增長將從過去的齊增變為分化，人口從鄉村和中小城市向一、二線大都市圈遷移，而中小城市人口增長面臨停滯甚至淨遷出。1950—2015 年，全球城市化從 29.6% 增至 53.9%，該時期所有規模城市的人口佔比均有明顯上升，所有規模城市人口年均增速均明顯超過 1.7% 的自然增長水平。其中，1,000 萬人以上城市人口佔全球總人口的比重從 0.9% 增至 6.3%，30 萬人以下小城市人口佔比從 17.8% 升至 22.9%，分別上升 5.4、5.1 個百分點。聯合國預測（見圖 7.1），到 2035 年全球城市化率將達 62.5%，大城市群和大都市圈人口繼續快速集聚，但 50 萬人以下城市人口年均增速將降至 1%，略高於 0.9% 的自然增長水平。

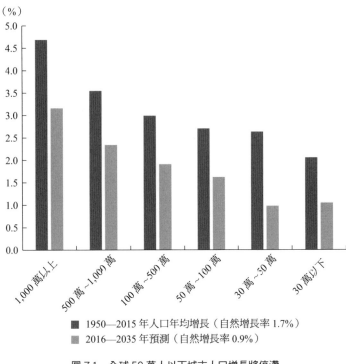

圖 7.1　全球 50 萬人以下城市人口增長將停滯

資料來源：聯合國，恒大研究院。

二、美國人口遷移：從 "鐵鏽八州" 流向西、南海岸，大都會區化

1850—2018 年，美國人口從 2,327 萬快速增至 3.27 億。特別是第二次世界大戰結束後，伴隨著美國成為全球經濟中心，大規模國際移民湧入美國，美國人口在 1950—2018 年增加了 1.76 億。美國 300 多年來的人口遷移呈現兩個特點。

一是在地區層面，人口從向傳統工業主導的五大湖區域集聚，到向能源、現代製造和現代服務業主導的西海岸、南海岸集聚。1850—1970年，美國 "鐵鏽八州" 人口從 1,023 萬快速增至 7,203 萬，雖然佔比從44% 降至 35.3%，但人口增量貢獻達 34%，是美國人口聚集的核心。從20 世紀 70 年代開始，伴隨著西歐、日本以及後期中國的崛起，美國傳統製造業逐漸衰落，"鐵鏽八州" GDP 佔比從 1970 年的 35.6% 降至 2018 年的 25.8%。與經濟衰落相對應的是，1970 年以來 "鐵鏽八州" 人口增長大幅放緩，紐約州在 1970—1980 年、西弗吉尼亞州在 1950—1970 年和1980—1990 年人口甚至淨減少。到 2018 年，"鐵鏽八州" 人口僅增加906 萬至 8,109 萬人，人口增量貢獻降至 7.3%，佔比大幅降至 25%。

　　與此同時，以能源、先進製造和現代服務業為主的加利福尼亞州、得克薩斯州、佛羅里達州等地區逐漸成為美國人口集聚的中心。1850—1970 年，這三州人口合計從 40 萬增至 3,794 萬人，佔比從 1.7% 快速提高至 18.6%，人口增量貢獻為 20.8%，低於 "鐵鏽八州" 約 13 個百分點（見圖 7.2）。1970—2018 年，這三州 GDP 份額從 18.1% 增至 28.1%，人口快速增至 8,956 萬，人口增量貢獻高達 41.8%，人口佔比升至 27.4%。可以發現，不管是 1970 年還是 2018 年，這三州與 "鐵鏽八州" 的經濟份額與人口份額均基本平衡，即經濟—人口比值基本在 1 附近，但人口流動狀態迥異，原因在於經濟增長的差異。

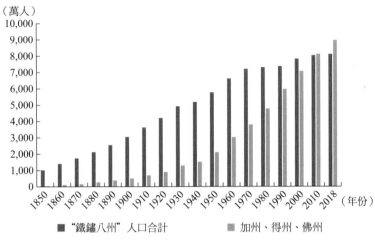

（萬人）

■ "鐵鏽八州" 人口合計	■ 加州、得州、佛州

圖 7.2　美國 "鐵鏽八州" 人口增長在 1970 年後明顯放緩

資料來源：美國人口調查局，恒大研究院。

　　二是在城鄉層面，美國人口在城市化中後期明顯向大都會區集聚。美國城鄉劃分標準多次調整，當前城市的基本定義為：50,000 人以上的城市化區域（Urbanization Areas, UAs），和 2,500~50,000 人的城市簇（Urban Clusters, UCs）。美國城市化率在 1910 年達 45.6%，1940 年達 56.5%（與中國當前接近），1970 年達 73.6%，2010 年達 80.7%。同時，基於經濟社會高度聯繫的城市功能聯繫思想，美國人口調查局於 1910 年開始逐漸形成都會區統計（Metropolitan Statistical Areas，最小規模為 5 萬人以上）。1910—2015 年，美國都會區人口比重從 28.4% 增至 85.6%，其中人口向大都會區化集聚態勢明顯。1950—2015 年，5 萬~25 萬人的都會區人口比重增加了 0.3 個百分點，25 萬~100 萬人的都會區人口比重增加了 2.8 個百分點，而 100 萬~500 萬人、500 萬人以上的都會區人口比重分別增加了 13.5、12.9 個百分點。特別是在 1970—2015 年，500 萬人以上都會區人口比重增加了 9.9 個百分點，遠高於 100 萬~500 萬、25 萬~100 萬、5 萬~25 萬人都會區的 5.3、0.8、0.6 個百分點。2015 年，美國 5

萬 ~25 萬、25 萬 ~100 萬、100 萬 ~500 萬、500 萬人以上都會區經濟——人口比值分別為 0.75、0.84、1.09、1.26，高收入的大都會區依然對人口有著較大吸引力。

三、日本人口遷移：從向三極集聚到向東京圈一極集聚

日本存在兩個版本的城市化率統計。一是市部人口比重。該比重被國內學界廣泛引用，並被世界銀行數據庫收錄，但受行政區劃調整影響較大。比如因行政區劃調整，1950 — 1960 年從 37.3% 激增至 63.3%，2000 — 2010 年從 78.7% 激增至 90.7%。二是 DID（人口集中地區）人口比重。為克服行政區劃調整影響，日本統計部門在 1960 年定義 DID，即人口密度高於 4,000 人／平方千米的調查區，與市區町村內互相鄰接，人口合計超過 5,000 人的調查區。日本 DID 人口比重從 1960 年的 43.3% 快速增至 1990 年的 63.2%，再增至 2010 年的 67.3%。

在日本城市化進程中，人口隨著產業持續向大都市圈集聚，但在 1973 年左右從向東京圈、大阪圈、名古屋圈 "三極" 集聚轉為向東京圈 "一極" 集聚（見圖 7.3）。第一階段，在 20 世紀 70 年代日本經濟增速換擋以前，三大都市圈收入水平較高且經濟持續集聚，因此人口大規模流入。1955 年，東京圈、大阪圈、名古屋圈 GDP 佔全國份額分別為 23.8%、15.3%、8.6%，人口佔比分別為 17.3%、12.3%、7.7%，經濟——人口比值分別為 1.38、1.24、1.12。到 1970 年，三大都市圈 GDP 佔全國份額分別增至 29.3%、17.5%、9.5%。1973 年人口分別達 2,607 萬人、1,636 萬人、918 萬人，佔比分別達 23.9%、15%、8.4%，經濟——人口比值分別為 1.22、1.13、1.12（未變）。第二階段，因東京圈收入較高且經濟繼續集聚，名古屋圈經濟份額略有上升，大阪圈衰落，1973 年之後東京圈人口繼續保持淨遷入狀態，名古屋圈人口略有遷入，大阪圈人口基本處於淨

遷出狀態。1974—2014 年，東京圈、大阪圈、名古屋圈人口淨遷入量分別為 350 萬人、−89 萬人、10 萬人。2014 年東京圈、大阪圈、名古屋圈經濟份額分別為 32.3%、13.9%、9.9%，分別較 1970 年變化 3.1、−3.6、0.3 個百分點；人口分別為 3,592 萬人、1,836 萬人、1,132 萬人，佔比分別為 28.3%、14.4%、8.9%，分別較 1973 年變化 5、−0.5、0.5 個百分點；經濟—人口比值分別為 1.14、0.96、1.11。該時期大阪圈、名古屋圈人口增長主要源於自然增長。

此外，在嚴重的少子化和老齡化背景下，日本人口在 2008 年左右見頂，20 世紀 90 年代中期以來，除東京都及東京圈三縣、愛知縣（名古屋圈核心）、大阪府、福岡縣等少數地區外，絕大多數縣逐漸面臨人口淨遷出，不少地區人口開始減少。到 2017 年，日本 47 個都府道縣中已有 40 個人口見頂，49 個主要城市中已有 42 個人口見頂。

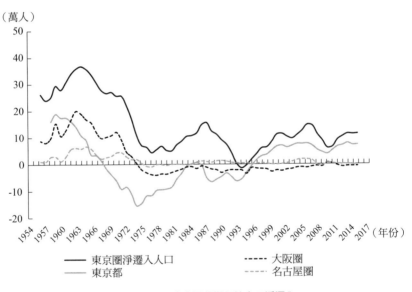

圖 7.3　日本東京圈長期保持人口淨遷入

資料來源：日本總務省統計局，恒大研究院。

第三節　中國人口大遷移：
從城市化到大都市圈城市群化

一、人口流動整體放緩，向大城市、大都市圈城市群集聚

在全域層面，一、二線城市人口持續流入，三線城市人口略微流出，四線城市人口顯著持續流出，但近年有所回流。1982—2018 年，一、二線城市人口年均增速均顯著高於全國平均水平，並且一線城市增速更高，表明人口長期淨流入，向一線城市集聚更多。其中，1991—2000 年、2001—2010 年、2011—2015 年、2016—2018 年，一線城市人口年均增速分別為 3.9%、3.4%、1.5%、1.4%，二線城市分別為 1.9%、1.8%、1.0%、1.1%（見圖 7.4），表明自 2011 年以來，一、二線城市人口流入放緩但仍保持集聚，放緩的原因包括京滬控人、人口老化、農民工回流等。近年二線城市人口增速略微上升與 "搶人" 政策有關。上述四個時期，三四線城市合計人口年均增速分別為 0.63%、0.37%、0.30%、0.27%，而全國人口平均增速為 1.04%、0.57%、0.50%、0.50%，表明三四線城市人口處於持續淨流出。其中，2001—2010 年、2011—2015 年、2016—2018 年三線城市人口年均增速分別為 0.49%、0.40%、0.44%，略低於全國 0.57%、0.50%、0.50% 的人口增速；四線城市人口年均增速均為 0.18%、0.37%、0.43%，顯著持續低於全國平均水平，但 2010 年後有所回流。由於統計上各地區人口加總不等於全國，三四線合計人口為全國

剔除一、二線城市後得到的，與三四線城市人口不完全吻合。

　　與一般三四線城市明顯不同，發達城市群的三四線城市人口仍稍有流入。2001—2010 年、2011—2015 年、2016—2018 年，珠三角城市群的三四線城市人口年均增速分別為 2.24%、0.58%、1.09%，長三角城市群的三四線城市人口年均增速分別為 0.58%、0.31%、0.53%（見圖 7.5）。與這三個時期全國人口平均增速 0.57%、0.5%、0.5% 相比，珠三角城市群的三四線城市在 2001—2010 年人口大量流入，2011—2015 年略有流入，2016—2018 年再度明顯流入；長三角城市群的三四線城市在 2011—2015 年受人口回流中西部影響，稍有流出，2016—2018 年也轉為微弱流入；京津冀城市群的三四線城市在上述三個時期人口年均增速分別為 0.73%、0.57%、0.55%，始終保持微弱流入；而在中西部城市群，三四線城市人口多為淨遷出。比如，成渝城市群扣除成都、重慶主城九區後，三個時期人口年均增速分別為 –0.78%、0.27%、0.4%；而長江中游城市群扣除武漢、長沙、南昌後，三個時期人口年均增速分別為 0.03%、0.36%、0.22%。

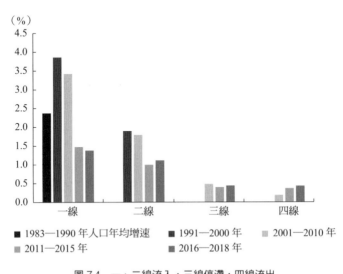

圖 7.4　一、二線流入，三線停滯，四線流出

資料來源：各地方統計局，恒大研究院。

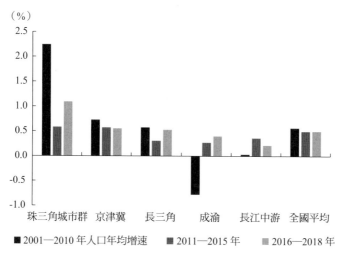

圖 7.5　發達地區三四線城市仍稍有流入

資料來源：各地方統計局，恒大研究院。

　　總的來看，1990—2018 年，一線城市人口佔比從 2.8% 增至 2018 年的 5.3%，二線城市人口佔比從 16.1% 增至 20.5%，三四線城市人口佔比從 81% 降至 74.2%。在人口向一、二線城市集聚的背後，是經濟的集聚。該時期，一線城市 GDP 佔比從 9.4% 增至 12.2%，二線城市 GDP 佔比從 23.8% 增至 33.7%，三四線城市 GDP 佔比從 66.8% 降至 54.1%。2018 年，一、二、三、四線城市經濟—人口比值分別為 2.3、1.6、1.0、0.6，這預示著四線城市人口將繼續大幅流出，一、二線城市人口將繼續集聚。

　　從重點城市來看，近年深圳、廣州、杭州常住人口大幅增長，長沙、西安、成都、鄭州、武漢、重慶等中西部核心城市日益崛起，北京、上海、天津、蘇州、無錫等東部城市人口增長明顯放緩。過去 20 年，中國城市的人口集聚格局發生了深刻的變化。除京、滬從 2013 年開始主動控制人口外，其他城市近期多在 "搶人"，但成效各異。2001—2010 年，常住人口年均增量最大的前五個城市為上海、北京、蘇州、深圳、天津，分別年均增加 66 萬、61 萬、37 萬、34 萬、31 萬。2011—2015 年，常住人口年均增量最大的前五個城市為天津、北京、上海、深圳、鄭州,分別年均增加 50 萬、42 萬、22 萬、20 萬、18 萬。2016—2018 年,常住人口年均增量最大的前五個城市為深圳、廣州、杭州、長沙、西安,分別年均增加 55 萬、47 萬、26 萬、24 萬、23 萬;成都、鄭州、佛山、武漢常住人口年均增加也超過 15 萬,而傳統的人口集聚大城市北京、上海、天津、蘇州、無錫、東莞年均增加不足 5 萬,北京在 2017—2018 年持續兩年負增長,天津在 2017 年一度負增長。

二、哪些地方人口在流入,哪些在流出

以直轄市、地市、省直轄縣級行政單位為基礎單元,對中國大陸進行全覆蓋的人口流入流出識別,主要把人口增速高於本省(直轄市、自治區)或本地市自然增長率的地區粗略地識別為人口流入地區,把人口增速低於本省(直轄市、自治區)或本地市自然增長率的地區識別為人口流出地區,並把人口減少地區從人口流出地區單獨識別出來。其中,採用地級常住人口自然增長率的地區有河北、浙江、安徽、福建、江西、河南、四川、雲南、陝西、甘肅、寧夏、新疆 12 個省區;其餘省區由於未公佈較完整的地級人口自然增長率數據或僅公佈地級戶籍人口自然增長率,所以只能採用省級常住人口自然增長率。此外,青海省西寧市和其餘州市採用兩個不同的自然增長率,其中其餘州市的自然增長率由青海省自然增長率和西寧市自然增長率計算得出。這樣處理的原因是考慮到西寧的人口自然增長率顯著低於青海省其餘州市。以本省(直轄市、自治區)或本地市自然增長率作為識別標準,顯然優於以全國人口自然增長率作為識別標準,比如 2011—2018 年新疆、西藏人口年均自然增長率在千分之十以上,大幅高於全國千分之五左右的平均水平,而遼寧省該時期人口自然增長率為負。不過,採用省級自然增長率的省份內部地市自然增長率仍存在差異,

常住人口和自然增長率也存在統計誤差，這意味著我們的研究可能存在一定的偏差。此外，需要注意的是，地市全域人口流出，並不意味著其下轄的市轄區、縣級市、縣一定會出現全部人口流出。

在 16 個地級單位數據缺失的情況下，估計 2001—2010 年、2011—2015 年、2016—2018 年全國人口淨流出的地區個數分別為 175、196、205 個，人口淨流出地區的數量佔比分別為 51.9%、58.2%、60.8%，2010 年後明顯上升。上述三個時期人口淨流入地區數量依次遞減，分別為 162、141、116 個，表明人口更加向少數地區、大城市、大都市圈集聚。其中，上述三個時期人口減少地區的個數分別為 88、45、56 個，人口正增長但增速低於本省或本地市自然增長率的地區個數分別為 87、151、149 個。2010 年後，人口減少的地區大幅下降，人口正增長但增速低於全國平均的地區大幅上升，這主要是部分農民工回流所致。

從地域分佈來看，2001—2010 年，扣除西北地區、西藏地區少量人口淨流入後，人口淨流入地區主要在東南沿海、華北、遼寧等地，而人口淨流出地區主要在華中、華南（不含廣東）、東南沿海部分欠發達地區和西南、黑龍江、吉林等地。2011—2015 年，人口淨流出地區主要集中在東北地區、中西部的大部分地區以及東南沿海的非核心城市等；人口淨流入地區明顯變少，並且趨向破碎化，主要在全國主要大城市及周邊地區，包括廣深珠惠肇、京津、滬寧杭蘇錫常湖紹甬、合肥、南昌、石家莊、鄭州—洛陽、武漢、長沙—株洲、濟南、青島、西安、成渝、昆明、貴陽、南寧、呼包鄂，以及廣西桂柳及桂東南地區、粵西、蘇北、晉中南、川西川北等。到 2016—2018 年，扣除數據大幅缺失的新疆後，人口淨流出地區比 2011—2015 年範圍進一步擴大的區域主要有東北、晉中南、海峽西岸、桂東、粵東、粵北等，京、滬由於控制人口規模，人口呈現淨流出；而人口淨流入地區範圍明顯擴大的區域僅有皖北、浙西、川東。

在人口淨流出地區中，人口減少的地區值得特別關注。2001—2010

年，人口減少地區主要集中在中西部，包括皖北、豫東南、湖北大部、川東、成都平原（除成都外）、黔東、黔南等地，此外東北部分城市和東部的蘇北、蘇中、閩西等地人口也有所減少。2011—2015 年，東北的人口減少地區範圍大幅擴展，除核心城市及周邊部分地區外，其餘地區人口全面減少；全國其他地區人口減少城市的數量則大幅減少，除豫東南地區外，均呈零星分佈。2016—2018 年，東北地區幾乎全域人口減少，除長春、大連難以判斷外，僅瀋陽、盤錦人口微弱流入；全國其他人口減少地區仍基本呈零星分佈，僅關中平原、成都平原受到西安、成都 "搶人" 影響而出現小範圍連片的人口減少地區；烏魯木齊成為除東北、北京外唯一人口減少的省會級城市，主要是因為 2015 年後該市漢族人口顯著減少。

第四節　未來 1.9 億新增城鎮人口將去向何方

一、2042 年中國城鎮人口將新增 1.9 億

1978—2018 年，中國城鎮常住人口從 1.7 億快速增至 8.3 億，城市化率從 17.9% 提升至 59.6%。過去 40 年城鎮人口淨增 6.6 億，深刻地改變了中國經濟社會格局。當然，其中存在 2.26 億農民工及家屬子女未能市民化，2018 年中國戶籍人口城市化率僅為 43.4%。目前，中國 59.6% 的城市化率稍高於 55.3% 的世界平均水平，但明顯低於高收入經濟體的 81.3% 和中高收入經濟體的 66.2%，這意味著中國城鎮化還有較大的空間（見圖 7.6）。

我們預測，到 2042 年中國城鎮人口達到峰值時，對應中國城市化率將達約 76%，城鎮人口將達 10.2 億，比 2018 年增加約 1.9 億。國際經驗表明，城市化發展近似一條稍被拉平的 S 形曲線，大致分為三個階段：緩慢發展期（30% 以前）、快速發展期（30%~70%）、穩定發展期（70% 之後）。其中，第二階段（快速發展期）又大致以 50% 為臨界點分為兩個階段，之前為加速發展期，之後為減速發展期。中國城市化已進入快速發展期的減速發展階段。《國家人口發展規劃（2016—2030）》預測，中國人口將在 2030 年前後達到峰值，此後持續下降；屆時即 2030 年中國城市化率將達 70%。聯合國《世界人口展望 2019》預測，中國人口將在 2031 年左右達到峰值；聯合國《2018 年版世界城市化展望》預測，中國城市化率將在 2030 年達 70.6%，城鎮人口達 10.2 億，但 2047 年城鎮人口將達 10.9 億的峰值，對應城市化率 79%，2050 年城市化率將達 80%。我們預測，中國城鎮人口將在 2042 年達到峰值，對應中國城市化率將達約 76%，城鎮人口將達 10.2 億，比 2018 年增加約 1.9 億。

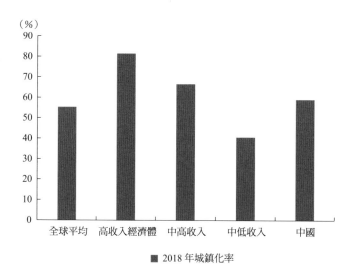

圖 7.6　中國城鎮化還有較大空間

資料來源：各地方統計局，恒大研究院。

1.9 億新增城鎮人口並非全部來自鄉城遷移。以 2011—2018 年為例，該時期中國城鎮人口年均增量 2,020 萬。第一，自然增長。按照全國自然增長率計算，該時期城鎮人口年均自然增長 369 萬。第二，進城農民工及家屬子女。2011—2018 年農民工年均增量 577 萬，假設有 40% 進入城鎮即約 231 萬，再加上約 1/5 的家屬子女，即年均約 288 萬。第三，鄉村學生進城。2011—2018 年全國高中階段教育招生數年均 1,463 萬，假設來自鄉村的學生比重為該時期鄉村常住人口比重，即鄉村學生進城 654 萬。第四，區劃變動。城鎮人口年均增量扣除前述部分後，還餘 709 萬，這與王桂新（2014）計算的 2001—2010 年行政區劃變動引致城鎮人口年均增加 670 萬相當。因此，2011—2018 年中國城鎮人口增量中來自自然增長、區劃變動、鄉城遷移的平均比例為 18.3%、35.1%、46.7%。用此方法測算，2018 年中國城鎮人口增量中來自上述三者的比例分別為 17.3%、47%、35.7%，而國家統計局官網公佈的 2018 年三者比例分別為 23.6%、39.6%、36.8%，測算的鄉城遷移貢獻差異相對較小。當前中國地級市個數佔地級區劃數的 88%，市轄區、縣級市個數佔縣級行政區劃數的 47%，建制鎮個數佔鄉鎮區劃數的 53%，隨著經濟社會的發展，未來還存在較大的行政區劃調整空間。若簡單地按照當前趨勢推算，則未來 1.9 億新增城鎮人口中可能將有約 50%，即約 9,500 萬人來自鄉城遷移，其他則來自自然增長和行政區劃變動。

二、新增城鎮人口的約 80% 將分佈在 19 個城市群，約 60% 分佈在七大城市群

2013 年以來，中央要求把城市群作為推進國家新型城鎮化的主體形態。2006 年國家"十一五"規劃提出，把城市群作為推進城鎮化的主體形態。2007 年中共十七大報告指出，以大城市為依託，形成輻射作用大的城

市群，培育新的經濟增長極。2012 年十八大報告指出，繼續實施區域發展總體戰略，科學規劃城市群規模和佈局。2013 年中央城鎮化工作會議提出，要在中西部和東北有條件的地區，依靠市場力量和國家規劃引導，逐步發展形成若干城市群。2014 年《國家新型城鎮化規劃（2014—2020 年）》及"十三五"規劃要求建設長三角、珠三角、京津冀、山東半島、海峽西岸、哈長、遼中南、中原、長江中游、成渝、關中平原、北部灣、山西中部、呼包鄂榆、黔中、滇中、蘭州—西寧、寧夏沿黃、天山北坡 19 個城市群。2017 年中共十九大報告指出，以城市群為主體構建大中小城市和小城鎮協調發展的城鎮格局。2018 年印發的《中共中央國務院關於建立更加有效的區域協調發展新機制的意見》明確指出，以京津冀城市群、長三角城市群、粵港澳大灣區、成渝城市群、長江中游城市群、中原城市群、關中平原城市群等城市群推動國家重大區域戰略融合發展，建立以中心城市引領城市群發展、城市群帶動區域發展的新模式，推動區域板塊之間融合互動發展。從 2015 年至今，國務院已批覆 11 個城市群規劃（見表 7.1）。

表 7.1　全國 11 個城市群規劃批覆情況

文件名稱	批覆時間
《長江中游城市群發展規劃》	2015 年
《京津冀協同發展規劃綱要》	2015 年
《哈長城市群發展規劃》	2016 年
《中原城市群發展規劃》	2016 年
《成渝城市群發展規劃》	2016 年
《長江三角洲城市群發展規劃》	2016 年
《北部灣城市群發展規劃》	2017 年
《關中平原城市群發展規劃》	2018 年
《呼包鄂榆城市群發展規劃》	2018 年
《蘭州—西寧城市群發展規劃》	2018 年
《粵港澳大灣區發展規劃》	2018 年

資料來源：恒大研究院。

19 個城市群以 25% 的土地集聚了 75% 的人口,創造了 88% 的 GDP,其中城鎮人口佔比達 78%(見圖 7.7)。19 個城市群土地面積合計約 240 萬平方千米,佔全國的 25%。1982—2018 年,19 個城市群常住人口從 7.1 億增至 10.5 億,人口佔比從 70.3% 增至 75.3%;2018 年城鎮化率達 61.7%,即城鎮人口 6.5 億,佔全國城鎮人口的 78.3%;2018 年 GDP 合計 79.3 萬億元,佔全國的 88.1%。長三角、珠三角、京津冀三大城市群作為 19 個城市群中最成熟的三個城市群,以全國 5% 的土地面積集聚了 23.6% 的人口,創造了 38% 的 GDP,成為帶動中國經濟快速增長和參與國際經濟合作與競爭的主要平台,2018 年三大城市群的經濟—人口比值分別為 1.8、2.0、1.2;其中,三大城市群 2018 年人口合計佔比較 1982 年提升 5.3 個百分點。除三大城市群外,成渝、長江中游兩個城市群共覆蓋五個省份,是其中規模較大,也是最具發展潛力的跨省級城市群,兩大城市群以 5.2% 的土地面積集聚了 16.3% 的人口,創造了 15.7% 的 GDP。由於過去長期大規模輸出農民工,儘管近年人口大量回流,2018 年兩大城市群人口佔比仍較 1982 年下降了 1.5 個百分點,2018 年經濟—人口比值分別為 0.90、1.01。從區位、資源稟賦和近期增長來看,成渝、長江中游未來有望成為中國西部地區、中部地區城市群的發展代表。其他 14 個城市群以 14.7% 的土地面積集聚了 35.4% 的人口,創造了 34.4% 的 GDP,2018 年經濟—人口比值平均為 0.97;2018 年人口佔比較 1982 年略增 1.2 個百分點。其中,山東半島城市群人口剛剛過億,中原、珠三角、海峽西岸、哈長、北部灣、關中平原六個城市群人口均為 4,000 萬 ~7,000 萬,遼中南、黔中、滇中三個城市群人口為 2,000 萬 ~4,000 萬,而山西中部、蘭州—西寧、呼包鄂榆三個城市群人口為 1,000 萬 ~2,000 萬,寧夏沿黃、天山北坡城市群不到 700 萬。此外,14 個城市群中的哈長城市群和遼中南城市群當前面臨人口減少的情況。哈長城市群 2018 年常住人口缺失,當年戶籍人口較 2010 年減少 226 萬。

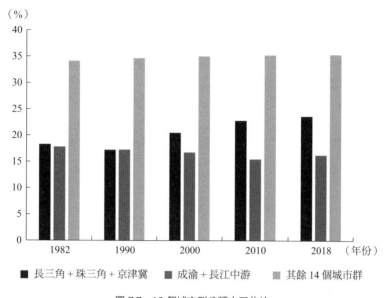

（%）

圖 7.7　19 個城市群分類人口佔比

資料來源：各地方統計局，恒大研究院。

　　中國 1.9 億新增城鎮人口中約 80% 將分佈在 19 個城市群，其中約 60% 將分佈在長三角、珠三角、京津冀、長江中游、成渝、中原、山東半島七個城市群。從 2018 年城市化水平來看，珠三角城市群城市化率最高，達 85.3%，未來城市化空間較小，城鎮人口增加將主要依賴於區外人口遷入。長三角、京津冀、長江中游、海峽西岸、呼包鄂榆、山西中部、寧夏沿黃七個城市群均為 60%~70%，但京津冀城市群的河北省城市化率僅為 56.4%；中原、滇中兩個城市群城市化率不足 50%；其他九個城市群城市化率則為 50%~60%。簡單測算，先不考慮區外人口遷入，依據各城市群當前城市化率適當調整到 2042 年提高幅度，並結合聯合國預計的自然增長率，估計 19 個城市群到 2042 年城鎮人口增量合計達 1.2 億。假設再有約 3,000 萬人口淨流入，則 2019—2042 年城鎮人口增量比例可達 79%。基於發展趨勢、經濟—人口比值、近期人口淨流入以及區位等因素，在大致假設區外人口遷入分佈的情況下，2019—2042 年長三角、珠三角、京津冀、長江中游、成渝、中原、山東半島七個城市群城鎮人口增量佔比有望達到 60%。到 2042 年，19 個城市群常住人口合計佔比或將從 2018 年的 75.3% 上升至 89.3% 左右。

三、中國有望形成 10 個以上 1,000 萬級城市和 12 個以上 2,000 萬級大都市圈

從城市和都市圈來看，未來中國有望形成 10 個以上 1,000 萬級城市和 12 個以上 2,000 萬級大都市圈。未來向 19 個城市群集聚的人口以及 19 個城市群內部流動的人口，將主要集聚到千萬級以上的大都市圈。2019 年 2 月，國家發展改革委發佈《關於培育發展現代化都市圈的指導意見》，要求以都市圈為城市群建設的突破口，以同城化為都市圈發展方向，這是中央第一份以都市圈為主題的文件。

從國務院規定城市規模劃分標準的城區常住人口來看，中國現有北、上、廣、深四個千萬級人口的超大城市，以及重慶、武漢、天津、成都、東莞、南京、鄭州、杭州、長沙、瀋陽十個 500 萬 ~1,000 萬人的特大城市。從市轄區常住人口來看，中國現有北京、上海、天津、廣州、深圳、重慶、武漢、成都八個千萬級人口的城市，有南京、東莞、西安、佛山、杭州、濟南、青島、哈爾濱、瀋陽、蘇州、汕頭、大連、鄭州、石家莊 14 個 500 萬 ~1,000 萬人的城市。其中，南京、東莞、西安、佛山、杭州、濟南六個城市市轄區常住人口超過 700 萬。考慮到人口流入以及隨著經濟社會發展產生的行政區劃調整，未來中國有望形成 10 個以上市轄區常住人口超過 1,000 萬的大城市。

從都市圈常住人口來看，中國現有上海、北京、廣佛肇、深莞惠、鄭州、成都、杭州、蘇錫常、青島 9 個 2,000 萬人以上的大都市圈，有重

慶、武漢、瀋陽、廈漳泉、南京、天津、寧波、長株潭、西安、合肥、濟南、南昌、長春、石家莊、哈爾濱 15 個 1,000 萬~2,000 萬人的大都市圈（見圖 7.8）。其中，重慶都市圈人口接近 2,000 萬，武漢都市圈超過 1,800萬，南京都市圈僅寧鎮揚三市人口有 1,615 萬，若加上毗鄰的皖東城市，則遠超 2,000 萬，從這三個都市圈的人口增長潛力和空間擴展潛力來看，預計未來人口有望突破 2,000 萬。2018 年，上述 24 個大都市圈土地面積60 萬平方千米，佔全國的 6.2%；常住人口 4.5 億，佔比 32.5%；GDP 合計 47 萬億元，佔比 52.2%；經濟—人口比值為 1.6。

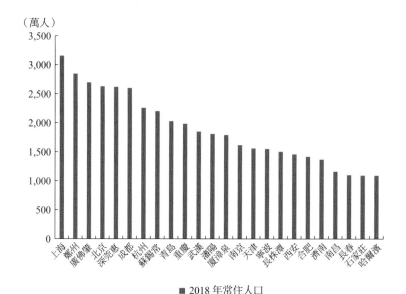

（萬人）

■ 2018 年常住人口

圖 7.8　24 個千萬級都市圈常住人口

資料來源：各地方統計局，恒大研究院。

註：部分都市圈範圍存在不同版本，考慮到都市圈強調同城化發展，此處測算人口經濟數據均採用範圍最小的版本；其中，上海都市圈與周邊的蘇錫常、寧波、杭州都市圈範圍有重疊。

第五節
在人口大規模流入的城市群與都市圈適當超前基建

一、中國大城市群都市圈的基礎設施存在短板，投資潛力大

以大城市為核心的都市圈和城市群地區是中國經濟的重心，是推進高質量發展的主體。這些地區的軌道交通、管網、教育、醫療等基礎設施短板突出，並且伴隨人口持續流入，未來短板將日益突出。從大城市來看，交通設施方面，2017 年紐約都市區、東京圈、首爾圈軌道交通運營里程高達 3,347、2,705、1,098 千米，路網密度分別為 0.34、0.31、0.23 千米 / 平方千米，而北京都市區的軌道交通運營里程為 685 千米，路網密度為 0.09 千米 / 平方千米，上海都市區的軌道交通運營里程為 782 千米，路網密度為 0.11 千米 / 平方千米；從地鐵的客運負擔（萬人次 / 千米線路）來看，2018 年廣州（635）、北京（623）、西安（605）、南京（573）、深圳（573）客運負擔較重，顯著高於全國平均水平（462），此類人口持續流入的城市，軌道交通建設有待加強（見圖 7.9）。根據 TomTom 公司發佈的 2018 年全球交通擁堵城市排名，中國有九座城市進入前 50，分別是重慶（18）、珠海（20）、廣州（23）、北京（30）、成都（32）、長春（37）、長沙（45）、深圳（47）、瀋陽（49）。在教育、醫療方面，基礎教育資源供應不足。2011、2012 年北京出生人口分別為 16.7 萬人、18.7 萬人，而對應的 2017、2018 年北京小學招生數僅為 15.7 萬人、18.4 萬人，基

礎教育學位存在較大缺口。根據《深圳市可持續發展規劃（2017—2030年）》，深圳 2017 年公辦小一學位缺口達 4.6 萬個。在零售商業配套方面，北京商業用地長期規劃不足，商服用地在城市建設用地面積中僅佔比 9.3%，遠低於紐約、東京的 27.0%、16.4%。

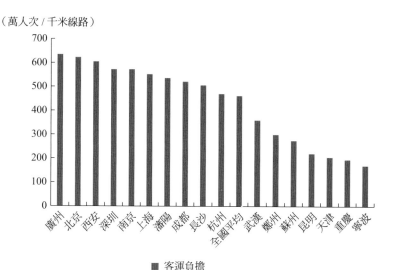

（萬人次／千米線路）

■ 客運負擔

圖 7.9　廣州、北京、西安、深圳等城市客運負擔較重

資料來源：中國城市軌道交通協會，恒大研究院。

　　從都市圈來看，根據都市圈的經濟產業實力以及圈內中心城市對周邊城市的帶動作用，將中國 24 個千萬級大都市圈分為發達型、崛起型、起步型三類（見表 7.2）。上海、深莞惠、廣佛肇等發達型都市圈整體經濟水平領先，並且中心城市與部分周邊城市差距持續明顯縮小，北京、天津、成都等崛起型都市圈和哈爾濱、南昌、長吉等起步型都市圈中心城市對周邊城市的發展帶動尚且不足，區域基礎設施處於快速建設期，一體化建設仍需加強。從城市群來看，城市群發展可劃分為雛形發育期、快速發育期、趨於成熟期、成熟發展期四個階段（見表 7.3），經歷了從單級城市、都市圈到城市群的演變。國際公認的世界級城市群有以紐約為核心的美國東北部大西洋沿岸城市群，以芝加哥為核心的五大湖城市群，以東京為核心的日本太平洋沿岸城市群，以倫敦為核心的英倫城市群，以巴黎為核心的歐洲西北部城市群等，都具備現代化的城市軌道交通、完善的城際基礎設施、發達的航運功能，並逐漸向腹地延伸。中國暫時沒有城市群達到成熟發展期水平，只有長三角城市群和珠三角城市群趨於成熟，其餘城市群處於快速發育期和雛形發育期，中心城市尚處於集聚階段，對周邊中小城市的輻射帶動作用不強，城市間的內在聯繫較弱，區域基礎設施不完善。以醫療資源為例，2018 年天山北坡、山西中部、寧夏沿黃、遼中南和長三角城市群每萬人執業（助理）醫師數分別為 33 人、27 人、26 人、26 人、26 人，高於全國平均水平，其餘 14 個城市群每萬人執業（助理）醫師數均低於全國平均（見圖 7.10）。

表 7.2　中國 24 個人口 1,000 萬以上大都市圈分類

分類	大都市圈
發達型（6 個）	上海、深莞惠、廣佛肇、蘇錫常、南京、杭州
崛起型（15 個）	北京、天津、成都、長株潭、重慶、廈泉漳、青島、武漢、鄭州、西安、合肥、寧波、石家莊、濟南、瀋陽
起步型（3 個）	哈爾濱、南昌、長吉

資料來源：恒大研究院。

表 7.3　中國 19 個城市群分類

分類	城市群
成熟發展期（0 個）	—
趨於成熟期（2 個）	長三角城市群、珠三角城市群
快速發育期（11 個）	京津冀城市群、成渝城市群、長江中游城市群、海峽西岸城市群、山東半島城市群、中原城市群、遼中南城市群、關中平原城市群、北部灣城市群、哈長城市群、山西中部城市群
雛形發育期（6 個）	黔中城市群、呼包鄂榆城市群、滇中城市群、天山北坡城市群、蘭州—西寧城市群、寧夏沿黃城市群

資料來源：恒大研究院。

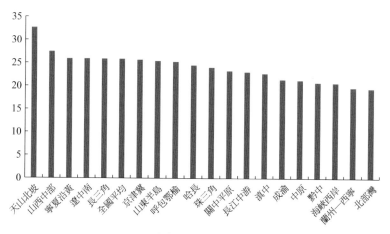

■ 2018 年每萬人執業（助理）醫師數

圖 7.10　14 個城市群每萬人執業（助理）醫師數低於全國平均

資料來源：各地方統計局，恒大研究院。

二、在人口流入的城市群都市圈適當超前基建，經濟社會效益顯著

　　在城市發展過程中，防治"大城市病"的關鍵，是在人口流入的城市群和都市圈適當超前基建。從歷史經驗來看，在城市化推進過程中，由於政府低估人口增長趨勢，以及城市規劃和基礎設施建設不足，往往會出現"大城市病"，主要表現為交通擁堵、居住面積受限、水電供給能力不足與環境污染等問題。基礎設施最終是為人和產業服務的，在當下城市群建設加速的政策導向下，為了防治"大城市病"，提升居民生活質量，對人口流入的大城市及都市圈和城市群，要適當放鬆地方債務要求，不搞終身追責制，以推進大規模基建。大力增加城市軌道交通運營里程，提高路網密度，推進軌道交通系統制式多元化發展，將北京、上海等當前以中心城為核心的放射型軌道交通體系改變為環狀"井"字形，包括構建新城之間、新城與重要交通樞紐的快速交通體系。近年來，中國逐步加強基礎設施領

域補短板的力度（見表 7.4），2019 年 2 月，國家發展改革委印發的《關於培育發展現代化都市圈的指導意見》要求，以增強都市圈基礎設施連接性、貫通性為重點，加快構建都市圈公路和軌道交通網，提出打造一小時通勤圈。2019 年 9 月，中共中央、國務院印發的《交通強國建設規劃綱要》要求，到 2035 年基本建成交通強國。現代化綜合交通體系基本形成，基本形成 "全國 123 出行交通圈"（都市區一小時通勤，城市群兩小時通達，全國主要城市三小時覆蓋）和 "全球 123 快貨物流圈"（國內一天送達，周邊國家兩天送達，全球主要城市三天送達）。

表 7.4　部分城市群和都市圈及相關規劃的基建要點

時間	文件名稱	內容
2015 年 4 月	國務院《長江中游城市群發展規劃》	統籌推進城市群綜合交通運輸網絡和水利、能源、信息等重大基礎設施建設，提升互聯互通和現代化水平
2015 年 5 月	國務院《京津冀協同發展規劃綱要》	建設高效密集軌道交通網，完善便捷通暢公路交通網，打通國家高速公路 "斷頭路"，大力發展公交優先的城市交通，提升交通智能化管理水平
2016 年 2 月	國家發改委《哈長城市群發展規劃》	推進以哈爾濱、長春為核心的高速鐵路及區域連接線建設，優化路網結構，擴大城市群路網規模；推進哈爾濱等智慧城市試點建設，打造城市群信息共享平台
2016 年 12 月	國家發改委《中原城市群發展規劃》	推進物聯網、雲計算、大數據等現代信息技術在交通運輸領域的創新集成應用；加強信息網絡設施建設，支持鄭州、洛陽等城市開展 5G 網絡建設試點
2018 年 12 月	國家發改委《關中平原城市群發展規劃》	構建城市群對外運輸大通道，暢通城市群內快速交通網絡，強化一體銜接的綜合交通樞紐功能；重點突破通信、新型顯示、集成電路、智能可穿戴設備、半導體激光、物聯網等關鍵技術

時間	文件名稱	內容
2019 年 1 月	南京市政府《南京都市圈一體化高質量發展行動計劃》	促進幹線、城際、市域（郊）、城市軌道交通"四鐵融合"，實現南京都市圈城市全部通行高鐵或城際鐵路；構建以南京為中心的"米"字形高鐵網絡，實現都市圈內主要城市半小時高鐵通達
2019 年 2 月	國家發改委《關於培育發展現代化都市圈的指導意見》	以增強都市圈基礎設施連接性貫通性為重點，暢通都市圈公路網，打造軌道上的都市圈，提升都市圈物流運行效率，統籌市政和信息網絡建設，推進第五代移動通信和新一代信息基礎設施佈局
2019 年 9 月	國務院《交通強國建設規劃綱要》	到 2035 年基本建成交通強國，現代化綜合交通體系基本形成，基本形成"全國 123 出行交通圈"和"全球 123 快貨物流圈"
2020 年 4 月	國家發改委、交通運輸部《長江三角洲地區交通運輸更高質量一體化發展規劃》	打造連接寧波—杭州—上海—南京—合肥的"Z"字形新一代國家交通控制網和智慧公路示範通道

資料來源：恒大研究院。

　　對人口流出地區要區別對待，基建要從促公平、保基本、"一帶一路"倡議、國家軍事安全、能源安全等角度綜合考慮，防止無效投資造成明顯浪費，加劇政府債務壓力。由於生育率長期低迷，中國人口將在"十四五"時期見頂。2019 年中國人口首次超過 14 億，但因生育率持續低迷，出生人口持續下滑至 1,465 萬，總和生育率降至約 1.5。考慮到"全面二孩"的生育堆積效應仍存在，以及育齡婦女規模持續下滑，未來出生人口還將進一步下滑，預計 2030 年將進一步降至不到 1,100 萬。即使以總和生育率 1.4 估計，中國人口也將在 2022 年前後達到峰值。如果總和生育率為 1.3 或 1.5，則中國人口將在 2021 或 2024 年達到峰值。從總和生育率 1.4 的方案看，中國人口在總量見頂之後的前 25~30 年萎縮速度較慢，但隨著 1962—1975 年高生育率時期的出生人口進入生命終點後，萎縮速度將明顯變快。2050 年中國人口將較 2022 年減少僅 9%，2075 年中國人口將較 2050 年減少 22%，2100 年中國人口將較 2075 年減少 25%，降至約 7.5 億。當前中國地區收縮、城市收縮現象已經出現，未來這種現象將越來越多，並且主要出現在欠發達地區、中小城市。隨著自然增長率逐漸下行乃至轉負，人口減少地區必將越來越多。因此，如果在人口流出地區進行大規模新基建，則無疑會造成嚴重浪費。

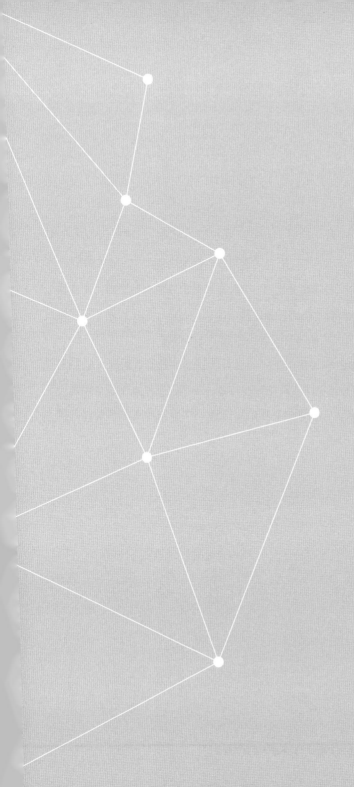

第八章

新基建與功能財政

疫情加劇了中國經濟的下行壓力，習近平在統籌推進新冠肺炎疫情防控和經濟社會發展工作部署會議上強調，"宏觀政策重在逆周期調節，節奏和力度要能夠對沖疫情影響，防止經濟運行滑出合理區間，防止短期衝擊演變成趨勢性變化"，以及"積極的財政政策要更加積極有為"。

在當前財政形勢嚴峻的情況下，新基建和減稅的錢從哪裏來？公共財政赤字率能否突破 3%？中國的真實赤字率是多少？赤字率水平在全球高不高？風險大不大？應該怎樣實施積極的財政政策？本章將重點解答這些問題。*

---

* 本章作者：羅志恒、任澤平、盛中明。

第一節　新基建的資金來源

受疫情衝擊和中美貿易摩擦的影響，2020 年經濟下行壓力較大，亟須減稅降費、加碼新基建。財政支出擴大的錢從哪裏來？

2011 年以來，中國經濟持續下行，既有潛在增長率下降、內部改革不到位的因素，也有外部性、周期性和政策性因素疊加的影響。當前又疊加疫情衝擊和中美貿易摩擦，總需求不足。疫情短期衝擊供給和需求。供給端，部分地方過度防疫，企業停工減產；需求端，消費、投資、出口"三駕馬車"都受到衝擊，群體聚集性行業受衝擊更嚴重。微觀上，民企、小微企業、彈性薪酬制員工、農民工等受損嚴重。

面對潛在的經濟社會風險，到底是保財政還是保增長，是堅持平衡財政還是功能財政，引發了爭議。我們認為，當務之急是保增長，堅持功能財政理念，通過適度提高赤字率來支持減稅降費，搞新基建。減稅降費，加碼新基建，穩定總需求，提振企業和居民信心，經濟發展了，稅基擴大了，財政赤字自然就會縮小。有觀點認為，大搞減稅、基建，將增加地方債務負擔，財政收支平衡壓力大。我們認為這種觀點缺少長遠的大局觀，在經濟下行壓力大的時候，財政還要保證收支平衡，將使企業、居民雪上加霜，財政應該搞跨期平衡，從平衡財政轉向功能財政。只要中國經濟繁榮發展，人民安居樂業，何愁未來財政問題？如果百業蕭條，財政何談平衡？

以下兩個經典案例可以說明，減稅降費和基建在當期會推升赤字和債務，但從長期看對經濟增長是有利的，能釋放經濟增長潛力。

20 世紀 80 年代，里根政府執政時期的兩次大規模減稅、增加軍事開支和研發支出，直接推動了 1983 年開始的美國經濟復甦，直到里根任期結束，美國 GDP 增速始終維持在 3.5% 以上；失業率下降，至 1989 年末始終維持在 6% 以下；20 世紀 90 年代，克林頓政府執政時期出現新經濟繁榮；美國聯邦財政赤字從 1983 年的 −5.9% 持續縮窄至里根卸任時的 −2.8%，1998—2001 年甚至出現了財政盈餘。1981 年 8 月，里根政府通過《經濟復甦稅收法案》，主要內容有：第一，個人所得稅全面實行分期減稅，1981 年 10 月稅率降低 5%，1982 年和 1983 年 7 月兩次削減 10%，並從 1985 年起實施個人所得稅和通貨膨脹指數掛鉤；第二，下調企業所得稅稅率，17% 檔下調至 15%，20% 檔下調至 18%；第三，進一步為企業減負，將固定資產分為四類，分別縮短折舊期至 3 年、5 年、10 年和 15 年，並允許以超過原始成本的 "重置成本" 來計提折舊；第四，資本利得稅的最低稅率由 28% 降至 20%；第五，提高遺產稅與贈與稅的免稅額。1986 年，里根政府頒佈了《稅制改革法案》。該法案旨在降低稅率，擴大稅基，堵塞稅收漏洞，實現稅收公平。主要內容有以下四點。第一，全面降低個人所得稅稅率。把納稅等級從 14 級簡化為 3 級，最高稅率從 50% 降至 28%，使全部個人所得稅稅率降低約 7%。第二，簡化和改革公司所得稅。企業所得稅稅率從 46% 降低至 34%。第三，允許公司支付的一半股息免稅，取消對銀行壞賬的特別稅收減免，將資本利得稅的最低稅率從 20% 減至 17%。第四，限制或取消過去給予部分個人和公司的稅收減免優惠政策。

里根時期的經濟復甦及金融自由化為軍事技術轉為民用奠定了基礎。一方面，經濟復甦為軍費開支提供了基礎，而軍事需求又帶動了技術研發。軍工產品的需求和軍隊的加速擴張成為推動經濟增長的新力量。美國的金融自由化為技術商業化早期的發展奠定了基礎。另一方面，在政府的支持下，美國的風險投資業迅猛發展，主要投向信息技術、生命科學等高科技產業，催生出一大批技術新興企業。

1998 年中國遭遇亞洲金融危機，內需和外需均大幅下滑，中央政府緊急啟動增發長期建設國債加大基建投資，財政赤字率持續擴大，避免了經濟斷崖式下滑。在遭遇金融危機後，中國出口增速從 1997 年的 20.9% 大幅下挫到 1998 年的 0.5%，1998 年 5 月出口增速為 -1.8%；社會消費品零售總額增速從 1996 年、1997 年的 20.1%、10.2% 大幅下降至 1998 年的 6.8%。因此，1998 年增發 1,000 億元國債加大基建，主要投放農林水利建設（吸取 1998 年特大洪水災害教訓，重點投資大江大河防洪水利工程，長江、黃河中上游水土保持工程，交通通信建設，城市基礎設施建設，城鄉電網改造和國家直屬儲備糧庫建設），同時啟動住房、醫療和教育擴招的改革，擴大內需。

在上述擴大投資和消費的政策作用下，固定資產投資增速從 1997 年的 8.9% 上升至 1998 年的 13.9%。雖然社會消費品零售總額增速下降，但服務消費上升。1998 年當年 GDP 增速從上年的 9.2% 下降 1.4 個百分點至 7.8%，其中，貨物和服務貿易淨出口對 GDP 的拉動率下降 3.5 個百分點至 0.4%，資本形成總額上升了 0.9 個百分點至 2.3%，最終消費對 GDP 的貢獻上升了 1.2 個百分點至 5.1%。

1998—2004 年連續七年實施積極的財政政策，實際赤字率從 1997 年的 0.7% 上升到 2002 年的 2.6%。在積極的財政政策的帶動下，基建持續發力並帶動了製造業的高速增長，進而帶動固定資產投資增速整體上升，中國經濟從 1998 年的 7.8% 上升到 2000 年的 8.5% 及其後高達 10% 以上的增速。事後來看，儘管當時爭議很大、批評很多，但現在看來意義重大，既改善了民生，又大幅降低了運輸成本，提升了中國製造的全球競爭力，釋放了中國經濟高速增長的巨大潛力。

現在一提到基建，有些人就說是刺激 "鐵公基"，這是誤解。過去 40 年，如果沒有適度超前的基建，怎麼會有中國製造的強大競爭力？如果沒有超前的網絡寬帶建設，怎麼會有互聯網經濟的繁榮發展？而印度經濟發展潛力釋放不出來，很大程度上受制於基礎設施短缺，道路、橋樑、衛生系統問題都很大。

第二節　財政赤字的理論基礎

一、赤字的產生與彌補

赤字即收不抵支，主要源於政府規模的擴大，以提供更多的公共服務。亞當·斯密主張"廉價政府"和政府的"守夜人"角色，要減少政府對經濟的干預。自 20 世紀 30 年代大蕭條以來，出於宏觀調控熨平經濟波動，以及調節居民收入差距防止社會動盪的需要，政府規模日益膨脹。財政支出擴張論認為，隨著人均收入的提高，財政支出佔 GDP 的比重將上升，即"瓦格納法則"。德國經濟學家阿道夫·瓦格納認為，市場關係的複雜化引發對商業法律和契約的需要，人口居住密集化將產生擁擠等外部性問題。因此，與市場提供私人物品相對應，政府提供公共物品，支出規模擴大。當收入不足以支撐起膨脹的規模時，便產生了赤字。

發展中國家的赤字主要源於建設需要，發達國家的赤字主要源於民生福利需要。改革、發展、穩定的任務及民眾對美好生活的需要，導致中國財政支出壓力大。馬斯格雷夫和羅斯托認為，在經濟發展的早期，政府更多地投資社會基礎設施，如道路、法律秩序及人力資本，是經濟起飛的必要；在經濟發展的中期，政府投資還需繼續，但應逐步轉換為對私人投資的補充；經濟發展到成熟階段，公共支出從基建轉向教育、保健和福利等。中國是發展中國家，建設財政特徵明顯，大量的支出投向基礎設施建設，既拉動經濟增長，又具有生產屬性，也便利生活。一定階段的超前基建支出，從長遠看有利於經濟發展。中國同時是轉軌經濟體，肩負艱巨的改革任務，如 20 世紀 90 年代末的國企改革和 2015 年底以來的供給側改革均需要財政支持；中國的人口老齡化率不斷上升，對養老、醫療等民生福利的需求提高。同時，以美國為首的全球減稅浪潮興起，以增稅為特徵的法國和日本均遭到社會強烈反對，中國為應對外部減稅壓力及內部經濟下行期企業負擔較重的現實情況，財政增收困難，赤字必然增加。

彌補赤字有債務融資和貨幣化融資兩種方式，前者只是需求從私人部門轉移到政府部門，後者增加了基礎貨幣，可能產生通脹。赤字的債務融資即財政部門發行中央國債和地方政府債券。當居民和企業購買國債時，私人部門的銀行存款減少，持有的國債金融資產增加，M2 減少，待財政支出時，M2 增加；當商業銀行購買國債時，超儲率下降，國債金融資產增加。赤字的貨幣化融資即中央銀行借錢給政府，但各國基本禁止中央銀行直接向財政透支，而主要通過公開市場操作購買國債，增加基礎貨幣，同時體現對政府債權的增加，有可能引發通脹。

二、赤字的分類：周期性赤字與結構性赤字

根據赤字和經濟運行的關係，赤字可分為周期性赤字和結構性赤字。其中，周期性赤字是經濟周期的波動導致的。當經濟處於下行周期時，財政收入下行，剛性支出卻難以減少，用於失業和社會福利的支出增加，赤字被動增加。結構性赤字是充分就業水平下的赤字，經濟下行，失業增加，政府實行擴張性財政政策，導致結構性赤字增加。周期性赤字是消極

的，結構性赤字是政府的主動作為。中國既有周期性赤字，又有結構性赤字，以結構性赤字為主，是結構性改革、經濟發展與社會穩定的必要代價。

三、平衡財政與功能財政理念

平衡財政預算思想包括年度平衡預算和周期平衡預算，平衡財政要求控制赤字，會加劇經濟波動。年度平衡預算要求每個財政年度實現收支平衡，這是大蕭條以前普遍採用的財政政策原則，也是中國在計劃經濟時期長期堅持的"收支平衡，略有結餘"理念。但是，平衡預算會加劇經濟波動，當經濟處於衰退期，財政收入下降，為保持收支平衡，支出也同步下降，這將導致衰退期延長；當經濟處於繁榮期，財政收入上升，支出也同步上升，將加劇經濟過熱和通貨膨脹。周期平衡預算是指，政府收支在一個經濟周期中保持平衡，在衰退期實行擴張性政策，在繁榮期實行緊縮政策，以繁榮期的盈餘彌補衰退期的赤字，在一個周期內實現平衡。但是，這在實踐操作中難以實施，因為很難事先估計繁榮期和衰退期的時間和程度。

功能財政思想是凱恩斯主義的財政思想，認為不能機械地用財政預算收支平衡來對待赤字與盈餘，而應根據逆經濟周期調節的需要，以實現無通脹的充分就業為目標。當國民收入低於充分就業的收入水平時，政府應該實行擴張性財政政策，擴大總需求，不惜出現更大的財政赤字。

四、財政平衡與社會總供求平衡

財政平衡是社會總供求平衡的一個組成部分，必須從國民經濟的整體平衡看待財政平衡。財政平衡本身不是目的，而是總供求平衡（政府部門、私人部門、貿易部門）的一種手段。為實現社會總供求平衡，財政可能出現赤字。

五、赤字的風險

合理的赤字能促進經濟發展和實現改革任務，但過高的赤字容易產生風險。赤字是流量，最終推升存量債務規模，加重利息負擔，導致債務風險；赤字貨幣化很可能導致通貨膨脹；赤字債務化可能對民間投資產生擠出，降低經濟效率。

第三節　當前中國財政赤字情況

總體來看，中國公共財政赤字率較為穩定，實際赤字率已突破 3%，可比赤字率在全球處於中等水平，廣義赤字率較高。

一、赤字是全球現象

財政赤字是一種全球現象，除韓國、新加坡、挪威等常年保持財政盈餘外，大多數經濟體在大部分年份保持財政赤字。韓國、新加坡、挪威2018 年財政盈餘 /GDP 分別為 2.6%、3.6%、7.3%。1978 年至今，中國僅在 1978、1981、1985 和 2007 年出現微小盈餘，其他年份均為赤字。

從區域看，發達國家財政赤字率波動性較大，但近年來赤字率下降到低於發展中國家的水平，金磚國家明顯偏高。在金融危機的衝擊下，財政收入迅速下行且逆周期調節的支出增加，赤字率擴大；在經濟復甦繁榮時期，財政收入增速回升，赤字迅速縮小。近年來，伴隨著全球尤其是發達經濟體經濟的復甦，發達經濟體的赤字率下降，低於新興市場和中等收入經濟體（見圖 8.1）。2007—2010 年，美國赤字率分別為 2.9%、6.6%、13.2%、11%，經濟復甦後迅速回落到 2015—2018 年的 3.6%、4.3%、4.5%、5.7%；2007—2010 年，法國赤字率分別為 2.6%、3.3%、7.2%、6.9%，其後回落到 2018 年的 2.5%；日本赤字率在 2009 年高達 10.2%。2018 年發達經濟體赤字率平均為 2.7%，新興發展中經濟體平均赤字率為3.9%，金磚國家除俄羅斯實現財政盈餘外（財政盈餘 /GDP 為 2.9%），赤字率普遍較高，巴西、印度和南非分別為 7.2%、6.4% 和 4.4%。

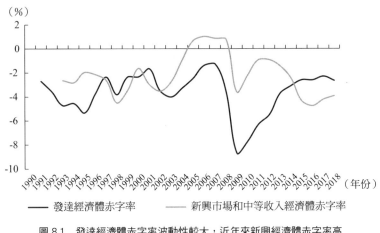

圖 8.1　發達經濟體赤字率波動性較大，近年來新興經濟體赤字率高

資料來源：IMF，恒大研究院。

　　但發達經濟體連續多年的赤字導致政府債務率明顯高於發展中經濟體。根據國際清算銀行數據，2018 年發達經濟體，以及新興市場和中等收入經濟體的平均政府債務率分別為 98.4% 和 47.5%（見圖 8.2）。

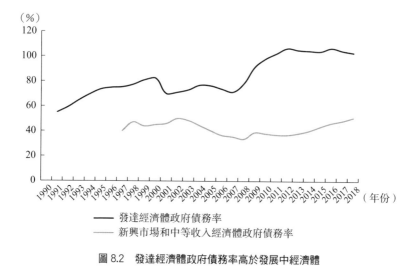

圖 8.2　發達經濟體政府債務率高於發展中經濟體

資料來源：IMF，恒大研究院。

二、中國實際赤字率已突破 3%，廣義財政赤字率已突破 10%

（一）官方赤字率穩定在 3% 及以下，但僅反映調整後的公共財政赤字率

　　中國財政部使用的赤字率僅涉及四本預算中的一般公共預算的赤字，不包括政府性基金預算、國有資本經營預算和社會保險基金預算。計算方法為：

　　赤字＝收入總量－支出總量＝（一般公共預算收入＋使用結轉結餘＋調入預算穩定調節基金、政府性基金預算、國有資本經營預算）－（一般公共預算支出＋補充預算穩定調節基金）

　　政府主要通過調整穩定調節基金、歷年結轉結餘科目，使執行赤字基本上等於預算赤字。

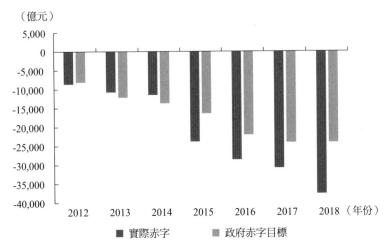

（億元）

圖 8.3　2015 年以來，調整前的實際財政赤字規模高於財政赤字目標

資料來源：財政部各年預算執行情況及預算草案報告。

　　圖 8.3 展現了 2015 年以來，調整前的實際財政赤字規模高於財政赤字目標。2015 年和 2016 年一般公共預算分別調入預算穩定調節基金以及使用結轉結餘資金 8,055 億元和 7,271 億元。2017 年再度大幅使用往年地方的結轉結餘資金，調整後的赤字率，在調入預算穩定調節基金的基礎上，根據國務院《推進財政資金統籌使用方案》，首次調入政府性基金、國有資本經營預算資金進入一般公共預算，合計 10,139 億元。由於經過調整，調整後的赤字率指標常年穩定在 3% 及以下，2017 年為 3%，2018 年為 2.6%，該指標已不能反映實際的財政收支缺口，當前爭議較大的赤字率是否應該突破 3%，即指該指標（見圖 8.4）。

（二）考慮使用結轉結餘、預算穩定調節基金、專項債後的實際赤字率已連續四年突破 3%

　　使用歷年的結轉結餘和預算穩定調節基金，相當於為當年的支出融資。地方政府專項債的規模逐步擴大，2018 年專項債規模已相當於官方

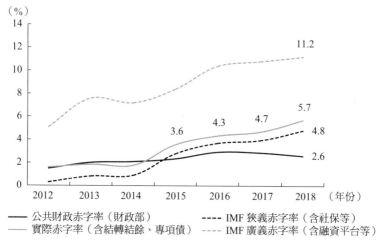

圖 8.4　中國官方赤字率穩定，但實際赤字率和廣義赤字率均突破 3%

資料來源：IMF，恒大研究院。

註：赤字率用正數表示。

赤字（國債＋地方一般債券）的 60%，2019 年已達到 80%，並且本質仍屬於為政府支出的融資。國有資本經營預算和社會保險基金預算整體上"以收定支，不列赤字"。因此，實際赤字在官方赤字的基礎上，還要加上使用的結轉結餘、穩定調節基金及專項債，該指標在 2015 年已突破 3%，達到 3.6%，2018 年達到 5.7%。

　　實際赤字率更能反映中國財政政策的積極程度及政策周期。中國財政政策周期如下。1998 年下半年因亞洲金融危機，適度從緊的財政政策轉向積極的財政政策，1998 年在當年原定財政赤字和債務的基礎上，增發 1,000 億元長期建設性國債，1998—2004 年連續七年實施積極的財政政策，實際赤字率從 1997 年的 0.7% 上升到 2002 年的 2.6%。2005—2008 年上半年實施穩健的財政政策，削減赤字，2005 年的財政赤字率為 1.2%，到 2007 年實現盈餘 0.6%。2008 年的宏觀調控經歷兩次調整，受國際金融危機的嚴重衝擊，2008 年下半年到 2011 年實施積極的財政政策，啟動"四萬億"投資計劃，赤字率從 2008 年的 0.4% 快速上升到 2009 年的 2.2%。2012 年至今繼續實施積極的財政政策，但更加注重預調微調、結構性改革（減稅）、預期管理及財政可持續性，實際赤字率從 2012 年的 1.6% 上升到 2018 年的 5.7%（見圖 8.5）。

實際赤字率與 GDP 增速呈現明顯的負相關關係，財政發揮了逆周期調節的作用。但是當前"控制赤字率在 3% 以內"的呼聲實際上仍是在強調財政收支平衡、控制赤字率的平衡預算理念，不利於發揮逆周期調節作用，也與市場經濟條件下財政事實上發揮的功能不符。

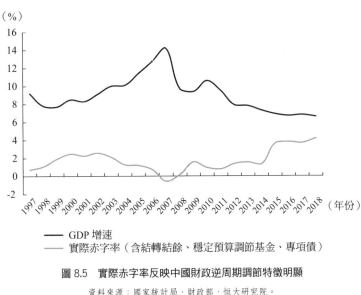

圖 8.5　實際赤字率反映中國財政逆周期調節特徵明顯

資料來源：國家統計局，財政部，恒大研究院。

註：赤字率用正數表示。

（三）從全球可比口徑看，即以 IMF 定義的狹義赤字率（不包括土地出讓收入的四本賬收支差）來看，中國在全球處於中等水平

由於中國政府性基金預算的主體內容為土地出讓收入，為便於全球可比，IMF 剔除土地出讓收支，將政府的四本賬收支差加總構建 IMF 口徑狹義赤字率，即包括公共財政赤字、結轉結餘、調節基金、不含土地出讓收入的政府性基金收支差、專項債、社保基金收支差等。2016—2018年，中國的 IMF 口徑狹義赤字率分別為 3.7%、3.9% 和 4.8%，處於全球中等水平，2018 年高於南非（4.4%）、日本（3.2%）、法國（2.5%）、英國（1.4%），以及有財政盈餘的德國、韓國和俄羅斯，但低於美國（5.7%）。相較其他金磚國家如巴西（7.2%）、印度（6.4%）而言，中國財政穩健（見圖 8.6）。

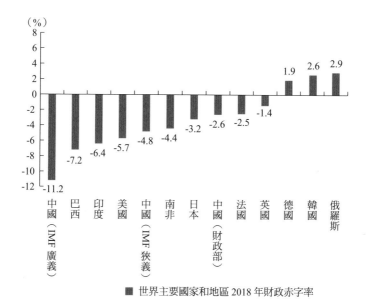

■ 世界主要國家和地區 2018 年財政赤字率

圖 8.6　中國官方和 IMF 狹義赤字率在全球處於中等水平，但廣義赤字率較高

資料來源：IMF，《財政監督》《國際貨幣基金組織 2019 年與中華人民共和國第四條磋商 —— 新聞發佈稿》，恒大研究院。

註：負數代表赤字，正數代表財政盈餘。

（四）考慮到地方融資平台、政府引導基金等準政府活動，以 IMF 構建的廣義赤字率來看，中國廣義赤字率在全球處於偏高水平

在赤字債務化的背景下，政府赤字應該理解為政府收支不足的所有債務融資。中國存在大量的準政府活動，IMF 構建包含專項債、專項建設債、鐵道債、城投債、政策性金融債、PSL（抵押補充貸款）和政府引導基金等的廣義赤字率。2015—2018 年的地方政府專項債券分別為 1,000 億元、4,000 億元、8,000 億元和 13,500 億元，主要投向有一定收益的基建類項目。2015—2016 年由國家開發銀行、農業發展銀行發行專項建設債，採用設立專項建設基金的方式支持國家重大項目建設，中央財政按照債券利率的 90% 給予貼息支持，分別為 8,000 億元和 10,000 億元，2017 年發行約 2,000 億元，此後未再發行。2015—2018 年鐵路總公司發行的鐵道債分別為 1,600 億元、1,330 億元、1,440 億元和 1,150 億元。2015—2018 年城投債淨發行額分別為 11,315 億元、14,862 億元、5,615 億元和 4,945 億元。2015—2018 年三大政策性銀行履行政府投融資職能，發行的政策性金融債分別為 10,678 億元、14,599 億元、12,023 億元和 9,903 億元。2015—2018 年央行為棚改、扶貧、農村基建等重點項目發放的 PSL 分別為 6,981 億元、9,714 億元、6,350 億元和 6,919 億元。考慮到上述因素，2015—2018 年的赤字率上升為 9.2%、11.1%、7.8% 和 8.2%。IMF 同時估算了政府引導基金等其他預算外活動，測算的廣義赤字率繼續上升為 8.4%、10.4%、10.8% 和 11.2%。

以 IMF 廣義赤字率衡量，中國赤字率在全球處於較高水平，僅低於委內瑞拉（31.8%）、津巴布韋（12.7%）等惡性通貨膨脹國家。

第四節　赤字不應受限的理由

從國際經驗和當前國內情況看，公共財政赤字率不應受 3% 的限制，主要基於六個理由。

第一，從歐盟和其他主要國家的財政實踐看，3% 並非絕對紅線，逆周期調節突破 3% 為普遍現象。

當前國際上 3% 的赤字率警戒線來源於歐盟 1993 年生效的《馬斯特里赫特條約》，赤字率低於 3% 和債務率低於 60% 是各成員國加入歐盟的門檻，該項財政紀律旨在支撐強勁的歐元。當德國提出赤字率控制在 1% 的提議被否決後，各國通過政治談判而非科學測算設置了赤字率在 3% 的約束。歐盟 1997 年《穩定與增長公約》進一步確定了財政政策協調的規則，實施過度財政赤字的條件，出現過度赤字的懲罰措施，建立預警機制監督各國財政狀況的發展等，保證在中期內（1997—2004 年）實現財政基本平衡或者略有盈餘。"過度赤字程序"要求違規成員國繳納佔其 GDP 0.5% 的不付利息的存款，如在此後兩年內財政赤字情況沒有好轉，這筆存款就會轉為罰金。但是歐洲央行成立後，歐元區貨幣政策統一，各國僅限於實施財政政策調節經濟，部分國家的低增長、高福利必然導致高赤字率和債務，赤字率 3% 成為軟約束，即使成員國違反也未能執行懲罰。歐盟赤字率在 1995 年、1996 年分別為 7.2% 和 4.2%，2009—2013 年分別為 6.7%、6.4%、4.5%、4.3% 和 3.3%，均突破 3%。美國、日本、德國、法國、英國在金融危機時期均突破 3%（見圖 8.7），部分金磚國家如印度常年突破 5%（見圖 8.8）。

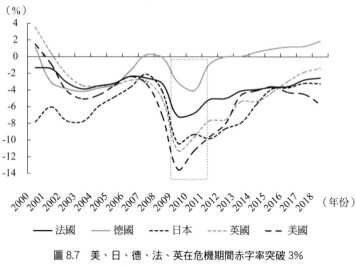

圖 8.7　美、日、德、法、英在危機期間赤字率突破 3%

資料來源：Wind，恒大研究院。

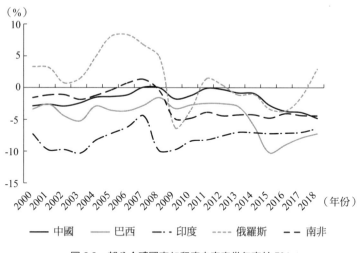

圖 8.8　部分金磚國家如印度赤字率常年高於 5%

資料來源：Wind，恒大研究院。

第二，從中國經濟來看，宏觀經濟下行期需加強逆周期調節，提高赤字率，支持大力度減稅降費，"放水養魚"。

當前經濟下行，有潛在增長率下降的趨勢性因素，也有外部性、周期性和政策性因素疊加。疫情同時衝擊供給和需求，雖然由於部分地方政府"一刀切"的做法影響復工，直接從供給端影響國民經濟，但總體上中國仍主要是總需求不足。

微觀層面，經過連續幾年的減稅降費，中國宏觀稅負有所下降，企業承擔的總稅率下行，但在全球仍處於偏高水平。在美國掀起全球減稅大潮的背景下，有必要繼續減稅降費。根據世界銀行數據，2018 年中國企業總稅率（佔利潤比重）為 64.9%，較 2017 年下降 2.4 個百分點，但與主要國家和地區相比仍偏高，較世界平均水平高 24.5 個百分點，較美國、越南分別高 21.1 和 27.1 個百分點，製造業面臨轉移的壓力（見圖 8.9）。

提高赤字率，有利於打開基建投資補短板、減稅降費、"放水養魚"的空間，有助於擴內需、降成本、穩預期。

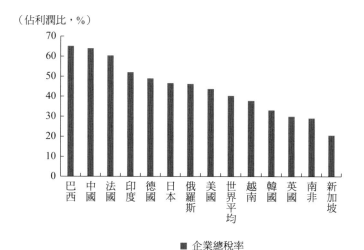

（佔利潤比，%）

■ 企業總稅率

圖 8.9　2018 年中國企業總稅率有所下降，但在全球仍處於較高水平

資料來源：世界銀行，恒大研究院。

第三，公共赤字率已不能反映真實情況，3% 的紅線已缺乏實際意義，應從廣義赤字率的高低判斷財政積極與否，在財政"堵偏門"的背景下，應該"開正門"提高公共財政赤字率。

如前所述，應從廣義財政赤字角度看待財政積極與否，避免出現類似於 2018 年公共財政赤字率下調、金融去槓桿與財政清理整頓疊加導致廣義財政偏緊、基建投資大幅下滑的局面。在財政"堵偏門"的背景下，應該"開正門"提高公共財政赤字率，使隱性赤字和債務顯性化。

第四，中國政府債務率在國際上偏低，政府部門尤其是中央政府具有加槓桿空間；債務風險的根源是財政體制和考核機制，而非赤字規模本身。

控制赤字主要是基於控制債務、通脹和擠出效應風險的考慮。其中，債務風險尤其關鍵，但赤字本身並不造成風險，產生風險的是不健全的財政體制和考核機制。

（1）中國政府債務率在國際上處於較低水平，風險可控。根據國際清算銀行的數據，2018 年底中國政府部門債務率（49.8%），低於日本（203%）、意大利（134.9%）、法國（99.5%）、美國（98.6%）、英國（85.5%）、印度（67.2%）、德國（61.8%）、南非（58.8%）、G20 平均水平（81.5%），略高於新興市場平均水平（47.5%），見圖 8.10。即使考慮隱性債務，IMF 測算的中國廣義政府債務率（包括融資平台和其他隱性債務）為 72.7%，仍低於主要發達經濟體。中國中央政府債務率較低，2018 年底為 16.3%，具備增加赤字和槓桿的空間。圖 8.11 展現了 2008 年以來，全球主要經濟體政府部門均在加槓桿。

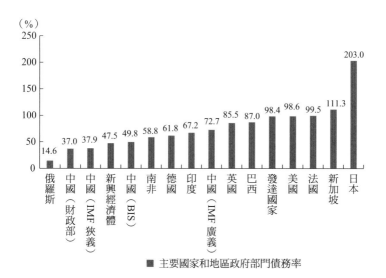

圖 8.10　中國官方和 BIS 可比政府債務率在全球處於中低水平，廣義債務率處於中等水平

資料來源：BIS，IMF，恒大研究院。

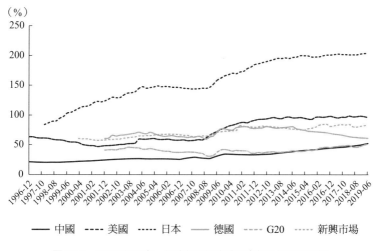

圖 8.11　2008 年以來，全球主要經濟體政府部門均在加槓桿

資料來源：BIS，恒大研究院。

（2）雖然中國政府利息支出增速較快，但是利息支出 / 財政收入在全球處於中等偏低水平。財政部數據顯示，2017—2019 年，中國債務付息支出分別為 6,185 億元、7,345 億元和 8,338 億元，同比分別增長 21.9%、18.8% 和 13.5%，增速較高。但從佔比看，根據 IMF 測算，中國政府利息支出 / 財政收入在 2017 年為 3.3%，高於法國（3.2%）、德國（1.8%）和俄羅斯（1.5%），但低於印度（24%）、巴西（20.3%）和南非（12.6%）等新興經濟體，以及美國（5.4%）、英國（4.8%）等發達經濟體。

（3）赤字本身並非債務風險的根源，根源在於財政體制和考核機制。赤字率提高 0.1 個百分點對應的赤字（債務）規模約為 1,000 億元，不足以大幅推升債務風險。但是地方政府在預算外的無序、大規模舉債卻可能造成巨大風險，根源在於：中央和地方事權和支出責任劃分不到位，地方承擔過多支出責任；中央對地方的考核長期以 GDP 為主，"新官不理舊賬"，地方政府過度負債。在政府加槓桿的過程中需要強調財政紀律約束、問責，解決預算軟約束問題，完善地方債務管理機制，避免重走投資依賴和無節制推升債務之路，尤其要避免預算內加槓桿、金融過度放鬆，同時避免隱性債務以更大的規模擴張。對於優質、有現金流的項目可以通過增加專項債券予以支持。

（4）1998 年和 2008 年遭遇金融危機的時候，中國赤字率均被控制在 3%，但目前的形勢不同於當年。一方面，當前經濟增速下行，並且開啟減稅降費，財政收入增速僅為個位數（2017—2019 年分別為 7.4%、6.2% 和 3.8%），遠低於 1997 年、1998 年的 14.2% 和 15.9%，以及 2007—2009 年的 32.4%、19.5% 和 11.7%，財政可調配的資金有限。另一方面，隨著預算法修訂並實施、財政整頓，赤字和債務隱性化的空間縮小，不得不提高赤字。

（5）中國是以公有制為主體的國家，政府擁有大量的國有資產，可承受更多債務。2018 年底全國國有企業（不含金融企業）、國有金融企業、全國行政事業單位的資產總額分別為 210.4 萬億元、264.3 萬億元和 33.5 萬億元，相較西方具備更大的舉債能力。

第五，赤字確實可能產生通脹和擠出效應，但當前中國經濟的主要矛盾是通縮而非通脹，是經濟下行而非總需求過熱。當赤字和政府支出規模上升，匹配以適當的降息，不會產生總量的擠出效應。

第六，要從全局和國家治理角度考慮風險問題，單純控制債務風險可能引發更大的風險。

經濟下行時期，控制赤字率，實施逆周期調節的力度有限，雖控制了財政風險，但卻會引發更大的風險：企業負擔加重、經濟快速下行、失業率上升和社會不穩定等。財政風險不只是財政的部門風險，還要考慮國家治理風險。

第五節　平衡財政轉向功能財政

建議財政政策更積極，平衡財政轉向功能財政，上調赤字率和專項債發行規模，赤字和專項債達到兩個"三萬億"，支持減稅和新基建是兼顧短期擴大有效需求和長期增加有效供給的最簡單有效的辦法。

第一，適度擴大赤字尤其是中央財政赤字，赤字率可突破 3%，增加專項債額度，上調至 3 萬億 ~3.5 萬億元，為減稅降費和增加支出穩基建騰出空間，尤其是新基建。中央政府加槓桿空間較大，基建投資可適度超前。中央政府槓桿率較低，主權信用融資成本也低，在地方政府和私人部門受資產負債表約束需求疲軟之時，中央政府應主動加槓桿以承接和轉移宏觀槓桿，適度擴大赤字，發揮財政政策的乘數效應。中國仍是發展中國家，東西部發展差異極大，投資空間巨大。基建投資適度超前，不僅能夠節約成本，而且將帶動地方經濟發展和提高人民生活水平。

第二，優化減稅降費方式，從當前主要針對增值稅的減稅格局轉為降低社保費率和企業所得稅稅率，提升企業獲得感。當前減稅降費政策對於激發企業投資活力，促進消費支出增長方面起到了重要作用，但從效果看，當前財政政策仍有進一步完善的空間。一是繼續下調社保繳費率 3 個百分點，其中養老、醫療保險繳費率分別下調 1 和 2 個百分點。世界銀行發佈的《2020 年營商環境報告》顯示，2019 年中國企業總稅率（企業負擔稅費與社保繳費 / 稅前利潤）為 59.2%，較 2018 年降低，取得了明顯的改革成果，但仍高於經合組織成員均值、美國和越南 19.3、22.6 和 26.0 個百分點。其中原因主要是社保負擔過重，2019 年中國企業（北京）含五險一金的總社保繳費率 39.8%，遠高於美國的 8.2%、韓國的 6.1%、日本的 10.1% 等，也遠高於其他金磚國家均值的 21.9%。二是下調企業所得稅稅率至 21%，與美國聯邦企業所得稅稅率相當。中國 2019 年減稅降費超過兩萬億元，但企業的獲得感不強，主要原因是減稅集中在增值稅，增值稅本質為價外稅，並不與企業盈利直接掛鉤；並且民營企業和中小企業議價能力弱，從增值稅減稅中受益較少。減企業所得稅能直接增加企業利潤，並且使減稅普惠化，惠及民營和中小企業。

第三，增加國有企業利潤上繳比例，避免財政收入增速下行背景下地方政府出現 "亂收費" 等惡化營商環境的行為。當前財政形勢嚴峻，地方政府為保財政收入平衡而向企業加大徵收力度，導致不能真正落實減稅降費，在中美貿易摩擦、疫情衝擊的大環境下，儘可能避免企業大規模破產倒閉和失業潮極為關鍵。國企利潤上繳有利於緩解財政壓力。

第四，削減民生社保之外的開支，精簡機構人員，優化支出結構，提高財政支出效率。當前財政結構固化嚴重，支出易上難下，導致政府財政規模持續擴張，必須從提高治理效能的角度優化支出結構，轉移到與

"人"相關的民生支出。

　　第五，改革財政體制，給地方放權，穩定增值稅中央和地方五五分成，落實消費稅逐步下劃給地方。

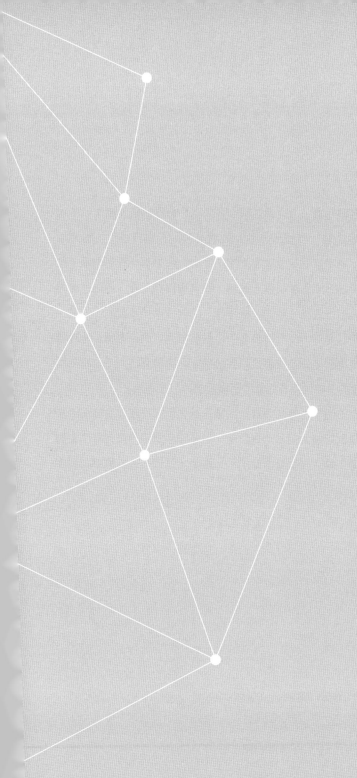

第九章

全球六次金融大危機的啟示

縱觀全球歷次金融危機，內在邏輯都在於債務和槓桿的快速積累和不可持續，高槓桿是風險之源。從根源來看，貨幣超發、金融自由化、監管缺位、銀行放貸失控、過度投機是危機的土壤。從導火索來看，政策收緊、監管趨嚴、流動性退潮等外部衝擊引爆了危機。從傳導機制來看，金融危機通過資產負債表衰退向銀行危機、經濟危機傳導，國內危機通過貿易、外需、金融市場等鏈條向全球傳導。從影響來看，金融危機對經濟、金融、社會穩定造成全面衝擊。從應對來看，緩解流動性危機，修復償債能力，及時阻斷風險蔓延，政策應對的及時性與有效性將影響危機的破壞程度。

　　歷次危機的實踐證明，正確的危機應對措施是先通過貨幣政策緩解流動性危機，再通過財政政策擴大需求走出衰退。新基建經濟學是應對經濟金融危機的一次思想革命，是人類社會認知的一大進步，我們長期旗幟鮮明地倡導新基建。*

---

* 本章作者：任澤平、石玲玲、馬家進、王孟嫫、范城愷。

第一節　金融危機的內在邏輯

金融危機是一個永恆的現象。時代在變，但人性像山嶽一樣古老。人性是健忘的，從貪婪到恐慌，周期背後是人性的輪迴。周期在繁榮的頂點之後就會迎來危機。

每一次都有人說“這次不一樣”，但內在邏輯實際上都一樣。貨幣超發、金融自由化、監管放鬆、過度投機是金融危機的土壤，高槓桿是風險之源和火藥桶。銀行業危機和資產負債表衰退是金融危機向經濟危機蔓延的機制。全球化背景下，各國很難獨善其身，危機會通過貿易、外需、產業鏈、資本流動、金融市場、外匯、房地產等傳導。危機有自我拓展路徑，面對流動性危機、金融危機、經濟危機、社會危機、政治危機、軍事危機，及時阻斷傳導鏈條很重要，但也要兼顧道德風險。縱覽各次金融危機，實質都是債務危機或槓桿危機，無非是表現形式不同。國外債務危機主要是債務違約、匯率貶值和資本出逃，國內債務危機主要是通貨膨脹、資產價格泡沫和貨幣貶值。

一、危機的起源

金融危機來自債務和槓桿的快速積累和不可持續。

（一）融資行為的三種類型

根據不同債務人的類型結構和收入—債務關係，可以將融資行為分為三種類型。

第一，對沖性融資：債務人穩健保守，債務負擔較少，未來現金流足夠償還債務本金和利息，是最安全的融資行為。

第二，投機性融資：債務人的不確定性開始增強，未來現金流僅能夠償還債務利息，而債務本金則需要不斷滾動續期，是一種利用短期資金為長期頭寸進行融資的行為。

第三，龐氏融資：債務人的未來現金流既不能覆蓋本金，也不能覆蓋利息，只能靠出售資產或者進行新的再融資來履行支付承諾。

對沖性融資屬於好的加槓桿，債務本息能夠被未來現金流完全覆蓋，不存在違約風險，參與其中的所有人均能受益。龐氏融資屬於壞的加槓桿，債務的持續不是依靠穩定的未來現金流，而是建立在對於未來資產價格繼續加速上漲的盲目樂觀和虛幻想象之上，一旦資產泡沫破滅，龐氏融資的結局必然是違約和崩潰，所有參與者均蒙受巨大的損失。投機性融資則介於好的加槓桿和壞的加槓桿之間，如果能夠在長周期內持續，則類似於對沖性融資，屬於好的加槓桿；而如果在長周期內無法維持，則接近於龐氏融資，屬於壞的加槓桿。因此對於投機性融資需要加強監管，使其更靠近對沖性融資這類好的加槓桿，遠離龐氏融資這類壞的加槓桿。

如果經濟中對沖性融資等好的加槓桿佔主導，則經濟是健康和穩健的；而如果部分投機性融資以及龐氏融資等壞的加槓桿佔比過大，則經濟金融體系將會變得非常脆弱，危機可能一觸即發，迎來“明斯基時刻”。

（二）引發危機的三個階段

凱恩斯所說的“動物精神”支配著經濟中的各個參與主體，因此在經濟的加槓桿周期中，總是存在由好的加槓桿向壞的加槓桿轉變的不良傾向。對沖性融資等好的加槓桿佔比越來越低，而部分投機性融資以及龐氏融資等壞的加槓桿佔比越來越高，直到有一天加槓桿周期走到盡頭，經濟掉頭向下，進入去槓桿周期。

風險累積並最終引發危機的過程可分為三個階段。

第一個階段，經濟上升期，以對沖性融資為主。經濟形勢向好，企業經營業績優異，為了獲取更大的利潤，於是增加借貸，擴大生產，槓桿率上升。但是企業債務負擔不重，未來盈利足以償還債務本息。經濟增長與加槓桿實現良性互動，資產價格上升具有基本面支撐。

第二個階段，經濟持續繁榮，投機性融資活躍。隨著經濟長期繁榮，無論是借款者還是貸款者都過度樂觀，風險偏好不斷提高。企業不斷貸款擴大生產規模，產能逐步擴張甚至出現過剩。企業的現金流只能償還負債的利息，本金則通過債務滾動實現續期。資產價格持續攀升，交易的投機性持續增強，投資者不斷加槓桿，期望通過未來資產價格上漲來獲利並償還債務。經濟總槓桿率加速上升，資產價格逐步偏離基本面。

第三個階段，大規模龐氏融資，泡沫最終破滅。資產價格漲幅巨大並繼續上升，財富幻覺導致整個市場陷入狂熱，出現大規模的龐氏融資。現金流不但無法償還債務本金，甚至無法覆蓋利息，債務只能不斷滾動擴大。資產價格已經嚴重偏離基本面，風險巨大，市場變得極度脆弱，某個負面消息的出現可能導致整個市場全面崩潰。市場出現恐慌，紛紛拋售資產回收流動性，結果導致資產價格大面積大幅度下跌。資產價格的全面下跌進一步引發市場的拋售，加劇市場的踩踏行為，形成惡性循環，金融危機爆發。經濟陷入"債務—通縮"循環，各經濟主體開始漫長而痛苦的去槓桿進程。

二、危機的深化

危機的初始階段是流動性危機，流動性危機若繼續蔓延和深化，將演變為金融危機和經濟危機。歷史告訴我們，高槓桿是風險之源，哪裏槓桿高，哪裏就藏著脆弱性和風險點。比如，2008 年美國次貸危機時期的房地產、影子銀行和大規模次級抵押貸款證券衍生品，1998 年亞洲金融風暴時期的外債，1990 年日本房地產泡沫危機時期的房地產和銀行。

資產負債表衰退和"債務—通縮"循環是金融危機向經濟危機的傳導機制，就是經典金融周期中的"去槓桿"階段。

典型的資產負債表衰退演化模式是：企業資產負債表失衡，負債嚴重超過資產，陷入技術性破產的窘境。在這種情況下，企業將其目標從"利潤最大化"轉為"負債最小化"，在停止借貸的同時，將所有可用現金流都用於債務償還，不遺餘力地修復受損的資產負債表，因此出現了即便銀行願意繼續發放貸款也找不到借貸方的異常現象。最終，信貸緊縮，流動性停滯，經濟陷入長期衰退。

典型的"債務—通縮"循環演化模式如下：企業由於債務清算而不得不將其資產和產品廉價銷售，從而導致物價總水平下跌，出現通貨緊縮。通貨緊縮的出現導致實際利率上升，企業債務負擔加重，於是企業進一步變賣資產和產品，由此加劇通貨緊縮，物價螺旋式下跌，而債務負擔螺旋式上升。結果就是實際利率上升，貸款和投資減少，經濟陷入衰退。

第二節　主要的金融危機案例研究

我們回顧了歷史上全球六次重大的金融危機，從起源、導火索、傳導機制、影響和應對五大維度進行分析。

一、2020 年美國流動性危機

十年一輪，2020 年新一輪全球經濟金融危機來襲，疫情是導火索，根源是長期貨幣超發下的經濟金融社會脆弱性。2008 年國際金融危機至今，12 年過去了，美、歐主要靠量化寬鬆和超低利率，導致資產價格泡沫、債務槓桿上升、居民財富差距拉大、社會撕裂、政治極化、貿易保護主義盛行。其中，美國股市泡沫和企業高債務槓桿是兩大相互關聯的火藥桶。從金融周期的角度來看，這是一次總清算，該來的遲早會來。

（一）起源：長期貨幣超發下的股市泡沫和企業高債務

槓桿是風險之源，哪裏槓桿高，哪裏就藏著脆弱性和風險點，長期低利率催生的股市泡沫和企業高債務將是這一輪金融危機的潛在引爆點。

低利率環境下，上市公司發債進行股票回購和分紅，市場同質化交易增加，共同推高股市泡沫。一方面，股票回購和分紅是美股持續走牛的重要原因，除了擁有大量現金的公司外，部分公司出於市值管理或投機套利的目的，通過發債的方式籌集資金回購股票，做大每股收益，推高股價。另一方面，長期低利率壓低了養老基金、保險公司等機構投資者的資產收益率，促使其將資金投向股市。量化交易、指數基金等被動投資逐漸盛行，增大了市場交易的同質性。處於牛市時，同質化的交易行為快速推升股價。多重因素驅動下，2009—2020 年，美國股市延續了近 11 年的史上最長牛市。

企業部門槓桿率快速上升，償債能力持續下降，高風險企業債佔比擴大，醞釀風險。第一，企業部門槓桿率快速上升。2008 年金融危機後，美國居民部門槓桿率持續下降；政府部門槓桿率快速攀升，但 2014 年後基本平穩；非金融企業部門在危機初期受衝擊去槓桿，但隨後槓桿率快速反彈，超過危機前的水平，甚至高於居民部門的水平，見圖 9.1。第二，企業部門償債能力持續下降。美國非金融企業部門的償債比率（當期應付本息／當期收入）遠高於居民部門和整體非金融私人部門，並且持續上升，位於歷史相對高位。第三，美國高風險企業債佔比持續擴大。2008—2018 年非金融企業債券餘額從 2.2 萬億美元大幅升至 5.7 萬億美元，其中 BBB 級企業債增加了近 2 萬億美元，佔比從 36.4% 上升至 47.4%。

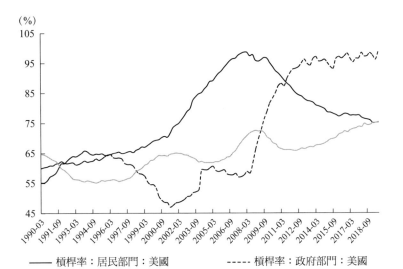

圖 9.1　美國非金融企業部門槓桿率快速上升

資料來源：Wind，恒大研究院。

（二）導火索：疫情全球大流行

新冠肺炎疫情在全球快速蔓延，衝擊全球經濟，點燃危機導火索。第一，疫情全球大流行。截至 2020 年 4 月 30 日，全球累計確診病例超過 315 萬例，累計死亡病例近 22 萬例。美國是重災區，累計確診病例超過 100 萬例，累計死亡病例超過 6 萬例。第二，疫情衝擊下全球經濟面臨衰退。從供給端來看，企業面臨經營受阻、停工停產、產業鏈斷裂問題；從需求端來看，疫情防控導致需求大幅下挫。4 月 14 日 IMF 發佈的《世界經濟展望》預測，2020 年全球經濟收縮 3%，其中美國、歐元區和日本 GDP 分別下降 5.9%、7.5% 和 5.2%。第三，點燃危機導火索。經濟停擺將危及企業經營和現金流、居民就業和收入，衝擊企業償債能力和金融體系正常運轉，在股市泡沫、企業槓桿高企的背景下，成為危機的導火索。

自 2020 年 2 月 20 日開始，美股持續下跌，高收益債利率快速上行。2 月 20 日─3 月 9 日，美國三大股指在 20 天內下跌幅度均高達 20%，見圖 9.2。美銀美國高收益企業債收益率上行幅度超過 200BP，見圖 9.3。

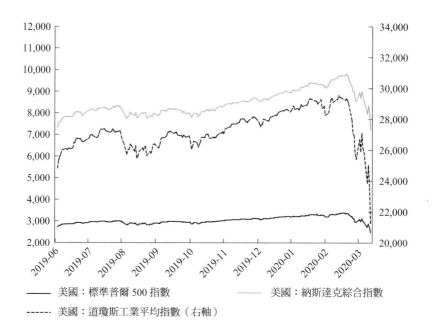

圖 9.2　美國股市大幅下跌

資料來源：Wind，恒大研究院。

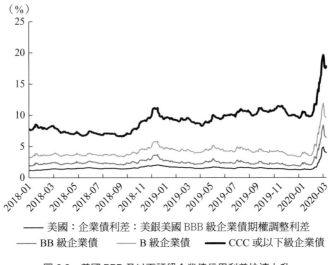

圖 9.3　美國 BBB 及以下評級企業債信用利差快速上升

資料來源：Wind，恒大研究院。

（三）傳導：保證金及贖回壓力加劇資產拋售，原油戰推升違約風險

同質化交易、保證金及贖回壓力加劇資產拋售，市場恐慌性追逐流動性。一方面，量化交易、指數基金等被動投資盛行，市場交易同質性強。一旦轉入熊市，被動止損造成大規模拋售，市場流動性枯竭，陷入下跌螺旋。另一方面，股市持續下跌，基金淨值大幅回撤，廣義基金面臨保證金追加及投資者大量贖回，資金壓力大幅上升。基金恐慌性追逐流動性，拋售變現能力強的資產，進一步加劇市場下跌。

供需雙重衝擊下，原油價格暴跌，加劇了市場對更廣泛債務違約的擔憂。疫情衝擊全球經濟與石油需求，疊加 3 月初 "OPEC（石油輸出國組織）＋未達成減產協議"、沙特增產，國際油價暴跌，4 月原油期貨價格跌至負數，見圖 9.4。根據穆迪數據，截至 2023 年北美油氣行業將面臨 2,400 億美元的債務到期，其中 B 級債券於 2020 年將佔比 15% 以上。美國的頁岩油平均收支平衡價格在 40 美元 / 桶以上，當前油價已低於其生產成本。假如未來油價持續低迷，原本償債壓力巨大的美國頁岩油企業很可能出現破產和債務違約，繼而危及債券市場。原油價格戰導致市場對違約風險的擔憂加劇，高收益債利率進一步加速上行。

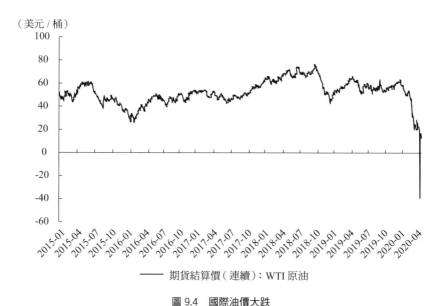

（美元／桶）

—— 期貨結算價（連續）：WTI 原油

圖 9.4　國際油價大跌

資料來源：Wind，恒大研究院。

（四）影響：股債雙殺、黃金大跌、流動性危機

2020 年 3 月 9 日開始，美國金融市場出現顯著的流動性危機。股票、債券、黃金價格同步大幅下跌，市場恐慌性追逐流動性，美元指數快速上漲，流動性危機爆發。同時，由於金融市場的傳染與關聯性，危機衝擊全球金融市場。

美股暴跌，十天內四次熔斷，恐慌指數超過 2008 年金融危機最高點，全球股市均大幅下跌。第一，美股：2020 年 3 月 9 日、12 日、16 日、18 日，四次熔斷，創歷史紀錄。道瓊斯工業平均指數、納斯達克指數、標普 500 指數最低點較最高點跌幅均超 30%，見圖 9.5。3 月 16 日恐慌指數 VIX 高達 82.69，甚至超過了 2008 年金融危機時的最高點 80.86，見圖 9.6。第二，全球股市：英、法、意、德等歐洲國家與日、韓等亞洲國家均跌入熊市，全球主要股指在一個月內跌幅普遍超過 30%。

股債雙殺，美國國債收益率快速上升，投資級、投機級債券全面下跌，全球債市普遍下跌。第一，美國：利率債方面，股市大跌，資金尋求安全資產，股債之間存在"蹺蹺板效應"，因此長期國債收益率本該下行。但 2020 年 3 月 9 日之後卻出現了"股債雙殺"，說明市場亟需流動性，投資者拋售長期國債以回籠資金，從而推高國債收益率，見圖 9.7。信用債方面，投資級、投機級債券全面下跌，十天內收益率上行幅度分別超過 150、350BP，見圖 9.8。第二，全球：3 月 9 日後，英、法、德、中等主要經濟體十年國債收益率均暫停前期下行趨勢，十天內上行幅度高達 50BP。

2020 年 2 月 19 日—3 月 20 日主要股指表現

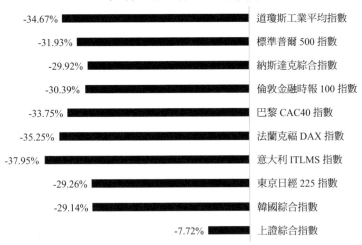

圖 9.5　美、歐、日、韓股市大跌，進入技術性熊市

資料來源：Wind，恒大研究院。

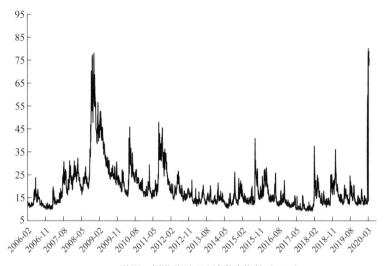

美國：標準普爾 500 波動率指數（VIX）

圖 9.6　恐慌指數超過 2008 年金融危機最高點

資料來源：Wind，恒大研究院。

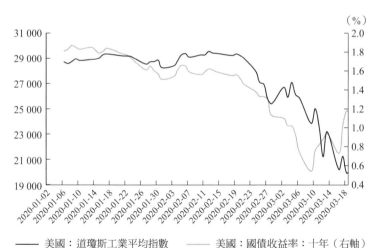

美國：道瓊斯工業平均指數　　　美國：國債收益率：十年（右軸）

圖 9.7　美國十年期國債收益率快速上升，股債雙殺

資料來源：Wind，恒大研究院。

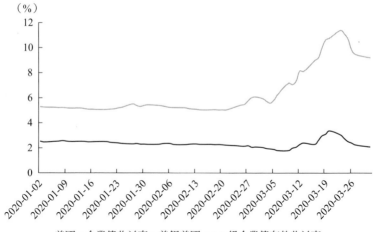

—— 美國：企業債收益率：美銀美國 AAA 級企業債有效收益率

—— 美國：企業債收益率：美銀美國高收益企業債有效收益率

圖 9.8　投資級、投機級債券全面下跌

資料來源：Wind，恒大研究院。

　　黃金價格大跌，避險資產不避險。黃金作為傳統的避險資產，在爆發重大風險事件時能夠發揮一定的風險對沖作用。但當市場出現流動性危機時，黃金同樣會被拋售，2008 年黃金價格最大跌幅高達近 30%，見圖 9.9。2020 年 3 月 9 日之後股債雙殺，黃金價格同樣大幅下跌，八個交易日內跌幅超過 10%，見圖 9.10。

　　流動性危機，美元指數飆升。流動性危機發生時，所有風險資產同步下跌，相關性趨近於 1，資產組合理論和風險平價策略失效。所有籃子都被打翻時，沒有一顆雞蛋是安全的。市場恐慌性地追逐流動性，資金需求快速上升，但資金供給更加謹慎。美元指數飆升，2020 年 3 月 9 日—23 日，美元指數從 95 上漲至 102，漲幅高達 7%，見圖 9.11 和圖 9.12。

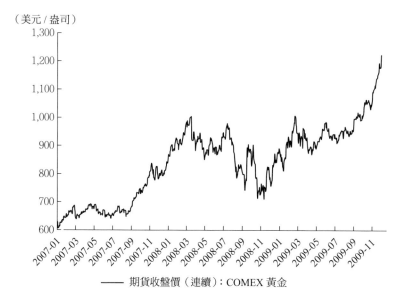

圖 9.9　2008 年黃金價格大跌近 30%

資料來源：Wind，恒大研究院。

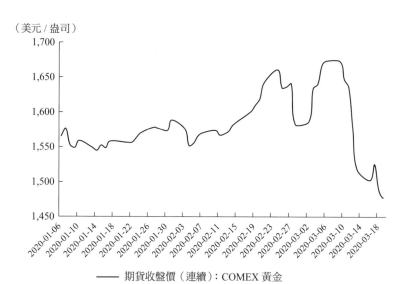

圖 9.10　2020 年 3 月黃金價格大跌超 10%

資料來源：Wind，恒大研究院。

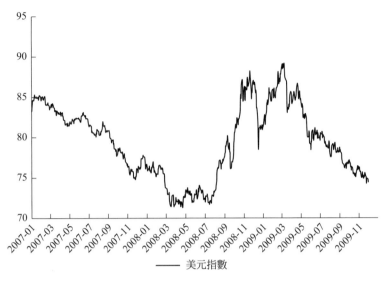

圖 9.11　2008 年金融危機時美元指數暴漲

資料來源：Wind，恒大研究院。

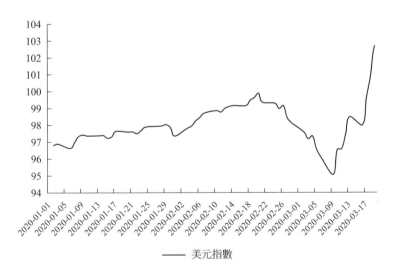

圖 9.12　2020 年 3 月美元指數飆升

資料來源：Wind，恒大研究院。

（五）應對：“QE＋零利率＋財政刺激”迅速發力，緩解流動危機，但飲鴆止渴

　　流動性危機在美國政府的強力救助下暫時得到緩解，但危機只是被推遲了。美國政府應對危機反應速度快，救助力度大，貨幣政策、財政政策全面發力。2020 年 3 月 24 日後，美股反彈、黃金價格上漲、美元指數回落，流動性危機緩解。但金融危機只是被推遲了，深層次的經濟金融脆弱性並未消除，並埋下長期更嚴重的經濟金融社會問題。

　　貨幣政策方面，為避免流動性危機演變為金融危機，美聯儲履行最後貸款人職責，為市場提供全方位的流動性支持。第一，美聯儲救市政策一步到位，速度快、幅度大。3 月 3 日、15 日，美聯儲兩次緊急降息，兩周內將基準利率降低 150BP 至零，同時法定存款準備金率降至零；3 月 23 日推出“無限量 QE”。第二，直接提供流動性支持。3 月中下旬，美聯儲相繼啟動商業票據融資便利（CPFF）、貨幣市場共同基金流動性工具（MMLF）、一級交易商融資便利（PDCF）、一級市場企業信用工具（PMCCF）、二級市場企業信用工具（SMCCF）、資產抵押證券融資工具（TALF）等，向銀行、一級交易商、貨幣市場基金、企業、居民、海外央行等部門直接注入流動性。

　　財政政策方面，美國國會通過 2.3 萬億美元刺激方案，開啟“直升機撒錢”模式。第一，對於企業部門：一方面，實行稅收減免優惠；另一方面，向大企業提供約 5,000 億美元貸款和貸款擔保，設立約 3,500 億美元小型企業基金，小企業如果不裁員，就有機會不用償還貸款。第二，對於居民部門：直接支付現金超過 2,500 億美元，擴充失業保險約 2,500 億美元。第三，對於政府部門：地方政府將獲得約 1,500 億美元的財政援助，聯邦政府將進行超過 3,000 億美元的直接支出。

二、2007 年美國次貸危機和 2008 年國際金融危機

　　流動性過剩、購房政策刺激、金融創新等多方力量催生了 2001—2007 年美國房地產、股市、金融產品等各類資產泡沫。隨著貨幣政策收緊，2008 年美國次貸危機爆發，破壞程度堪稱"百年一遇"，並迅速升級為國際金融和經濟危機。美國通過貨幣、財政、金融等多方面措施穩定金融市場，經濟快速復甦，而世界經濟受到更大打擊，十年後尚未完全走出危機的陰影。

（一）起源：貨幣寬鬆、住房刺激政策和金融創新孕育房地產泡沫

　　貨幣寬鬆導致流動性氾濫。2000 年美國互聯網泡沫破滅之後，為刺激經濟增長，美聯儲連續 13 次降息，聯邦基金利率從 2001 年初的 6.5%降到了 2003 年 6 月的 1%，見圖 9.13。

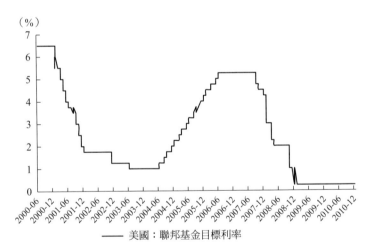

圖 9.13　貨幣寬鬆醞釀危機

資料來源：Wind，恒大研究院。

購房刺激政策和金融市場創新創造窮人購房需求，次級貸款大量發放。為提振經濟並迎合選民，小布什政府推出"居者有其屋"政策，鼓勵中低收入人群購房，並立法要求金融機構向窮人發放貸款。同時，抵押貸款公司的客戶代理人為賺取更多手續費而盲目發展客戶，忽視甚至幫助客戶隱瞞風險，導致次貸過度發放。2001—2006年底，抵押貸款發放規模增加4,070億美元，達到25,200億美元。

資產證券化將風險隱藏並轉移至二級市場，同時創造了更多流動性。眾多抵押貸款公司為獲取營運資金，通過"資產證券化"將手中的住房抵押貸款包裝成抵押貸款證券（MBS）、債務擔保證券（CDO）、信用違約互換（CDS）等多種金融創新產品。這些證券產品經歷多次重新打包和轉手後，市場已經難以分辨其背後的風險，被國內外金融機構大量持有。

流動性過剩和需求刺激催生了地產泡沫。2001—2007年美國房價漲幅遠超過去30多年，至2006年3月，美國名義房價指數在五年時間裏增長了73%，見圖9.14。同時，由於流動性過剩和房價上漲預期，美國房地

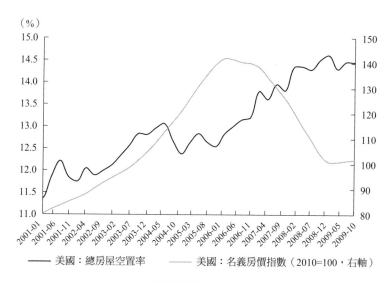

圖 9.14　房價上漲帶動房屋空置率上升

資料來源：Wind，恒大研究院。

產市場持續擴張，住宅投資在總投資中的比重最高達 32%。與此同時，房屋空置率不斷上漲，房地產泡沫浮現。

居民槓桿率不斷攀升，債務風險不斷積聚。在流動性過剩、需求刺激、房價上漲預期、金融風險隱蔽等多方力量的共同推動下，美國居民部門槓桿率快速攀升，由 2001 年初的 69.6% 升至 2008 年初的 98.0%，見圖 9.15。房價高企的背景下，美國住房購買力顯著下降，債務負擔加重，違約風險上升，房地產貸款及相關衍生品的安全性越發薄弱。

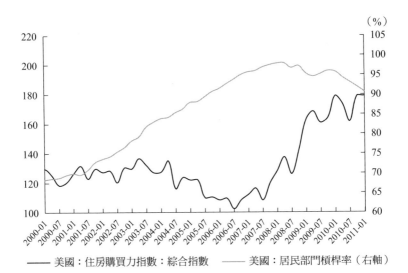

圖 9.15　住房購買力顯著下降，居民槓桿率不斷攀升

資料來源：Wind，恒大研究院。

（二）導火索：貨幣收緊，房價見頂，貸款斷供

貨幣收緊擠破地產泡沫，引爆金融危機。為了抑制經濟過熱，美聯儲於 2004 年中期開始快速加息，聯邦基金利率由 1.0% 升至 5.25%。一方面，高利率抑制居民新增貸款，購房需求減弱，2006 年 7 月開始房價見頂下跌。另一方面，隨著貨幣收緊，抵押貸款利率居高不下，低收入群體

償債壓力加劇，次級貸款的斷供比例開始上升，建立在次貸之上的各種衍生品遭受巨額損失，最終導致房地產和金融泡沫破裂，見圖 9.16。

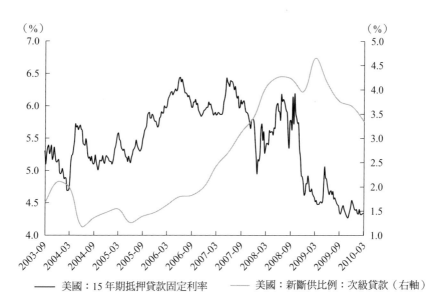

圖 9.16　高利率加劇次貸償債壓力

資料來源：Wind，恒大研究院。

（三）傳導：金融機構受損甚至破產，實體經濟資產負債表衰退

　　首先，直接提供次貸的金融機構受到衝擊。2007 年 2 月，滙豐控股為其美國附屬機構的次貸業務增加 18 億美元壞賬撥備。2007 年 4 月，美國第二大次貸公司新世紀金融公司申請破產保護。隨後，30 餘家次級抵押貸款公司停業。接下來，對沖基金、投資銀行等機構投資者受到衝擊。由於建立在次貸之上的各種衍生品價值縮水，2008 年 9 月全球著名投資銀行雷曼兄弟破產，美林被收購。同時，商業銀行、保險等其他金融機構受到波及。一方面，這些金融機構是次級貸款的參與人；另一方面，房價跳水亦導致抵押品價值縮水，金融機構資產端受損，出現資不抵債的情

況。2009 年，美國有 140 家銀行倒閉，商業銀行巨頭 RBS（蘇格蘭皇家銀行）等歐洲大型銀行紛紛國有化，保險公司 AIG（美國國際集團）被美國政府接管。金融機構危機造成市場恐慌、資產拋售，資產價格進一步下降，資不抵債情況加劇，形成資產負債表衰退循環。

金融體系的崩潰導致信用緊縮，最終危害實體經濟。金融危機後，金融機構放貸變得更加謹慎，美聯儲緊急降息後的低利率環境仍然不足以鼓勵銀行借貸行為，銀行儲備貸款未充分放出，抵押貸款利率居高不下，造成信用緊縮。實體經濟因融資困難而出現裂痕，生產活動急劇下降，眾多公司大量裁員。經濟增長放緩繼續導致居民收入下降，消費和投資活動趨弱，經濟進一步下行，形成實體經濟的衰退循環，見圖 9.17。

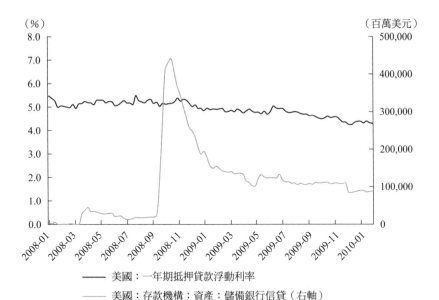

圖 9.17　信用緊縮

資料來源：Wind，恒大研究院。

（四）影響："百年一遇"，蔓延全球

　　金融系統性崩潰，資產縮水程度超過歷次危機。2008 年美國次貸危機全面爆發並迅速發展成金融危機、經濟危機，其嚴重程度堪稱"百年一遇"。過去歷次金融危機中受到較大影響的主要是銀行業，而 2008 年的危機卻波及包括銀行、對沖基金、保險公司、養老基金、政府信用支持的金融企業等幾乎所有的金融機構，整個金融體系受到嚴重打擊。同時，美國經濟泡沫破裂導致資產縮水程度超過歷次危機，其中股市、房市、居民財富等指標的降幅均超過 1930 年"大蕭條"時期。

　　經濟快速復甦，就業緩慢恢復。由於美聯儲和美國政府迅速、大幅度地出台了救市措施，美國經濟快速復甦。對比來看，1853—2013 年全球發達經濟體發生的 63 次金融危機中，平均人均實際 GDP 跌幅為 9.6%，平均衰退持續 2.9 年；而 2008 年金融危機導致的人均實際 GDP 跌幅僅為 5.25%，衰退僅持續 1.5 年，GDP 增速在 2010 年已恢復至 2008 年水平。但是，美國失業率在危機後接近歷史高點，恢復遲緩，在 2016 年才恢復至 2008 年水平。由此可見，次貸危機對實體經濟仍然造成長期壓力，見圖 9.18。

　　美國危機蔓延全球，衝擊世界經濟增長，同時危機後全球主要經濟體長期實行低利率，醞釀了下一次危機。一方面，由於美國住房貸款資產被投資銀行衍生為各類金融產品，轉賣給全球投資者，美國房市、金融市場和全球金融市場緊密聯繫，美國危機通過全球金融體系傳導至各國實體經濟，抑制了世界經濟增長。世界各國 GDP 增速在 2008—2009 年均出現"凹槽"，之後歐元區因債務危機被引爆而再次陷入衰退，日本經濟即使推出 QE 和負利率，也仍長期處於低谷，拉美、澳大利亞等資源豐富的地區和國家的經濟則大幅回落並陷入長期低迷，見圖 9.19。另一方面，次貸危機後，世界主要經濟體為化解危機，長期實施超低利率和流動性寬鬆

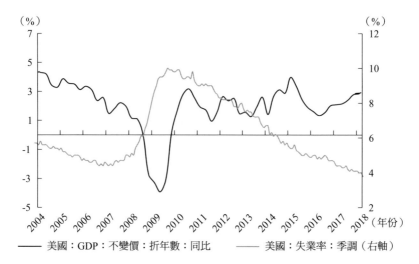

圖 9.18 經濟快速復甦，就業緩慢恢復

資料來源：Wind，恒大研究院。

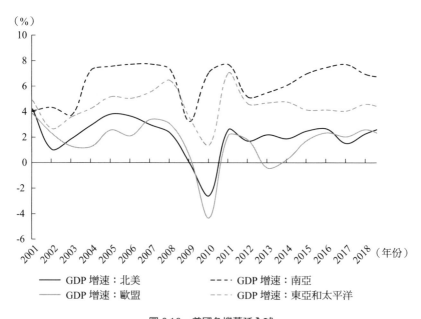

圖 9.19 美國危機蔓延全球

資料來源：世界銀行，恒大研究院。

政策，在擠壓貨幣政策空間的同時也擴大了金融風險敞口，為下一次全球金融危機埋下了伏筆。

（五）應對：貨幣、金融、財政協同發力，力挽狂瀾

美國應對危機的政策組合包括以下五個方面。第一，系統性金融政策。大量運用擔保以防止貨幣和金融市場出現擠兌，在保險公司的擔保支持下分兩個階段對金融系統進行資本重組。第二，貨幣政策。利用美聯儲凌駕於整個銀行系統之上的"最後貸款人"權力，為金融市場提供支持。第三，財政政策。運用強力的財政政策來刺激需求，並促使經濟恢復增長。第四，住房政策。通過多種住房政策組合，防止房企倒閉，控制房價下降速度，降低抵押貸款利率，並對再融資提供援助。第五，國際政策。將美元流動性擴展到全球金融體系，輔以國際合作與凱恩斯式的刺激計劃。

美聯儲迅速降息，創造融資工具，啟動三輪 QE，與全球央行互換貨幣。2007 年 9 月—2008 年 12 月，美聯儲快速將聯邦基金利率目標區間從 5%~5.25% 的高位下調至 0~0.25%。2007 年 12 月—2008 年 11 月，美聯儲先後創造了包括商業票據融資便利在內的多種新型融資工具，為市場注入流動性，見表 9.1。此後的六年裏，美聯儲先後啟動三輪非常規貨幣政策——QE，大量增購機構抵押貸款證券和長期國債以進一步釋放流動性，壓低長端利率。此外，自 2007 年 12 月起，美聯儲與歐洲、英國、瑞士、日本、加拿大等地區和國家的 14 家央行建立貨幣互換機制，簽訂低利率美元互換協議，並且不斷延期至 2014 年。

政府推出財政計劃刺激經濟，穩定住房市場。小布什政府於 2008 年 2 月推出價值 1,680 億美元的"一攬子經濟刺激法案"，同年 7 月推出"住

表 9.1　美聯儲創造多種融資工具

時間	工具	主要內容
2007–12–12	定期拍賣便利（TAF）	允許存款類機構通過當地聯儲向市場提出利率報價和競拍額，投標利率最高的機構可獲得資金
2008–03–11	定期證券借貸便利（TSLF）	允許一級交易商以流動性較差的抵押品投標換取美聯儲的高流動性政府債券
2008–03–17	一級交易商融資便利（PDCF）	允許一級交易商進入貼現窗口，享受與存款類機構相同的貼現利率，並且不限制資金量
2008–09–19	貨幣市場共同基金流動性便利（AMLF）	按貼現率向存款機構和銀行控股公司提供無追索權貸款，供其從貨幣市場共同基金購買商業票據的流動性
2008–10–07	商業票據融資便利（CPFF）	通過特殊目的載體（SPV）購買商業票據發行機構的資產抵押商業票據和無抵押商業票據
2007–10–21	貨幣市場投資者融資便利（MMIFF）	通過特殊目的載體購買投資者手中的美元定值存單和商業票據等符合要求的資產
2008–11–25	定期資產支持證券信貸便利（TALF）	向持有各類抵押貸款證券的金融機構提供無追索權貸款

資料來源：美聯儲、恒大研究院。

房和經濟復甦法案”，為房利美、房地美注入不超過 4,000 億美元的財政資金。奧巴馬政府於 2009 年 2 月推出價值 7,870 億美元的財政刺激計劃，主要用於減稅、基建和支持地方政府；同時宣佈 2,750 億美元的《業主負擔能力和穩定計劃》，包括 750 億美元的直接業主資助和 2,000 億美元的房利美、房地美再融資。

　　政府短期拯救金融機構，長期加強金融體系監管。2008 年 10 月，小布什總統簽署《經濟穩定緊急法案》，涉及 7,000 多億美元的不良資產救助方案，同時宣佈動用 2,500 億美元向銀行業注資。2010 年 7 月，奧巴馬政府通過《多德—弗蘭克法案》，被認為是繼 1933 年以來改革力度最大、影響最深遠的金融監管改革，旨在促進美國金融穩定，解決 "大而不倒" 問題，保障消費者和納稅人的利益。其中包括 "沃爾克規則"，旨在禁止銀行進行與客戶金融服務無關的投機交易，如抵押貸款證券、債務擔保證券、信用違約互換等。金融監管改革後，美國金融業面臨全方位的槓桿限制，"去槓桿" 風潮一直持續至今，2007 年末美國各類金融資產中只有 41% 面臨槓桿限制，而這一數字在 2017 年末已經達到 92%。

三、1997 年亞洲金融風暴

1997 年之前，多數亞洲經濟體持續高增長，創造了 "亞洲奇跡"。但在金融自由化和亞洲地區高利率環境下，大量國際資本流入，催生了資本市場泡沫。隨後美聯儲加息、美元升值、國際資本流出，導致固定匯率制崩盤和貨幣貶值，亞洲金融風暴爆發。此後，除韓國等少數地區轉型成功外，大多數東南亞國家停滯在中等收入階段，落入 "中等收入陷阱"。

（一）起源：金融過度自由寬鬆下的虛假繁榮

東南亞地區高利率環境、金融自由化加速吸引大量國際資本流入。20 世紀 80 年代東南亞各國效仿發達國家陸續開啟金融自由化改革。菲律賓於 1962 年取消外匯管制；馬來西亞於 1986 年放鬆外資股比限制；印度尼西亞也於 1986 年放鬆對賬戶的管制；泰國於 1994 年實現國內股票和債券市場對外全面開放，允許企業自由對外借債。同時，東南亞國家利率高企，1996 年危機來臨前，泰國銀行同業隔夜拆借利率已經達到 5%~15%，見圖 9.20。金融監管鬆弛和高利率環境吸引大量國際資本流入，1996 年淨流入亞洲的私人資本達 1,104 億美元，見圖 9.21。

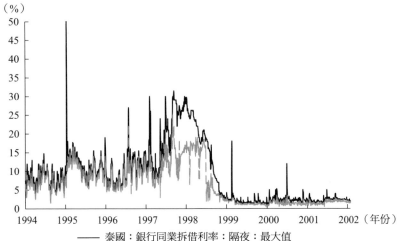

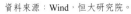

圖 9.20　1999 年以前泰國利率高企

資料來源：Wind，恒大研究院。

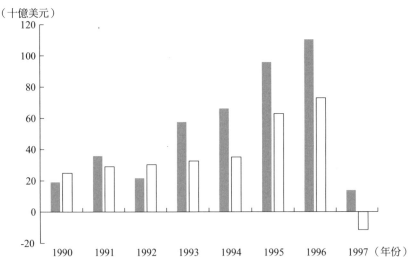

圖 9.21　1990—1996 年大量私人資本流入亞洲

資料來源：Wind，恒大研究院。

資本流入股市和樓市，催生資產價格泡沫。1986－1994年各國流向股市和房地產的銀行貸款比例越來越大，其中泰國50%、新加坡33%、馬來西亞30%、印度尼西亞20%、菲律賓11%。1990－1994年各國股市連年攀升，菲律賓、泰國、新加坡和韓國股市漲幅分別達到328%、122%、96%和48%。同時，亞洲地區房價急劇上漲，其中印度尼西亞在1988－1991年房地產價格上漲約四倍，馬來西亞、菲律賓和泰國在1988－1992年上漲約三倍。

外債過度增長，風險不斷積聚。一方面，多數亞洲國家和地區在當時實行與美元高度掛鉤的固定匯率制度，消除了外資銀行的擔心，形成"道德風險"，亞洲的商業銀行和非銀行企業得以大量舉借外債，1997年中期亞洲未償外債總額達到3,912億美元。另一方面，許多國家和地區的短期外債過多，外匯儲備不足，存在巨大的流動性風險。1994－1997年許多亞洲國家和地區短期外債規模迅速擴大，1997年中期，韓國、泰國和印度尼西亞短期外債合計近1,600億美元，均超過外匯儲備一倍之多，見圖9.22。

（二）導火索：國際游資狙擊泰銖等

美聯儲加息導致資本流出，美元升值掣肘出口，經濟放緩削弱外資信心。1994年初，美聯儲開始加息，資本回流美國，美元指數自1995年中期開始持續上升，見圖9.23。在固定匯率下，亞洲國家貨幣隨美元升值，導致從1995年起亞洲出口增速放緩，見圖9.24。經濟放緩引發投資者擔憂，1996年中期已有外資撤離現象，泰國股市也結束橫盤、急速殺跌。

固定匯率制度吸引國際游資做空泰銖，最終刺破泡沫。固定匯率制度、貨幣政策獨立、資本自由流動被稱為"不可能三角"，三者只能選其二。當貿易赤字增加、貨幣實際貶值時，東南亞國家沒有及時調整匯率

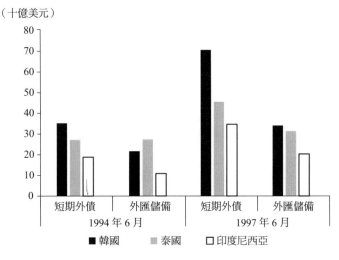

（十億美元）

圖 9.22　1994—1997 年亞洲短期外債增長超過外匯儲備

資料來源：BIS，IMF，恒大研究院。

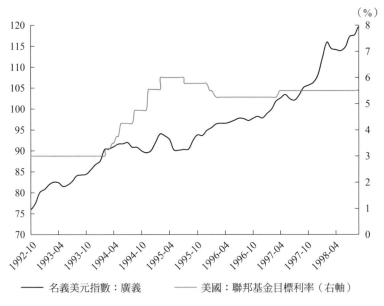

圖 9.23　1993—1997 年美聯儲加息、美元升值

資料來源：Wind，恒大研究院。

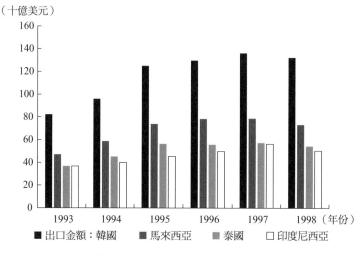

（十億美元）

圖 9.24　1995 年起亞洲出口增速放緩

資料來源：Wind，恒大研究院。

制度，為部分投機者創造了可乘之機。從 1997 年 2 月起，以索羅斯為首的國際游資從銀行拆借大量泰銖，在市場上拋售。泰國政府為維護匯率而斥資接盤，但因外資儲備薄弱而未能抵禦國際游資的強勢攻擊，最終於 1997 年 7 月 2 日放棄固定匯率制，泰銖暴跌，僅當日跌幅就達 15%，見圖 9.25。

（三）傳導：從泰銖失守到區域性金融危機爆發，大規模資本流出

貨幣貶值在高外債環境下引發貨幣和金融危機。就單個國家而言，本國貨幣貶值意味著外債相對升值，金融機構負債端數字增大。同時，外匯儲備不足，資產端的 "升值" 不及負債端，資不抵債問題嚴重，導致金融機構倒閉，外債違約數量增加。債務違約風險加劇，金融系統受衝擊，反向造成投資者恐慌，外資加速流出，進一步打擊匯率，形成惡性循環。泰銖在實行浮動匯率之後一路下跌，1998 年初兌美元貶值超過 100%。

圖 9.25　1996—1997 年泰國股市大跌、匯率崩盤

資料來源：Wind，恒大研究院。

　　貨幣貶值傳染鄰邦，形成地區性金融和經濟危機。泰銖貶值後，一方面，國際游資繼續攻擊實行固定匯率制的地區，包括馬來西亞、印度尼西亞、中國香港等，直接對貨幣匯率造成壓力。另一方面，恐慌情緒傳染至其他亞洲地區。第一，印度尼西亞、韓國：由於外債過多、外儲不足，投資者失去信心，資本主動外流，成為貨幣貶值最嚴重的地區。第二，馬來西亞：雖然外匯儲備較充足，但在泰國危機後政府對外資心存忌憚，揚言要禁止外匯買賣，收緊外資監管，迫使外資流出。第三，亞洲整體：亞洲經濟體緊密相連，1996 年亞洲區內貿易佔其貿易總量的 50%，泰國危機削弱了投資者對整個亞洲地區的信心。亞洲股票被集體拋售，大量外資流出，貨幣集體貶值，見圖 9.26 與圖 9.27。最終，亞洲貨幣危機短期又引發了各國的金融危機，長期削弱生產和投資而演變為經濟危機。

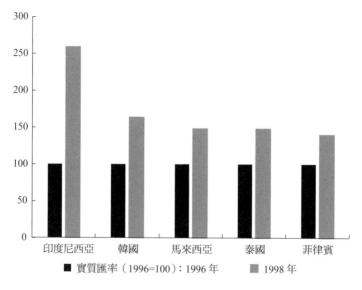

■ 實質匯率（1996=100）：1996 年　　■ 1998 年

圖 9.26　亞洲貨幣貶值

資料來源：IMF，恒大研究院。

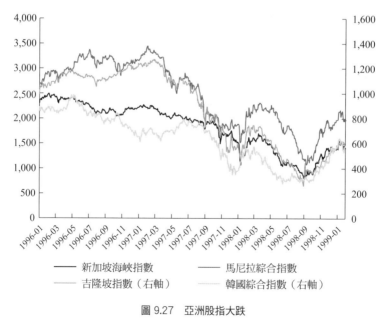

—— 新加坡海峽指數　　　　　　—— 馬尼拉綜合指數
—— 吉隆坡指數（右軸）　　　　—— 韓國綜合指數（右軸）

圖 9.27　亞洲股指大跌

資料來源：Wind，恒大研究院。

（四）影響：“亞洲奇跡”分化，有的國家落入“中等收入陷阱”，有的國家成功躋身發達國家

　　金融系統嚴重受挫，金融機構大量倒閉。1997 年 6—8 月，泰國有 56 家金融機構倒閉，佔金融機構總數的 61.5%；1997 年底至 1998 年初，韓國關閉了 14 家商業銀行；截至 1999 年底，印度尼西亞 237 家銀行中有 65 家清盤，13 家收歸國有，14 家進行了重組或合併。在此期間，由於經濟不景氣，壞賬額持續飆升，金融系統壓力不斷升級。截至 1999 年底，各地仍然未能從債務危機中解脫，印度尼西亞不履約貸款佔比高達 60%~80%，泰國 40%~50%，馬來西亞 20%~30%。

　　資產價格大幅縮水。1997—1998 年，亞洲股票市場全線跳水，其中馬來西亞和菲律賓市場塌陷程度最嚴重，股票價格縮水超過 50%，馬來西亞金融和房地產類股票甚至下跌 70%~90%。許多股市在危機後的 3~5 年後才恢復至危機前水平。與此同時，亞洲國家和地區房價大跌，其中菲律賓、印度尼西亞、韓國和新加坡房價指數分別較峰值下跌 50%、49%、32% 和 30%，並且在今後的十年裏未能恢復至 1997 年的水平。

　　經濟衰退、增長放緩。短期內，亞洲貨幣和各類資產貶值造成嚴重的負財富效應，削弱了總需求，1997—1998 年亞洲經濟陷入衰退。其中，印度尼西亞、泰國受衝擊嚴重，韓國、新加坡憑藉較強的出口而相對抗壓。長期來看，金融體系受挫導致實體經濟融資困難，亞洲經濟陷入通縮循環，復甦後增速被迫“換擋”。1999 年亞洲經濟增速由於基數效應而較高，而 2000—2007 年亞洲經濟體 GDP 增速平均僅為 4%~6%，未能恢復至 1990—1997 年的 7%~9% 水平，“亞洲奇跡”分化，僅韓國、新加坡等少數經濟體轉型成功，大部分落入“中等收入陷阱”，見圖 9.28。

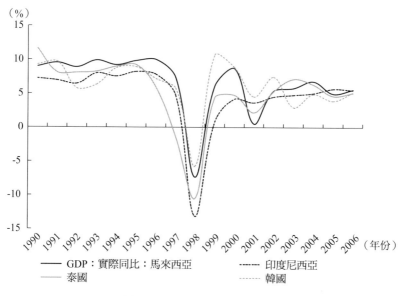

（%）

圖 9.28　亞洲經濟衰退，增速放緩

資料來源：Wind，恒大研究院。

（五）應對：國際救助，財政擴張，金融改革

　　抵禦境外游資攻擊，泰國慘敗，中國香港險勝。1997 年，泰國央行於 2 月和 5 月分別花費 20 億美元和 120 億美元外匯儲備以捍衛匯率，但其間市場恐慌導致約 300 億美元外匯儲備流失，最終因外儲耗盡而被迫放棄固定匯率。1998 年，香港特區政府於 8 月花費 152 億美元為股市接盤，9 月提出 "七項技術性措施"，同時提前調高銀行利率增加借入港幣的成本，最終擁有 820 億美元儲備的香港在 10 月的對抗中成功保住固定匯率，恒生指數在 10 月觸及 7,000 點低位後，一個月內就回歸至 10,000 點。

　　接受國際援助，從緊縮到擴張。第一，危機初期，泰國、印度尼西亞和韓國與 IMF 達成救助協議。IMF 的早期援助方案主要包括直接提供外匯儲備資金，推動當地金融業和企業改革，加息和增稅以穩定匯率和改善赤字。其中，IMF 要求泰國和印度尼西亞實現 1% 的財政盈餘，要求韓國赤字率不超過 1%。三國雖累計得到 1,100 億美元資金，但緊縮政策下資金大量外流，經濟嚴重收縮。第二，1998 年起 IMF 修訂方案，改為財政擴張計劃以刺激經濟，1998 年韓國、印度尼西亞和泰國經 IMF 核准的財政赤字為各國 GDP 的 5.0%、4.5% 和 2.4%，1999 年該赤字率進一步提升至 5.1%、5.75% 和 3.0%。

重整金融業和企業，完成"自我救贖"。首先，政府出資設立專門的部門負責接手不良貸款，出售不履約資產。其次，政府完善與金融機構和企業破產的相關法律，如簡化破產流程、設立破產法庭等，有序釋放因破產而被封鎖的流動性。再次，政府引導對弱勢銀行和企業進行國有化、資本重組和合併，但在後期，泰國和韓國為了引入資金和人才，推進私有化，放寬外資限制。最後，政府立法加強金融監管，包括加強外匯交易、風險資產和銀行儲備比例以及放貸方式的限制，以防範未來風險。金融體系政策與財政擴張協同發力，為各國經濟復甦掃除障礙。

（六）中國遭遇亞洲金融風暴和特大洪水災害的成功應對

1997 年中國遇到外部衝擊和內部調整，經濟增長乏力，企業虧損、產能過剩、金融風險、通縮、失業等問題凸顯。1997—2000 年，中國成功進行了宏觀調控和市場化改革，推動了去產能、去槓桿和結構轉型，開啟了經濟社會發展的新篇章。因此，當時對問題的認識和應對經驗值得借鑒。

第一，實施以增發長期建設國債為主的持續、溫和的積極財政政策，實施以間接調控為主的穩健貨幣政策，沒有因短期目標而出現信貸失控和體制"復歸"。這次宏觀調控有四點經驗十分寶貴。一是相繼採取了取消貸款規模管理，下調法定準備金率，開展公開市場操作與降息等放鬆銀根、反通縮的有力措施，實現了從直接調控向間接調控的轉變，堅持了市場化改革取向。1996 年 5 月—1999 年 6 月，一年期貸款利率從 12％下調到 5.85％。存款準備金率從 1997 年的 13％下調到 1999 年 11 月的 6％。二是以增發長期國債、加強基礎設施建設為主要內容，由中央負擔，既提升了長期增長潛力，又沒有增加地方政府和企業的負擔。三是持續、溫和地實施積極的財政政策，平均每年增發 1,000 億元國債，七年間共發行約 9,000 億元，沒有進行短期大規模的強刺激，既守住了底線，也避免了對市場預期和微觀主體行為的過度干擾。四是政府沒有強壓銀行大量放貸，防止了 1992—1993 年式的信貸失控，沒有出現向計劃體制"復歸"。

第二，調整國有經濟佈局，搞活民營經濟和中小企業，提升微觀效率。提出國企"三年脫困"，推進劣勢企業的關閉破產和淘汰落後產能，採取了必要的行政手段推動"紡織壓錠"；"抓大放小"，促進企業兼併重組，"放小"的主要方式是把部分或全部產權轉讓給內部職工，整體出售給非公有法人或自然人等，推動地方中小國有企業轉制；戰略性調整國有經濟佈局，收縮戰線；實施"債轉股"，三年間把 600 多戶、近 5,000 億元銀行債權轉為國有資產公司對借款企業的股權；對中小企業給予減稅和信貸支持；打破行業壟斷，降低准入門檻等。到 2000 年底，大多數國有大中型虧損企業實現脫困，同時民營中小企業快速成長。

第三，出台了一系列重大金融市場化改革措施，有效化解了金融風險。一是國有商業銀行進行財務重組。1998 年定向發行 2,700 億元特別國債，專門用於補充資本金。1999 年將 1.4 萬億元資產剝離給新成立的四家資產管理公司。二是改善國有銀行內部管理。取消貸款規模，實行資產負債比例管理和風險管理，改革和完善國有商業銀行資本金補充機制，以及呆賬、壞賬準備金提取和核銷制度，擴大貸款質量五級分類法的改革試點。三是 1998 年中國人民銀行管理體制實行重大改革，撤銷省級分行，跨省（自治區、直轄市）設置九家分行，增強了中央銀行執行貨幣政策的權威性和實施金融監管的獨立性。完善分業管理體制，先後成立了證監會和保監會。四是為了防範金融風險，1999 年著手整頓城市信用社、信託投資公司等金融機構，先後關閉了海南發展銀行、廣東國際信託投資公司等一批出現風險的機構。

第四，實施住房制度改革，加快對外開放。1998 年 7 月，國務院發佈《關於進一步深化住房制度改革加快住房建設的通知》，宣佈全國城鎮從 1998 年下半年開始停止住房實物分配，全面實行住房分配貨幣化，同時建立和完善以經濟適用住房為主的多層次住房供應體系，發展住房金融，培養和規範住房交易市場。中國居民住房消費全面啟動。2001 年 12 月 11 日中國正式加入 WTO，深度融入全球化，依靠廉價勞動力和完善基礎設施優勢，對外貿易快速增長。

四、20 世紀 90 年代初日本資產價格泡沫破滅

日本 20 世紀 90 年代初資產價格泡沫破滅後伴隨 "失去的二十年"，是典型的金融周期和債務周期，並陷入長期的資產負債表衰退，經濟復甦之路遙遙無期。

（一）起源：金融自由化、貨幣寬鬆，槓桿高企、資產價格泡沫

金融自由化進程加速，貨幣政策持續寬鬆，成為泡沫產生的根源。一方面，20 世紀 80 年代初，日本在內外部壓力下加快金融自由化進程，利率自由化、資本項目開放、證券市場管制放鬆等改革逐步推進，深刻改變了金融市場運行與監管。另一方面，為對沖 1985 年《廣場協議》對經濟造成的負面影響，日本央行持續維持寬鬆的貨幣政策。1986 年 1 月一

1987 年 2 月連續五次降低利率，中央銀行貼現率從 5% 降低至 2.5%，為當時世界主要國家的最低水平。受貨幣寬鬆推動，1985—1990 年日本 M2 同比增速從 8% 上升至 12% 以上，見圖 9.29。

商業銀行大量投放貸款，居民及企業部門債務與槓桿高增，股市與樓市價格快速上漲。從銀行角度來看，利率自由化改革推高了存款利率，負債端壓力迫使日本商業銀行向房地產和非銀行金融領域投放大量貸款。從居民、企業角度來看，證券市場管制放鬆吸引大企業通過股權和債券進行融資，充裕流動性下股價和房價高漲使企業和居民的融資更為便利，信貸擴張與資產價格上漲之間形成正反饋。居民、企業部門槓桿率快速攀升（見圖 9.30），1985—1990 年分別提升 16.3、29.4 個百分點至 69.5%、141.6%。充裕的流動性湧入股市和樓市，資產價格泡沫快速膨脹，1984—1989 年日經指數年複合增速達 27%，1984—1990 年日本城市地價指數年複合增速達 21%，遠高於 GDP 增速。

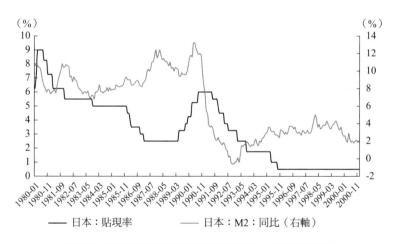

圖 9.29　20 世紀 80 年代日本政策利率下調，貨幣高速增長

資料來源：Wind，恒大研究院。

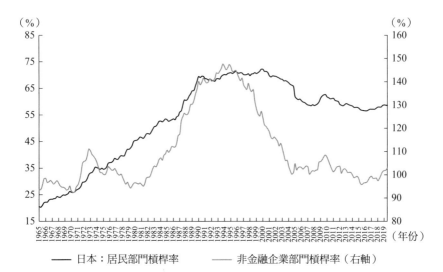

圖 9.30　日本居民部門和非金融企業部門槓桿率快速上升

資料來源：Wind，恒大研究院。

（二）導火索：貨幣政策收緊，房地產及土地市場嚴厲管制

　　為抑制通脹和資產價格泡沫，貨幣政策轉向緊縮。為了抑制通脹上升和資產價格泡沫，日本央行從 1989 年開始連續五次加息，商業銀行向央行借款的利息率從 1987 年 2 月的 2.5% 上升到了 1990 年 8 月的 6%。與此同時，貨幣供應增速大幅下滑。

　　房地產貸款和土地交易受到嚴厲管制。1987 年，財務省發佈行政指導，要求金融機構嚴格控制土地貸款項目，"房地產貸款增速不能超過總體貸款增速"。受此影響，日本各金融機構的房地產貸款增速迅速下降，從 1987 年 6 月的 37% 下降至 1988 年 3 月的 10%。到 1991 年，日本商業銀行實際上已經停止了對房地產業的貸款。

　　調整土地收益稅。在 1987 年 10 月調整稅制之前，擁有土地十年以內被視為"短期持有"，而十年以上則被認為"長期持有"，在調整稅制後，持有不超過兩年被視為"超短期持有"，並受到重點監管。

政策多環節收緊下流動性枯竭，股市和樓市缺乏資金繼續流入，甚至面臨資金流出，股價和房價相繼於 1989 年底和 1991 年初見頂，隨後開始猛烈下跌，見圖 9.31。

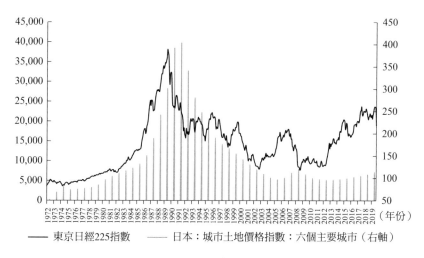

圖 9.31　日本股市和樓市泡沫相繼破滅

資料來源：Wind，恒大研究院。

（三）傳導：金融機構、企業、居民資產負債表全面惡化

金融機構及投資者追求流動性，拋售資產，加劇資產價格下跌。1989—2003 年，日經指數累計跌幅達 73%。

資產價格暴跌導致金融機構資產負債表快速惡化，資不抵債，破產倒閉。股市、房地產價格大幅下跌和經濟低迷使日本銀行壞賬大幅上升，日本銀行業壞賬從 1993 年的 12.8 萬億日元上升至 2000 年的 30.4 萬億日元（李眾敏，2008）。1992—2003 年，日本先後有 180 家金融機構宣佈破產倒閉（吉野直行，2009）。

企業部門和居民部門持續去槓桿，資產負債表惡化，經濟陷入“債務—通縮”循環。對於企業部門而言，房地產和土地是重要的資產和抵押品，隨著資產價格的暴跌，企業資產負債表出現明顯惡化。企業為修復惡化的資產負債表，不得不努力償還債務，1991 年後儘管利率大幅下降，日本企業從外部募集的資金卻持續減少，到 20 世紀 90 年代中期，日本企業從債券市場和銀行淨融入資金均轉為負值。對於私人財富而言，辜朝明在其著作《大衰退》中提到，地產和股票價格的下跌給日本帶來的財富損失達到 1,500 萬億日元，相當於日本全國個人金融資產的總和，這個數字還相當於日本三年的 GDP 總和。

（四）影響："失去的二十年"

日本資產價格泡沫破滅後，經濟陷入了"失去的二十年"和長期通縮，日本政治影響力下降，超級大國夢破滅。

橫向對比來看，1991 年後，日本經濟增速和通脹率雙雙下台階，落入"高等收入陷阱"（見圖 9.32）。1992—2014 年，日本 GDP 增速平均為 0.9%，CPI 平均增長 0.2%，而危機前十年，日本 GDP 平均增速為 4.5%，CPI 平均為 2.1%。值得注意的是，這樣的"成績"是在政府大力度刺激下取得的。逆周期調控使日本政府債務率大幅增長，央行資產負債表大幅擴張。

縱向對比來看，1991 年後，日本經濟陷入停滯，和其他國家相比出現明顯變化。以美元計價的 GDP 總量來看，1991—2014 年，日本累計增長 35%，德國增長 108%，美國增長 185%，中國增長 26 倍。1991—2014 年，日本 GDP 佔美國比重從 58% 下降為 28%，中國成為世界第二大經濟體。

（五）應對：判斷失誤、行動遲緩、力度不足，是典型的反面案例

日本央行和政府政策搖擺不定，錯失了處理危機的黃金時間，導致形勢不斷惡化，居民和企業部門持續去槓桿，經濟陷入長期衰退，成為典型的反面案例。

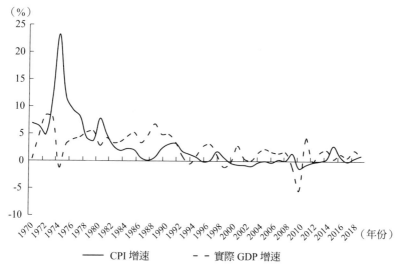

圖 9.32　日本經濟陷入長期通縮

資料來源：Wind，恒大研究院。

　　日本當局嚴重誤判金融危機的影響程度。危機爆發後，日本當局並未清醒地認識到危機的嚴重性和破壞性。1990 年、1991 年的《日本經濟財政白皮書》認為日本金融市場會自動反彈，危機在消費、投資各個領域造成的影響都很微弱，1992 年的《日本銀行月報》仍提出 "泡沫以來的資產價格下跌對實體經濟影響不大"。

　　救市行動遲緩，政策不當，力度不足。其一，政府擔心對市場干預力度過大造成流動性過剩和通脹壓力，直到 1991 年 7 月才把貼現率從 1990 年的 6% 下調至 5.5%，"認識時滯" 長達 18 個月。其二，未及時處理巨額房產信貸壞賬與低效資產，導致金融體系長期無法發揮資金融通作用。20 世紀 90 年代初期，危機爆發後，當局對困難銀行未及時救援，銀行不良率快速上升，破產事件連鎖爆發。從 1998 年 2 月起，日本當局不得不採取緊急措施穩定金融系統，包括修改存款保險公司法及金融穩定法，以及對銀行注資等，但為時已晚。

五、20 世紀 80 年代拉美債務危機

以 1982 年 8 月墨西哥宣佈無力償還外債為標誌，拉美債務危機爆發，隨後巴西、委內瑞拉、阿根廷、秘魯和智利等國也相繼發生還債困難。債務危機使拉美經濟陷入 "失去的十年" 和 "中等收入陷阱"。

（一）起源：寬鬆放任的借債環境，不合理的發展戰略，推升外債規模

原油漲價背景下，石油輸出國美元收入充足，美聯儲維持低利率，共同提供了寬鬆的外部借債環境。一方面，20 世紀 70 年代兩次石油危機導致原油價格大漲，石油輸出國獲得了巨額美元收入，資產增值保值需求強烈，國際市場美元供給充足。另一方面，20 世紀 70 年代美聯儲貨幣政策整體寬鬆，除石油危機期間，聯邦基金利率維持在較低水平（見圖9.33），1970 年全年平均利率為 7.2%，1975 年回落至 5.8%，低利率環境降低了拉美國家的借貸成本。伴隨全球金融一體化進程，歐、美商業銀行加大了對拉美國家的信貸投放。

拉美國家經濟擴張激進，盲目舉債，但外債使用效率低下。一方面，墨西哥、阿根廷、巴西等主要拉美國家在 20 世紀 30 — 80 年代相繼實施 "進口替代" 戰略，急於實現現代化，實行 "高目標，高投資，高速度" 的方針。龐大的經濟發展戰略需要大量的資金投入，但國內儲蓄率和投資率普遍較低，本國資金匱乏，只能依靠國際資本，大舉外債。另一方面，外債缺乏良好的規劃管理，使用效率低下。大量外債被用於投資項目周期長、效率低、流動性和變現能力差的大型公用事業，並且部分被用於非生產性支出（如彌補國有企業虧損、購置軍火等）。

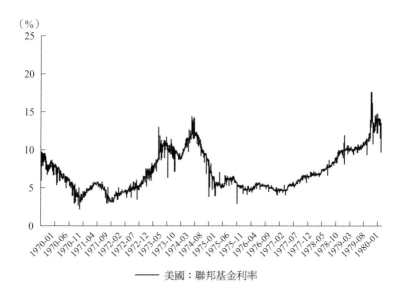

（%）

——— 美國：聯邦基金利率

圖 9.33　20 世紀 70 年代聯邦基金利率維持低位

資料來源：Wind，恒大研究院。

　　財政政策和貨幣政策失誤，導致經濟陷入嚴重通脹和衰退，進一步刺激舉債。為推進進口替代戰略實施，刺激經濟快速發展，危機前拉美主要國家長期實行赤字財政和擴張性貨幣政策，從而成為世界通脹最嚴重的地區。1976 年阿根廷 GDP 平減指數增速達到 438%，CPI 同比達到 444%。嚴重的通貨膨脹、經濟衰退疊加政局的不穩定，刺激拉美國家部分企業和私人的資金外流，資金越發短缺，進一步強化了拉美國家舉借外債的動機。

　　外債規模持續擴大，短債佔比快速攀升，拉高債務風險。從總量來看，20 世紀 70 年代拉美各國外債規模急劇膨脹，外債餘額佔 GDP 比例持續爬升。1970 年墨西哥、阿根廷和巴西三國的平均外債餘額為 63 億美元，而 1980 年平均外債餘額已猛增至 523 億美元，增幅高達 727%，見圖 9.34。從結構看，危機爆發前，拉美國家短期外債佔整體外債比重快速攀升，1977—1980 年，墨西哥、阿根廷和巴西三國平均短期外債佔比由 18% 迅速上升至 28%，見圖 9.35。債務結構的不合理進一步加重了拉美國家的債務負擔，拉高了債務風險。

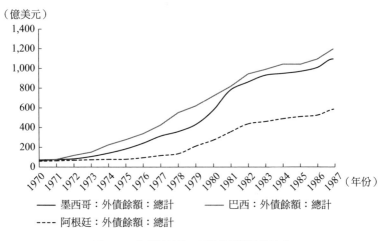

圖 9.34　危機前拉美三國外債規模持續擴大

資料來源：Wind，恒大研究院。

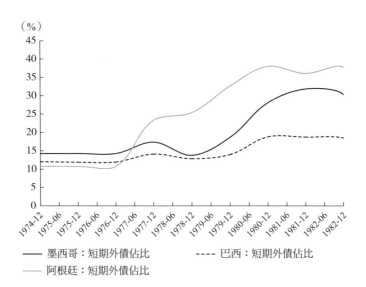

圖 9.35　拉美三國短期外債佔比快速上升

資料來源：Wind，恒大研究院。

（二）導火索：美聯儲加息，拉美貿易環境惡化

美聯儲加息，國際金融市場利率攀升，拉美外債負擔加重。20 世紀 80 年代初，美聯儲為應對滯脹困境，吸引國際資本回流，自 1980 年 8 月起連續加息，聯邦基金利率從 1980 年初的 15% 提高到 1980 年末的 22%，見圖 9.36。拉美國家舉借的外債多為浮動利率，國際借貸成本驟升，債務負擔加劇，點燃了債務危機的導火索。

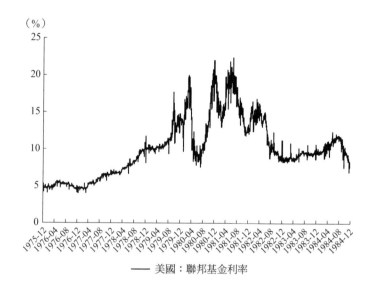

圖 9.36　20 世紀 80 年代初聯邦基金利率快速提升

資料來源：Wind，恒大研究院。

國際貿易環境惡化，出口貿易受到沉重打擊。為應對第二次石油危機衝擊帶來的周期性衰退，20 世紀 70 年代末，美國、歐洲各國加強貿易保護主義，採取提高關稅、設置進口限額等各種非關稅壁壘的手段，向發展中國家轉嫁危機，造成拉美國家巨大的貿易逆差，沉重打擊了以出口貿易為主要外匯收入來源的拉美國家。

1982 年 8 月，墨西哥宣佈無限期關閉全部匯兌市場，暫停償付外債，拉開了危機序幕。隨後，巴西、委內瑞拉、阿根廷等國也相繼發生還

債困難，債務危機全面爆發。

（三）傳導：償債能力下降，資本加速流出，貨幣大幅貶值

美元升值，全球大宗商品價格下跌，拉美國家出口減少，利息負擔上升，償債能力大幅下滑。從收入來看，美聯儲加息引發美元持續升值，以美元計價的全球大宗商品價格下跌，1980—1982 年末 CRB（期貨價格指數）跌幅超過 30%。拉美國家出口收入銳減，償債基礎被破壞。從支出來看，國際金融市場借貸利率的上升使拉美國家借貸成本攀升，利息支出快速增加。雙重壓力下，拉美國家償債能力大幅下滑，以墨西哥、阿根廷和巴西三國為例，1980—1982 年，三國債務清償額佔出口收入的比重均值由 50% 上升至 62%，見圖 9.37。

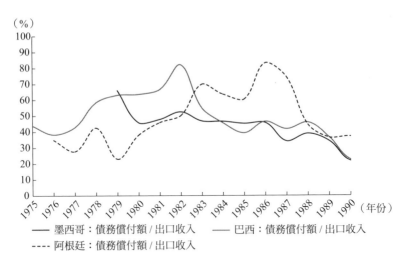

圖 9.37　拉美國家償債能力大幅下滑

資料來源：Wind，恒大研究院。

國際資金加速流出，加劇了拉美地區的資金短缺局面。美國高利率政策下，國際金融市場利率攀升，誘發大量國際資金從拉美地區流出，國

際資本流動方向逆轉，加重了拉美資金短缺局面。1980—1982 年，墨西哥、阿根廷、巴西三國外匯儲備均值由 68 億美元大幅下滑至 34 億美元，見圖 9.38。

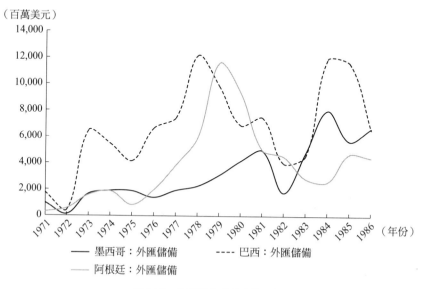

（百萬美元）

圖 9.38　拉美國家外匯儲備銳減

資料來源：Wind，恒大研究院。

　　貨幣危機爆發，拉美國家貨幣大幅貶值。國際收支狀況日益惡化，資本外流加劇，拉美國家貨幣被迫貶值。危機爆發後，拉美國家的匯率制度普遍從固定匯率制度轉向爬行釘住匯率，原先普遍高估的匯率大幅下調。以墨西哥為例，1980 年美元兌墨西哥比索匯率為 0.0228，1990 年已超過 2.7。貨幣的貶值大大加重了拉美國家的償債負擔，使拉美國家經濟雪上加霜。

（四）影響：低增長、高通脹、高失業，政治、經濟、社會動盪

　　債務危機對拉美國家的經濟發展造成了劇烈衝擊。第一，經濟增長率

大幅下降。債務危機後，墨西哥、智利、巴西、委內瑞拉等七個主要拉美國家經濟一度陷入負增長，見圖 9.39。第二，通脹率持續攀高。拉美地區的通脹率居高不下，1990 年阿根廷和巴西的 CPI 增速甚至超過 2,000%，見圖 9.40。第三，失業率大幅升高，實際工資水平普遍下降。隨著失業率的升高和實際工資的下降，人民生活水平降低，社會分配不均的狀況也越發突出。第四，經濟動盪引發社會矛盾進一步尖銳。1983 年以來，智利、巴西等拉美國家都曾發生人民抗議物價上漲、抗議失業的遊行示威和罷工。

債務危機也對歐、美商業銀行造成了沉痛的打擊。歐、美商業銀行堅信國家不會破產，向拉美國家提供了大量貸款，債務危機爆發後，歐、美商業銀行出現了大量無法回收的債務，損失慘重，隨著拉美債務危機的久拖不決，這些商業銀行也滑向了危機。不過，由於拉美地區經濟落後，並且危機爆發後主要發達國家立即採取了應對措施，所以危機的對外傳導相對有限，主要集中於商業銀行領域。

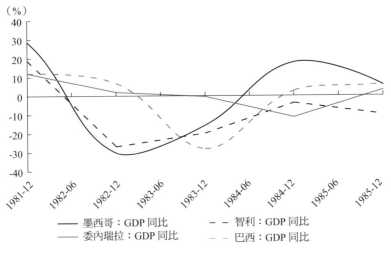

圖 9.39　危機後部分拉美國家陷入負增長

資料來源：Wind，恒大研究院。

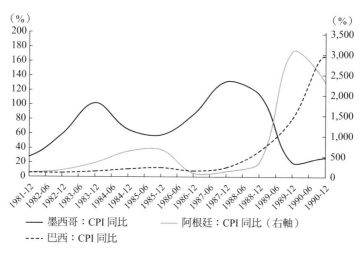

圖 9.40　危機後拉美地區通脹率居高不下

資料來源：Wind，恒大研究院。

（五）應對：從緊縮調整逐步轉向修復償債能力

拉美債務危機的應對思路由危機初期的緊縮調整逐步轉向償債能力修復，但多個方案均未徹底擺脫犧牲債務國經濟換取危機解決的固有思路，危機久拖不決，經濟改革遲緩，拉美陷入"失去的十年"和"中等收入陷阱"。

第一階段：緊縮調整，以犧牲國內經濟為代價恢復外部平衡。從 1982 年起，在 IMF 的監督下，拉美債務國實施以緊縮為特徵的應急性經濟調整，採取壓縮進口、貨幣貶值等措施，籌集資金償還債務。這一階段的政策著力點在於到期債務的清償，在一定程度上緩解了短期債務壓力，但付出了國內經濟停滯和社會動盪的巨大代價。

第二階段：重心逐步轉向經濟發展，通過修復償債能力緩解危機。緊縮計劃失敗後，國際社會意識到，解決債務危機的著眼點不在於現有債務的清償，而在於償債能力的修復，解決危機的處方不應是緊縮性調整，而應是經濟的持續發展和結構性改革。基於此，從 1984 年起，美國先後提出貝克計劃、布雷迪計劃等方案，通過提供優惠貸款、債務轉換、債務資本化等措施緩解債務壓力，同時要求債務國實施結構性經濟改革。這些方案在一定程度上緩解了債務危機的消極影響，但由於減債程度有限、資金來源不明確，同時仍未徹底擺脫犧牲債務國經濟換取危機解決的固有思路，所以均未起到根治效果。

六、20 世紀 30 年代初美國 "大蕭條"

20 世紀 20 年代，在 "柯立芝繁榮" 的背後，美國經濟不平衡問題日益突出。生產過剩、貨幣寬鬆、監管缺失，信貸快速擴張，為大蕭條埋下了隱患。貨幣政策的驟然緊縮刺破了泡沫，1929—1933 年，美國經濟陷入持續的大蕭條，並通過金本位、貿易戰和銀行業倒閉潮升級至全球經濟金融危機，對國際政治、經濟、軍事秩序產生了深遠的影響。

（一）起源：生產過剩，需求不足，貨幣寬鬆，信貸過度擴張，自由放任，推升資產泡沫

經濟結構不平衡，收入分配差距持續拉大，生產過剩與需求不足的矛盾日益加深。20 世紀 20 年代，伴隨戰後經濟重建，美國經濟進入高速發展期，1921—1929 年美國 GDP 年均增速達 4%，工業生產指數上漲幅度達 67%，史稱 "柯立芝繁榮"，見圖 9.41。但在繁榮的背後，結構性問題持續累積，生產過剩與需求不足的矛盾日益加深。其一，經濟結構不平衡。以汽車、電氣、建築為首的製造業快速發展，但農業進入漫長的蕭條期，大量農場破產，農民收入遠低於全國平均收入水平。其二，收入分配差距持續擴大。20 世紀 20 年代末，美國最富有的前 10% 家庭收入佔總收入的比重上升至近 50% 的高位水平，家庭收入基尼係數由 1922 年的 0.53 增加至 1930 年的 0.62，見圖 9.42。

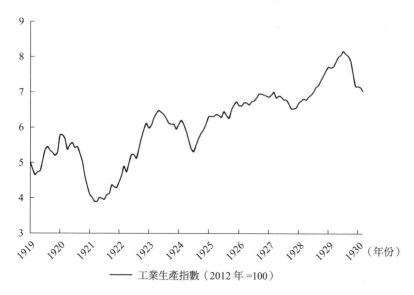

圖 9.41　20 世紀 20 年代美國工業生產指數快速上升

資料來源：美聯儲，恒大研究院。

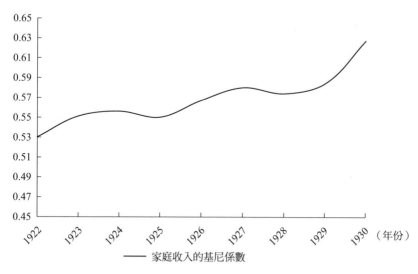

圖 9.42　20 世紀 20 年代美國收入分配差距持續擴大

資料來源：《劍橋美國經濟史》，恒大研究院。

貨幣政策寬鬆，監管缺失，信貸大幅擴張，各部門槓桿率快速提升。一方面，為刺激經濟增長，美聯儲維持寬鬆的貨幣政策，1921—1927年，貼現率由 7% 下調至 3.5%，累計調降 350BP，見圖 9.43。另一方面，在自由放任主義主導下，金融監管環境寬鬆，商業銀行混業經營，同時這一時期美國陸續通過《聯邦儲備法》修正案及《麥克登法案》，促進甚至鼓勵銀行對農業、證券業等發放貸款。貨幣政策的寬鬆和監管缺失極大地刺激了消費信貸、房地產信貸擴張，信用嚴重膨脹，各部門槓桿率急劇上升，美國總體債務率在 20 世紀 30 年代初達到近 300% 的歷史高點。銀行信貸快速擴張情況見圖 9.44。

　　金融市場繁榮，投機盛行，股價房價齊升，資金脫實入虛。20 世紀20 年代的經濟增長、監管放鬆、投資者樂觀情緒等因素帶動了資本市場的繁榮，資產價格泡沫快速堆積。股票市場上漲幅度遠遠領先於實體經濟增速，虛高的收益率吸引了大量海內外資本以及美國中產階層投身投機熱

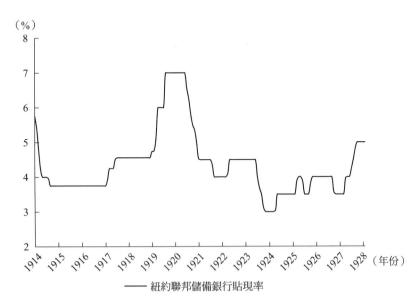

圖 9.43　美國採用持續的低利率政策刺激經濟

資料來源：美聯儲，恒大研究院。

潮。1924－1928 年，道瓊斯工業指數上漲超過 200%，遠高於同期 GDP
增速，見圖 9.45。

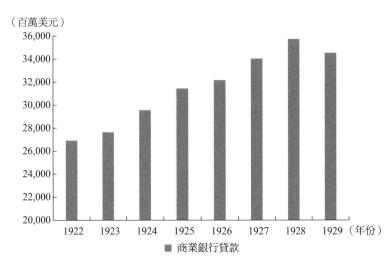

圖 9.44　銀行信貸快速擴張

資料來源：美聯儲，恒大研究院。

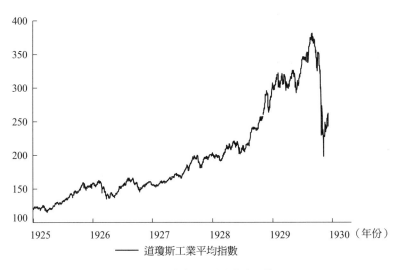

圖 9.45　資產價格泡沫快速堆積

資料來源：Wind，恒大研究院。

（二）導火索：貨幣政策收緊，監管趨嚴，刺破泡沫

貨幣政策收緊，監管趨嚴，刺破資產價格泡沫。一方面，為應對日益失控的股市投機，美聯儲收緊貨幣政策，1928—1929 年八次加息，貼現率由 3.5% 上調至 6%。另一方面，監管逐步趨嚴，美聯儲要求銀行減少對入市資金放款，提高保證金比例，加劇了投資者的負擔。貨幣政策轉向緊縮，監管趨嚴疊加經濟疲軟，資產價格快速下跌，泡沫破滅。1929 年 10 月，市場恐慌情緒蔓延，所有股票被"不計代價地拋售"，道瓊斯指數從月中高點下跌 35% 至 230，危機由此爆發，見圖 9.46。

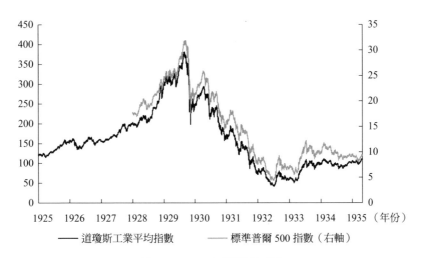

圖 9.46　1929 年美股泡沫破滅

資料來源：Wind，恒大研究院。

（三）傳導：銀行倒閉潮，全球貿易摩擦，經濟大蕭條

銀行業危機爆發，銀行大量破產，信用持續收縮，加劇了實體經濟的蕭條程度。從資產端來看，股市價格快速下跌，壞賬大量產生，銀行資產質量大幅下滑，資產縮水風險上升。從負債端來看，存款人和投資人對銀行的信心產生動搖，發生恐慌性擠兌，銀行流動性短缺，融資困難。同

時，1931 年美聯儲做出提高貼現率的錯誤決策，市場利率快速攀升，加劇了外部衝擊程度。1929—1933 年，銀行破產數量維持高位，信貸投放量大幅萎縮，作為金融中介的資金融通功能喪失，見圖 9.47。銀行信貸緊縮與股市崩盤導致居民部門消費、企業部門投資快速下降，實體經濟進一步陷入蕭條的泥沼，見圖 9.48。

美國大蕭條帶來的衝擊通過貿易摩擦、金本位兩條主要渠道向全球擴散。一方面，美國提高關稅，引發全球貿易摩擦。出於保護國內部分產業、緩和大蕭條經濟衝擊以及金本位制約貨幣政策使用等主要原因，1929年美國國會通過《斯姆特—霍利關稅法》，施加自 1830 年來 100 年內美國的最高關稅，將平均關稅水平由 40% 提高至 47%。此舉引發全球貿易大摩擦，各國競相報復性提高關稅，甚至施加進口配額限制、投資限制、競相匯率貶值，導致國際貿易狀況嚴重惡化。

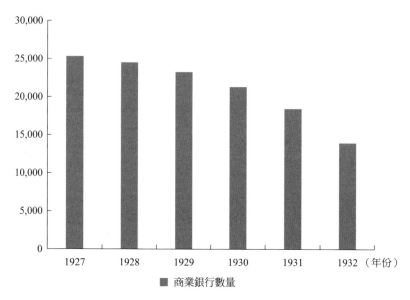

■ 商業銀行數量

圖 9.47　金融周期下半場銀行大量倒閉

資料來源：美聯儲，恒大研究院。

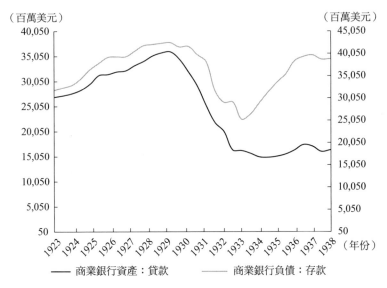

（百萬美元）　　　　　　　　　　　　　　　　　　（百萬美元）

—— 商業銀行資產：貸款　　　　　—— 商業銀行負債：存款

圖 9.48　商業銀行信貸大幅萎縮

資料來源：美聯儲，恒大研究院。

另一方面，第一次世界大戰後主要國家普遍重建金本位制度，黃金大量流入美國，其他國家貨幣供應量相應減少，通貨緊縮快速蔓延，加劇了全球經濟的衰退程度。

（四）影響：衝擊實體經濟，改變國際政治、經濟、軍事秩序

美國實體經濟受到巨大衝擊，GDP 大幅下滑，失業率達歷史高點。1929—1933 年，實體經濟陷入長達四年的嚴重衰退，國民生活水平急劇下降。在這一階段，美國 GDP 總量累計降幅達 46%，製造業指數下降 37%，失業率由 2% 上升至 21%，達到歷史高點，見圖 9.49。1934 年後經濟逐步復甦，但在 1937—1938 年二次探底。直至 20 世紀 30 年代末，大蕭條帶來的衝擊才得到基本修復，經濟重新步入增長軌道。

大蕭條在社會生活、國際經濟和政治等各個領域產生了深遠的影響。在社會生活方面，經濟大蕭條產生了周期性失業，嚴重的失業問題使居民生活極端困難，激化了階層矛盾，失業工人示威、農民騷動、退伍軍人遊行頻發。在國際經濟體系方面，經濟危機使各國放棄了以金本位為基礎、以英國為主導的國際經濟秩序，逐步轉變為以固定匯率制為基礎、以美國為主導的國際經濟新秩序。在國際政治格局方面，經濟危機使各帝國主義國家展開了對國際市場的爭奪，並加緊對殖民地半殖民地國家的掠奪，從而引發老牌帝國主義國家集團與後起的帝國主義國家集團之間的對抗，為第二次世界大戰埋下了禍根。

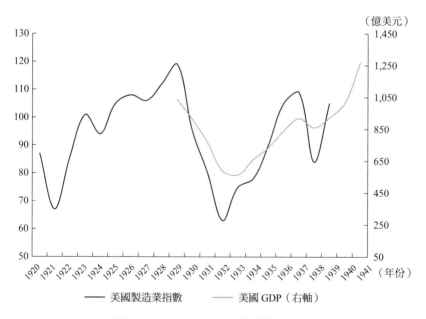

圖 9.49　1929—1933 年實體經濟陷入衰退

資料來源：美國經濟分析局，恒大研究院。

（五）應對：實施羅斯福新政，積極發揮政府的干預作用，經濟走向復甦

第一階段：危機初期，胡佛政府奉行自由放任主義，加劇了衰退程度。在貨幣政策方面，1931 年，美聯儲提高貼現率，信貸進一步收縮，加劇了銀行業危機。在財政政策方面，胡佛政府不僅沒有及時出台擴張性財政政策，反而在 1932 年簽署《徵稅法案》，將最高所得稅率大幅提升至 63%。胡佛面對危機時自由放任的不干預政策使經濟衰退進一步加深。

第二階段：羅斯福政府在凱恩斯主義的指導下，積極發揮政府調節和干預作用，經濟走向復甦。在貨幣政策方面，1933 年羅斯福宣佈退出金本位，解除貨幣錨定黃金對再通脹的約束，同時大幅調降貼現率。在財政政策方面，強調擴張性財政對經濟的改善作用，頒佈《工業復興法》《農業調整法》，通過增加轉移支付、公共工程投資和農業生產補貼等形式擴大總需求，財政預算赤字大增。在監管方面，簽署《格拉斯—斯蒂爾高法案》，規定商業銀行分業經營，限制銀行對證券資產投資，設立存款保險制度，提高銀行的系統穩定性。在一系列宏觀政策指導下，美國經濟逐步復甦。

第三節
總結與反思：在危機後誕生或盛行的經濟學流派

在歷史長河中，大危機發生的時代往往是宏觀經濟學的繁榮期，對危機不同視角的解釋催生了不同的經濟學流派，提供了不同的危機解決方案。三次大危機引發了三次宏觀經濟思想的大論戰、大變革。

一、20 世紀 30 年代大蕭條：凱恩斯主義、馬克思主義

20 世紀 30 年代的大蕭條是迄今為止資本主義世界發生的最全面、深刻、持久的周期性經濟危機，古典主義的自由放任和市場自我調節思想面臨重大挑戰。凱恩斯主義誕生於這一時期，並成功地引領資本主義國家走出經濟大蕭條。馬克思主義在蘇聯得到了充分實踐，社會主義運動席捲全球，相關政策被發達資本主義國家吸收。二者均強調政府干預對市場機制的完善作用，反對自由放任主義。

（一）凱恩斯主義：貨幣、財政擴張，需求管理

從理論來看，凱恩斯主義認為，危機的根源在於社會有效需求不足，應通過貨幣、財政政策加強政府對經濟的干預，擴大需求，反對自由放任主義。凱恩斯主義理論提出，有效需求不足由邊際消費傾向遞減、資本邊際效率遞減及靈活偏好三大基本規律決定，造成非自願失業，並最終引發經濟危機。市場機制的自發調節作用不足以使有效需求提高到充分就業的水平，政府應通過擴大貨幣寬鬆、財政支出等措施彌補有效需求的不足。凱恩斯政府干預理論被學術界形容為"看得見的手"，用以彌補亞當·斯密"看不見的手"的缺陷。

從實踐來看，大蕭條時期，美國率先將凱恩斯政府干預理論付諸實踐，推行"羅斯福新政"，有效應對危機。第二次世界大戰後，西方各國普遍採用政府干預措施實施宏觀調控，運用貨幣、財政政策應對經濟危機，在 20 世紀五六十年代實現了經濟的迅速發展。

（二）馬克思主義：調節收入分配，緩解產能過剩

從理論來看，馬克思主義認為，經濟危機源於生產過剩，主張調節收入分配。馬克思主義指出，資本主義的根本問題在於生產的社會化和生產

資料的私有化之間的基本矛盾。在這一矛盾下，周期性經濟危機存在必然性。危機的爆發是對市場機制和市場失靈的自我調節，強制性地使總供給和總需求達到平衡，但不能從根本上消除矛盾。馬克思主義理論主張加強收入分配的調節，緩解階級矛盾，加強國家干預，保障合理的再分配，從而減少產能過剩。

從實踐來看，1929 年大蕭條期間，蘇聯是馬克思主義理論的主要實踐陣地。這一時期，在計劃經濟體制下，蘇聯的資源和生產全部納入國家管理，最大限度地提升了工業能力，並降低了大蕭條對國家經濟體系的衝擊，從傳統的農業國快速躍升為工業強國。隨後由於計劃經濟缺乏微觀激勵機制和效率，蘇聯經濟崩潰。但是社會主義思潮深刻地影響了資本主義國家，它們普遍採用勞工保護、社會保障、收入分配調節等緩解階級矛盾和經濟結構性問題。

二、20 世紀 70 年代 "滯脹"：供給學派、貨幣學派、奧地利學派

20 世紀 70 年代，美國出現了經濟停滯和通貨膨脹並存的局面。滯脹的出現向傳統凱恩斯主義和菲利普斯曲線提出了挑戰，學界開始反思政府干預行為的有效性以及政府過度干預的弊端。以拉弗和菲爾德斯坦為代表的供給學派、以弗里德曼和施瓦茨為代表的貨幣學派隨之誕生，以門格爾、龐巴維克、維爾塞、米塞斯為代表的奧地利學派在西方復興，新自由主義是對古典主義精神的回歸。

（一）供給學派：強調供給第一，通過減稅、放鬆管制等刺激供給

從理論來看，供給學派強調供給第一，反對政府干預經濟，主張通過減稅和結構性改革來擴大投資，刺激供給，促進經濟增長。一方面，供給學派認為凱恩斯主張的 "需求管理政策" 是造成滯脹的根源。只要需求的

擴大超過實際生產增長，通脹就不可避免，生產也必然停滯或下降。另一方面，供給學派認為促進經濟增長的著眼點不是需求而是供給，應通過減稅、放鬆管制、私有化、控制貨幣供應和通脹、削減社會福利和財政赤字等提高全要素生產率，充分發揮市場競爭機制，促進長期經濟增長。

從實踐來看，供給學派的實踐緊密貫穿於里根執政時期，並對其他西方國家和發展中國家產生了積極影響。1982—1997 年，美國經濟除 1990—1991 年溫和的衰退以外，被證明是美國歷史上成功地實現了宏觀經濟穩定的時期。

（二）貨幣學派：實施"單一規則"的貨幣政策

從理論來看，貨幣學派反對國家過度干預經濟，主張實施"單一規則"的貨幣政策。第一，貨幣學派認為，危機的根本原因是不當的貨幣政策造成的過量流動性投放，催生了大量資產泡沫，以及隨後的貨幣政策收緊導致泡沫破裂。第二，貨幣學派反對國家對經濟的過度干預，認為貨幣的穩定性是永久性收入穩定性的前提，國家只需調節經濟中的貨幣供應量。貨幣刺激只會引發通脹，"通脹在任何時間、任何地點都是貨幣現象"。第三，貨幣政策應實行單一規則：根據國民收入和人口的增長率，設定一個長期不變的貨幣增長率，避免貨幣本身成為波動的根源。同時，應當加強金融市場的監管，警惕金融工具的槓桿作用。

從實踐來看，20 世紀 80 年代，英國撒切爾政府曾率先推行貨幣學派政策，通過控制貨幣供應量、提高銀行利息率、削減公共開支等手段，應對經濟增長緩慢、通貨膨脹嚴重、失業日益增加的嚴峻局面。

（三）奧地利學派：反對政府干預，主張自由放任

從理論來看，奧地利學派主張危機時期政府嚴守自由放任的政策，對自由市場的干預將延長經濟蕭條的時間。奧地利學派商業周期理論認為，

貨幣對經濟活動和價格的影響是非中性的。當中央銀行增加貨幣供給,使貨幣利率低於市場自然利率時,就會誤導企業家增加資本品的生產,從而引起經濟中生產過剩,造成虛假繁榮。當貨幣停止增長或恢復市場利率時,就會引起經濟蕭條。政府應遵循自由放任政策,對自由市場的干預將延長蕭條的時間。

從實踐來看,奧地利學派的市場原教旨主義理論在實踐中爭議較大,理論很完美,但面對危機時卻難以實踐。20 世紀 30 年代美國經濟危機期間,由於自由放任政策,經濟跌入谷底,拖延了恢復金融危機的進程。70 年代美國經濟陷入滯脹,新自由主義再次捲土重來,但 2008 年金融危機的爆發再次敲響了自由放任主義的警鐘,在政府大力干預下,經濟才逐步恢復。

三、2008 年金融危機:新凱恩斯主義量化寬鬆、現代貨幣理論、新基建經濟學

2008 年美國次貸危機爆發,資產價格暴跌,金融機構大幅受損甚至倒閉,新自由主義受到挑戰,新凱恩斯主義再度主導各國政策。時任美聯儲主席伯南克通過一系列的量化寬鬆政策,阻止了金融危機的進一步蔓延。次貸危機發生後至今,全球經濟增長動力不足,貨幣政策和財政政策加大逆周期調節力度,全球政府債務水平不斷上升。現代貨幣理論探討了政府高債務問題的解決方案,近年來引發了廣泛關注。新基建兼具短期擴大需求和長期增加供給的綜合性重大作用,新基建經濟學在中國正從學術討論走向社會共識和國家戰略。

(一)新凱恩斯主義:量化寬鬆

從理論來看,作為新凱恩斯主義的代表,伯南克主導美聯儲採用超常

規的量化寬鬆貨幣政策應對金融危機。伯南克在《大蕭條的宏觀經濟學》中認為，"貨幣緊縮是大蕭條的重要原因，貨幣放鬆是經濟恢復的主導因素"。伯南克與蓋特勒等人提出"金融加速器"理論，該理論是量化寬鬆政策的理論基礎。該理論認為，由於金融市場的信息不對稱，信用成本上升，信用融通效率下降，金融市場供需失衡，真實經濟大幅萎縮。"金融加速器"能擴大危機的影響，也能放大經濟刺激政策的效果。因此，在金融危機中，當單純依靠短期利率政策收效甚微時，超常規的量化寬鬆貨幣政策能夠極大地刺激投資和消費。量化寬鬆的具體措施包括：通過賣出短期債券、買入長期債券的扭曲操作，降低中長期利率，鼓勵投資；擴大央行資產負債表，使其規模大大超過維持零利率所需的水平；直接買入瀕臨破產的商業機構的抵押證券，為市場提供流動性。

從實踐來看，伯南克採取大規模量化寬鬆為市場注入大量流動性，有效避免了金融機構、居民和企業部門資產負債表的進一步惡化，降低了金融危機的衝擊程度。但是，也使發達經濟體長期陷入對低利率、寬鬆流動性環境的依賴，加劇了經濟金融體系的脆弱性。

（二）現代貨幣理論："稅收驅動貨幣"

從理論來看，現代貨幣理論的核心主張可理解為"稅收驅動貨幣"，實際上是一種政府信用貨幣體系。該理論認為：第一，現代貨幣的存在需要以國家層面的兩個重要權力作為保證，一是徵稅的權力，二是確定稅收支付形式的權力；第二，稅收的目的不是為政府支出融資，而是創造貨幣需求；第三，現代社會國家對貨幣具有壟斷發行的權力，政府不會面臨操作層面的融資約束。支持者認為，現代貨幣理論為政府債務不可持續問題提供了一種新的解決思路；而對此有爭議者認為，現代貨幣理論的問題主要在於無法有效控制通脹，無有效機制維持貨幣發行的紀律性，難以維持幣值穩定，降低了宏觀經濟調控的效率。

從實踐來看，日本是通過加強財政政策與貨幣政策協同進行財政赤字貨幣化的典型案例。1997—2018 年，日本央行總資產規模擴大了6.7 倍。截至 2018 年末，日本央行持有政府債券規模佔總資產比重高達85%。日本央行通過量化寬鬆政策實施財政赤字貨幣化，為擴張性財政政策提供了資金來源。

（三）新基建經濟：兼顧短期擴大需求和長期擴大供給

應對危機的各類政策，孰優孰劣？

第一，歷次危機的實踐證明，及時的政策應對可以有效切斷傳導鏈條，阻斷危機蔓延和深化，而一味地自由放任將延長危機持續時間，加深破壞程度。

第二，貨幣政策對緩解短期流動性危機效果明顯，但對於刺激需求就像 "推繩子"，效果有限；而財政政策對於擴大有效需求就像 "拉繩子"，效果更為明顯。正確的危機應對措施是：先通過貨幣政策緩解流動性危機，再通過財政政策擴大需求走出衰退。

第三，無論是貨幣政策還是財政政策，二者都是增加債務或增加貨幣發行，關鍵是看當前增加的債務能否帶來未來的收入。純粹刺激消費不會有資本形成，反而會形成債務懸空，而有效投資則能增加資本形成和未來收入，配合擴大消費來促進經濟良性循環。

刺激投資尤其基礎設施投資比單純刺激消費效果更好，新基建是應對金融危機的最簡單有效的辦法，兼顧短期擴大有效需求和長期擴大有效供給，兼具穩增長、穩就業、調結構、促創新、惠民生的綜合性重大作用，中國是超前新基礎設施建設的受益者。新基建經濟學是應對經濟金融危機的一次思想革命，是人類社會認知的一大進步，我們長期旗幟鮮明地倡導新基建。

附錄

全球瘟疫史的啟示

瘟疫史是一部災難史，也是一部人類文明發展過程中危機四伏的曲折歷史。3,000 年前就存在天花流行，而當前新冠肺炎疫情正在全球蔓延。即使在醫學高度發達的今天，疫情也席捲了全球多個國家和地區，堪稱百年一遇。從幾千年的歷史視野看，為什麼大瘟疫反覆上演，甚至一度差點兒演化成人類的滅頂之災？人類歷次戰 "疫" 有哪些經驗和教訓？我們應該如何戰勝這次疫情危機？ *

---

* 　本章作者：任澤平、李建國、范城愷。

回顧人類歷史，瘟疫是與饑荒、戰爭等並列的重大災難，如附圖1和附圖2所示，黑死病、天花等瘟疫均造成數以億計的人口死亡，歷史慘劇曾多次上演。面對瘟疫的威脅，人類社會在長期的應對中既有很多慘重的教訓，也積累了寶貴的經驗和方法，文明在一次次的危機中不斷前進。19世紀以來，公共衛生體系的完善、現代微生物學的發展及醫學技術的進步，使多數傳染病得以控制，人類依靠文明和科學取得了對瘟疫的階段性勝利。但展望未來，病毒的快速進化、人類與動物的接觸、城市規模及人口密度的提高、人員流動的加快等將使新的瘟疫不斷產生，並將持續挑戰政府的社會治理及應急防疫能力、國際合作機制等，人類距離徹底戰勝瘟疫仍然任重道遠。

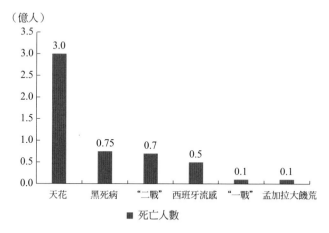

附圖1　人類歷史上重大災難的死亡數量

資料來源：公開資料，恒大研究院。

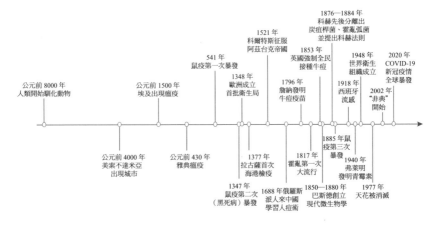

附圖 2　瘟疫歷史大事記

資料來源：王旭東，孟慶龍．世界瘟疫史：疾病流行、應對措施及其對人類社會的影響［M］．北京：中國社會科學出版社，2005。

第一節　黑死病：橫掃歐洲的瘟疫之王

一、起源：早期為地方病，因戰爭和商貿往來而大流行

作為一種烈性傳染病，鼠疫可能最早起源於非洲，致病原為鼠疫桿菌，主要通過寄生於齧齒類動物上的跳蚤、呼吸道或直接接觸傳播。但在現代微生物學取得突破之前，人類在長達 1,000 餘年的歷史中始終未能明確鼠疫的致病原和傳播途徑，長期在黑暗中摸索防疫措施。鼠疫三次大流行，給人類社會帶來了深重的災難。

鼠疫於公元 6 世紀首次從埃及傳入歐洲，隨後爆發第一次鼠疫大流行，即造成 2,500 萬人死亡的查士丁尼瘟疫。此後，鼠疫又先後於 14—18 世紀、19—20 世紀暴發，其中暴發於 14—18 世紀的鼠疫大流行是歷史上後果最嚴重、影響最大的一次瘟疫，又被稱為黑死病。

14 世紀早期，鼠疫作為一種地方病主要流行於蒙古地區。1346 年，金帳汗國圍攻現烏克蘭境內的港口城市卡法，圍攻過程中鼠疫開始在蒙古軍隊中蔓延，而鼠疫死者被蒙古軍隊用拋石機拋入卡法城內，使疫情傳播至城內。在蒙古軍隊因疫情過於嚴重而撤軍後，城內眾多的熱那亞商人乘船逃回意大利，途中停靠的港口陸續暴發鼠疫疫情。1347 年，鼠疫開始在意大利蔓延，隨後席捲整個歐洲和中東。

二、暴發：肆虐 400 年，歐洲人口死亡 30%~50%

1347—1353 年，黑死病在地中海沿岸迅速傳播，短短七年間先後在西歐、北歐、俄羅斯及中東暴發，僅 1348 年佛羅倫薩、威尼斯、倫敦等城市的死亡人數就均在十萬以上，最終在歐洲共造成約 2,500 萬人死亡。此後，黑死病的大範圍暴發基本結束，但區域性的暴發時斷時續，400 年後即 18 世紀才逐漸停止，例如法國在 1580—1588 年就暴發 250 多次，1631—1640 年平均每年暴發 28 次。據估計，1400 年歐洲人口的平均壽命由黑死病暴發前的 30 歲大幅下降至 20 歲，而整場瘟疫共造成全球 7,500 萬人和 30%~50% 的歐洲人死亡，是人類歷史上最嚴重的瘟疫之一。附表 1 為黑死病在歐洲各地區的暴發情況。

附表 1　黑死病在歐洲各地區的暴發情況

時間	地區	概況
1347—1353 年	歐洲全境	1347 年，熱那亞人將黑死病帶到西西里，黑死病從西西里傳向突尼斯、意大利本土和法國的普羅旺斯。1348 年夏天進入伊比利亞半島、巴黎及英格蘭南部港口。1349 年侵襲了英倫三島、法國北部、挪威、德國南部和西部。1350 年黑死病推進到波羅的海東部和波蘭北部，此後兩年黑死病由西向東進入俄羅斯，1353 年夏天到達莫斯科。七年間共造成至少 2,500 萬人死亡
1450—1640 年	法國	1464 年、1478—1484 年（100 多次）、1494 年、1502 年、1514—1519 年、1521—1523 年（86 次）、1563—1564 年（66 次）、1580—1588 年（253 次）、1625—1640 年均是鼠疫暴發嚴重的年份，其中 1625—1640 年最為嚴重，僅 1628—1630 年就有 200 餘次暴發
1499—1665 年	倫敦	1499—1500 年、1563 年、1578 年、1593 年、1603 年、1625 年、1636 年、1664—1665 年均發生嚴重的鼠疫流行，其中 1499—1500 年總人口的一半死亡，1563 年至少 1/4 的人口死亡，1603 年近 1/4 的人口死亡，1625 年至少 1/5 的人口死亡，1664—1665 年的 "倫敦大瘟疫" 造成 1/5 人口死亡
1530—1646 年	愛丁堡	1530 年、1568—1569 年、1585 年、1597 年、1604—1607 年、1644—1646 年均曾暴發鼠疫，其中 1568—1569 年和 1585 年的兩次疫情分別造成 10% 的人口死亡
1417—1657 年	意大利	1417 年、1430 年、1477—1479 年、1575—1577 年、1629—1631 年、1656—1657 年均曾暴發鼠疫，其中 1417 年造成佛羅倫薩 10% 的人口死亡，1477—1479 年意大利北部 4 萬人死亡，1629—1631 年倫巴第地區 28 萬人死亡
1462—1683 年	德國	1462—1465 年、1663—1668 年、1675—1683 年均曾暴發鼠疫，1462 年 6,300 人死亡
1596—1682 年	西班牙	1596—1602 年、1637 年、1646—1652 年、1678—1682 年均曾多次暴發鼠疫，其中 1596—1602 年導致至少 50 萬人死亡
1602—1739 年	俄羅斯	1602 年、1738—1739 年分別有大的鼠疫流行發生

資料來源：《世界瘟疫史》，恒大研究院。

黑死病嚴重衝擊了歐洲政治、經濟、社會的各個方面，迫使歐洲從蒙昧走向理性。嚴重的疫情不僅造成大量的人口死亡，也在上層建築層面造成明顯衝擊，突出表現在三個方面。一是引發宗教信仰危機。疫情初期，人們認為黑死病是上帝對人類的懲罰，因此進行大懺悔，但效果反而不如世俗理性的措施，引發了人們對天主教的信仰危機，歐洲社會逐漸從宗教禁錮中走出，成為宗教改革和啟蒙運動的開端。二是人們在找不到對瘟疫的合理解釋的情況下開始歸罪於猶太人、殘疾人、乞丐等"上帝的罪犯"，比如認為黑死病是猶太人四處流動和投毒的結果，因此西歐社會大肆迫害和屠殺猶太人，大量猶太人被迫遷徙到東歐，引發歐洲社會結構的重大變化。三是勞動力大量短缺導致土地荒蕪，農業生產結構開始向人力需求不高的畜牧業傾斜，繼而畜牧業產生的羊毛紡織需求和工人的相對短缺又引發對節省勞動力技術的需求，成為工業革命的重要前提。值得一提的是，鼠疫很可能也是明朝滅亡的重要因素，歷史研究表明，明朝末年鼠疫大暴發至少導致 1,000 萬人死亡。

三、戰疫歷程：從蒙昧和天譴走向理性和科學

疫情初期，愚昧的預防方法不僅無助於疫情的控制，反而使疫情惡化。由於歐洲中世紀的宗教禁錮及醫學認知水平落後，疫情初期，人們對黑死病的預防和治療方法較為愚昧，包括放血療法、煙熏房間、吸煙、使用通便劑、用尿洗澡等，甚至認為貓是邪惡的化身和瘟疫的根源而大量捕殺貓，造成老鼠進一步泛濫和疫情惡化。

生存危機迫使人們對黑死病的防控從蒙昧開始走向理性，催生現代公共衛生制度。1348 年，意大利米蘭大主教首先對黑死病患者的房屋下令實施隔離，結果米蘭幸運地躲過疫情，驗證了隔離對控制黑死病傳播的作用。1377 年，意大利拉古薩港首次進行海港檢疫，對來自疫區的旅行者

實施 30 天或 40 天的隔離措施，檢疫制度由此建立。隨後，歐洲部分城市開始進行衛生立法，規定疫情期間禁止集會，對喪葬進行規範管理，禁止同疫區進行貿易等，同時建立了歷史上的第一批衛生機構，負責隔離、檢疫、清掃街道、疏通水道等，最終疫情於 18 世紀基本得到緩解。在這一過程中，衛生立法、設立專業衛生機構及隔離檢疫等措施成為現代公共衛生制度的開端。

現代微生物學的發展、居住環境的改善及抗生素的發明使鼠疫得到有效防治，至今不再構成對人類社會的重大威脅。至 19 世紀下半葉，巴斯德、科赫等人開創了現代微生物學和疾病細菌學說，此後一系列傳染病的病原體及傳播途徑得以明確。1894 年法國細菌學家耶爾森首次從香港鼠疫死者檢驗切片中分離出鼠疫桿菌，並將其確認為致病原。1897 年日本醫學家緒方正軌首次發現跳蚤是鼠疫的傳播媒介。1910 年馬來西亞華僑伍連德在中國哈爾濱首次發現經呼吸道傳播的肺鼠疫，病原體及傳播途徑的確認促進了防疫措施針對性的提高。此外，近代以來居住環境及衛生條件改善，鼠害及跳蚤大為減少，降低了鼠疫傳播的可能性。20 世紀中期，鏈黴素被發明，鼠疫的致死率大幅下降。至今，鼠疫已得到基本控制，雖未被徹底消滅，但已不再對人類社會構成重大威脅。

第二節 天花：滅絕印第安人的元兇

一、起源：源於西亞，3,000 年前的木乃伊存在天花印記

　　天花的病原體為天花病毒，主要通過呼吸道傳播，患者的主要症狀為皮膚顆粒狀膿腫和高燒，病死率約為 30%，幸存者大部分留下麻臉或眼睛失明，被認為是最恐怖的傳染病之一，至今仍無特效藥。

　　公元前 1157 年去世的古埃及法老拉美西斯五世是目前找到的最早的天花病例，考古學家和病理學家在其木乃伊的臉部、脖子和肩膀發現了天花皮疹印記，說明天花至少在 3,000 年前就存在。

　　根據美國演化生物學家戴蒙德的研究成果，一萬年前人類在西亞的"新月沃地"首次馴化了牛，而牛攜帶的牛痘病毒在與人類的長期接觸中突變為天花病毒，並獲得感染人類的能力，因此天花極有可能起源於"新月沃地"，此後傳播至埃及等其他地區。

　　大約在公元前 1000 年，天花病毒經貿易活動從埃及傳入印度，公元 1 世紀又通過戰爭俘虜從印度傳入中國，公元 2 世紀羅馬帝國出現天花疫情，公元 6 世紀天花經過朝鮮傳入日本，至此經過 1,500 多年的傳播，天花基本覆蓋了歐亞非大陸。

二、暴發：導致三億人死亡，滅絕印第安人的元兇

與鼠疫、霍亂不同，天花主要感染兒童，並且病死率僅在 30% 左右，因此不會短時間內造成人口和勞動力大幅減少，但疫情更為持久。

在漫長的歷史中，天花的流行程度經歷了逐漸增強的過程（見附表2）。中世紀前期，天花定期在歐洲出現，但並未在當地扎根。11 世紀，羅馬教皇組織東征的十字軍在回國後又導致天花在歐洲流行，但整體上其殺傷力在中世紀時排在黑死病和肺結核之後，並未成為人類生存的主要威脅。17—18 世紀，人口密度的提高給天花暴發創造了條件，天花逐步成為全球最嚴重的瘟疫，僅在歐洲就造成 1.5 億人死亡，法國國王路易十五、英格蘭女王瑪麗二世、清朝皇帝順治和同治等均死於天花。

15 世紀末哥倫布發現新大陸，隨後西班牙開始殖民美洲，並與擁有上千萬人口的阿茲特克帝國、印加帝國等國家交戰，無意中西班牙殖民者帶入的天花傳染給了印第安人。由於印第安人從未接觸過天花而缺乏免疫力，病死率高達 90%，其中阿茲特克帝國包括皇帝在內的一半人口死亡，恐怖的疫情造成印第安人內亂、軍隊渙散，以致只有幾百人的西班牙殖民者輕鬆征服了阿茲特克帝國和印加帝國。此外，印第安人在看到西班牙殖民者安然無恙的現象後，將殖民者視為超自然力量，心理上反抗意志的瓦解也是其被征服的重要因素。據估計，阿茲特克帝國原有人口在 2,000 萬以上，至 1618 年銳減至原有人口的約 1/10。

附表 2　歷史上的部分天花疫情

時間	地區	概況
165 年	羅馬帝國	15 年時間意大利總人口的 1/3 死於天花疫情
846 年	法國	入侵法國的諾曼人突然暴發天花疫情，諾曼人首領為阻止疫情擴散，下令將所有病人和看護病人的人殺掉

時間	地區	概況
16 世紀	美洲	1519 年科爾特斯率領 600 個西班牙人登陸墨西哥，攻打阿茲特克帝國，其間阿茲特克人被傳染天花，導致一半人口死亡，至 1618 年人口銳減至 160 萬，不及原有人口的 1/10；1526 年，天花疫情由陸路傳播至印加帝國，人口大量死亡，皇帝及繼承人也死於天花，皇位的空缺導致內戰，1531 年皮薩羅率領 168 人輕鬆征服印加帝國
18 世紀	歐洲	天花流行數十年，導致 6,000 萬人死亡，佔死亡總數的 10%~15%
1721 年	美國波士頓	波士頓總人口約 1.1 萬人，疫情過後，5,980 人得了天花，844 人死亡，病死率達 14%
1789 年	澳大利亞	英國人到達悉尼並定居，導致天花傳播至當地原住民，據估計，這場天花疫情導致 50% 的原住民死亡
1857—1872 年	英國	1857—1859 年、1863—1865 年、1872 年陸續暴發三次天花流行，分別導致 1.4 萬人、2 萬人、4.5 萬人死亡
1872 年	美國	1872 年美國發生天花大流行，僅費城就有 2,585 人死亡
1900—1909 年	俄羅斯	天花大流行造成 50 萬人死亡

資料來源：《世界瘟疫史》，恒大研究院。

在意識到天花病毒的巨大威力後，天花開始被有意用作生物武器。18 世紀北美戰爭中，英軍將被天花污染的毯子和手帕送給支持法軍的印第安人，引起天花流行和毀滅性後果。第二次世界大戰中，美、英、日均曾試圖研製天花武器，但因疫苗的廣泛接種而放棄。戰後，蘇聯曾設立天花武器開發廠並於 1971 年意外泄露，造成三人死亡，引發國際譴責。

據估計，從公元前 1157 年去世的古埃及法老拉美西斯五世，到 1977 年索馬里出現最後一例自然天花患者，天花肆虐人類社會 3,000 餘年，共造成約三億人死亡，是造成死亡人數最多的傳染病。

三、戰疫歷程：牛痘疫苗及有效的國際合作最終消滅了天花

　　人痘術因具有一定的危險性而普及緩慢，在英國成為富人和貴族的專利。最遲於 16 世紀，中國首先發明了成熟的人痘接種術，其中水苗法最為有效，即將患者的痘痂研磨成粉，加水稀釋後蘸入鼻孔，接種成功率高，並且稀釋過程可減輕接種後的發病病情。1688 年俄國最先派醫生來中國學習人痘術，但由於人痘術有 2% 左右的致死率，其在全球的普及過程緩慢，英國議會甚至曾宣佈接種人痘是一種危險行為。面對人痘接種的危險，英國醫生設計了術前準備四周，術後恢復兩周，包括灌腸和食療方案在內的冗長接種程序，並收取高昂費用，因此人痘接種術成為富人和貴族的專利。

　　理性的數量分析使人痘術的價值被確認，在 18 世紀 60 年代後日益普及。1716 年北美波士頓的牧師馬瑟對 242 名志願者接種了人痘，結果六人死亡，馬瑟認為儘管直接接種人痘的致死率為 2.5%，但不接種人痘患天花的自然死亡率為 15%~20%，因此人痘接種術仍然值得推廣，這是第一個對醫學程序進行數量分析的案例。隨著人們對人痘術價值認識的深入及天花流行造成的恐慌，18 世紀 60 年代後人痘術終於在歐洲日益普及。

　　牛痘疫苗的發明使人類看到了戰勝天花的曙光。1796 年，英國醫生詹納發現，患過輕微牛痘的擠奶女工不會感染天花，推測牛痘具有預防天花的作用，因此將牛痘漿液接種給一名八歲男孩和其他 22 名兒童，隨後接種天花，但接種者安然無恙，這證實了牛痘疫苗對於預防天花的有效性，並且安全性超過人痘術。

　　除牛痘疫苗、凍乾技術的發明外，強有力的政府推行及國際合作也是人類消滅天花的重要因素。牛痘疫苗的推廣過程並非一帆風順。起初人

們認為接種牛痘可能導致人的變異，並且牛痘疫苗的預防效果並不會立即顯現，因此牛痘疫苗曾遭到抵制。在此情況下，歐、美各國政府通過立法強制全民接種疫苗，天花得以逐步控制。但與歐、美國家不同，發展中國家普遍面臨資金問題，並且熱帶國家天氣炎熱造成的疫苗失活問題嚴重，牛痘疫苗的全民接種面臨種種困難。20 世紀中期，WHO（世界衛生組織）成立並致力於在全球範圍內消滅天花，同時適用於熱帶國家的凍乾疫苗被發明，全球範圍內的天花消滅計劃穩步推進。1977 年索馬里最後一例自然天花患者痊癒，人類經過 170 年的努力，終於消滅了天花病毒。天花成為目前唯一被人類消滅的傳染病，只有美國和俄羅斯實驗室還保存著天花病毒樣本。天花逐步被疫苗消滅的情況見附圖 3。

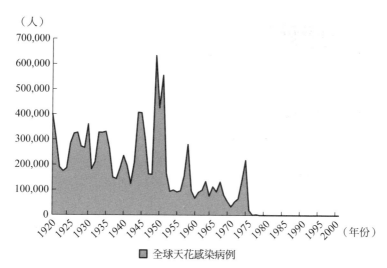

附圖 3　天花逐步被疫苗消滅

資料來源：WHO，恒大研究院。

第三節　西班牙流感：人類歷史上爆發力最強的瘟疫

一、起源：源於美國，可能與豬或禽類有關

西班牙流感由 H1N1（甲型流感病毒）引起，通過呼吸道或直接接觸傳播。最新的研究表明，H1N1 在遺傳上可能來源於豬流感病毒或一種禽類病毒，因此推斷其起源於豬或禽類，也有可能是起源於禽類經過豬感染人類。

西班牙流感的首個病例於 1918 年 1 月在美國得克薩斯州哈斯克爾縣被發現，兩個月後在當地美軍訓練營集中暴發，隨後疫情蔓延至美國各地及全球。

這場瘟疫被稱為 "西班牙流感"，原因是這場疫情暴發於第一次世界大戰時期各參戰國為了戰爭利益而封鎖疫情消息，只有中立國西班牙大量報道了疫情，導致人們誤以為疫情主要暴發於西班牙。

二、暴發：流行中變異，兩年時間感染全球 1/3 人口，死亡超過 5,000 萬

1918 年 3 月，流感疫情首先在美國得克薩斯州的福斯頓軍營暴發，1,100 名士兵患上重型流感，隨後全美 36 個大型軍營中的 24 個陸續暴發疫情並傳播至周圍城市。1918 年 4 月，美軍陸續被派往歐洲戰場，疫情

開始擴散至歐洲及全球。但這一時期的西班牙流感致病性並不強,例如法國海軍司令部的 172 名守衛士兵中大部分都感染了流感,其中 54 人住院,但最終全部康復,無一人死亡。進入夏季,疫情在西歐和美國開始消散,英國的一份醫學期刊評論稱"流感疫情已全然消失了"。

但實際上,代際傳播後的流感病毒正在變異,瑞士、英國伯明翰、法國的一個小型兵站等局部地區開始出現高死亡率的流感疫情,總人口死亡率在 5% 以上。

1918 年 8 月,一艘離開西非國家塞拉利昂的英國軍艦暴發疫情,779 名船員中有近 600 名患者,最終死亡 51 人,死亡率達近 9%。隨後流感傳入美國和法國,並於 9 月大範圍暴發,數星期內傳播至世界各地,第二次大流行到來。第二次大流行持續了約三個月,造成大量人口死亡和大恐慌。僅 10 月美國就死亡 20 萬人,醫生和護士大量感染造成醫院癱瘓,甚至連棺材都脫銷了,部分運兵船在 14 天的航行中死亡近一半,屍體被拋入大海。德軍因西班牙流感而減員三成,成為其投降和"一戰"結束的重要因素。西班牙流感在世界各國的流行情況見附表 3。

附表 3　西班牙流感在世界各國的流行情況

地區	傳入時間	死亡人數	總人口死亡率
美國	1918 年 1 月	68 萬	0.6%
加拿大	1918 年	4.4 萬	0.5%
墨西哥	1918 年	30 萬	2.3%
巴西	1918 年	18 萬	0.6%
阿根廷	1918 年	1 萬	0.12%
英國	1918 年 6 月	20 萬	0.64%
德國	1918 年 5 月	23 萬	0.37%
法國	1918 年 5 月	17 萬	0.4%
西班牙	1918 年 5 月	17 萬	0.8%

續表

地區	傳入時間	死亡人數	總人口死亡率
意大利	1918 年 5 月	38 萬	1.1%
蘇聯	1918 年 6 月	45 萬	0.5%
日本	1918 年 8 月	26 萬	0.4%
日治朝鮮	1918 年 8 月	14 萬	1.9%
印度	1918 年 5 月	1,700 萬	5%
伊朗	1918 年	90 萬 ~ 243 萬	8%~22%
中國	1918 年 6 月	100 萬 ~ 900 萬	—
澳大利亞	1919 年 1 月	1.3 萬	0.27%
菲律賓	1918 年 11 月	94 萬	0.89%
荷屬東印度	1918 年 11 月	80 萬	1.6%
非洲	1918 年 8 月	135 萬	1%

資料來源：流行性流感調查（Epidemic Influenza-A survey），恒大研究院。

　　1919 年冬，西班牙流感第三次流行到來，但致病力弱於第二次流行，整體影響不大。至 1920 年春，流感病毒神秘消失，從此銷聲匿跡。

　　事後來看，1918 年西班牙流感具有流行時間短、傳播範圍廣、感染人數及死亡人數多、青壯年死亡率高等特點。流行時間方面，這場流感始於 1918 年春季，歷時僅兩年，分別在 1918 年春季、1918 年秋季、1919 年冬季至 1920 年春季三次大流行，其中第二次最為嚴重。傳播範圍方面，西班牙流感基本覆蓋全球所有人類聚集地，包括北極和太平洋群島，其中北極圈的一些因紐特人部落死亡率超過 80%，很多村莊成為廢墟。感染人數及死亡人數方面，西班牙流感死亡患者主要死於肺炎，儘管西班牙流感的致死率遠低於黑死病、天花等著名瘟疫，但由於感染者基數大，同樣造成了嚴重的死亡規模；經統計和估算，西班牙流感感染人數達到 5 億，佔全球人口的 1/3，而死亡人數在 5,000 萬 ~1 億人，在人類歷史上僅次於天花。死者年齡結構方面，16~40 歲的青壯年佔一半以上，原因是青壯年的較強免疫應答造成了更嚴重的細胞因子風暴，如附圖 4 所示，青壯年的死亡造成美國預期壽命下降約 12 年。

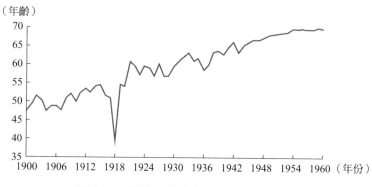

附圖 4　西班牙流感造成美國預期壽命大幅下降

資料來源：《超級流感的威脅》（*The Threat of Pandemic Influenza*），恒大研究院。

三、戰疫歷程：戰爭利益被置於公共衛生之上，導致疫情擴大

1918 年正值第一次世界大戰末期，各參戰國均進行了全國性動員及徵兵，大量兵員聚集在居住環境不佳的軍營或軍事訓練營中，為流感的暴發創造了有利環境。

第一次和第二次流感暴發的前期，政府受戰爭利益影響而未採取及時的防疫措施，反而進行消息封鎖。1918 年 1 月，美國堪薩斯州的醫生邁納發現了這一傳染病的危險性，發出了 "嚴重流感" 的警告，但當地政府未能給予重視。第二次流行初期，紐約、費城等城市的衛生部即使在當地出現流感致死病例後仍然否認流感的威脅，不但拒絕實施流行病學家建議的禁止集會、隔離、關閉學校等措施，理由是會引起恐慌並干擾軍事行動，反而費城舉行了幾十萬人規模的自由公債遊行，用於戰爭公債的銷

售。美國公共衛生部和軍醫署也多次向美軍司令部發出警告，要求停止軍營間的調動，停止將染病的部隊派往歐洲，但美軍司令部認為停止派遣將助長德軍士氣，因此大部分沒有採納，派往歐洲的美軍也未進行嚴格的檢疫措施。相反，面對民間逐步擴大的疫情和恐慌，政府為了穩定士氣，採取消息封鎖策略，包括美聯社在內的眾多媒體提示民眾 "恐懼是我們的頭號敵人"，因此民眾警惕性下降且防控措施滯後。由於防疫措施不力，疫情很快在 10 月初大暴發，社會和軍隊陷入混亂，政府才不得不採取嚴厲的防疫措施，但為時已晚。

戰時機制導致醫護人員被大量徵調，加劇了民間醫療資源的短缺和疫情的惡化。疫情暴發期間，大量醫護人員被徵調到軍隊醫院，美國軍隊一度佔用了全國 1/4 以上的醫護人員。並且，醫護人員在疫情暴發中也損失慘重，如費城總醫院 43% 的醫護人員病倒，政府被迫起用已退休醫護人員及尚未畢業的醫學生，醫護人員的短缺加重了民間的恐慌。

預防措施缺乏針對性，病原體確認的失誤，治療方案的缺失等因素導致社會防治混亂。1918 年 9 月 22 日，美國政府首次發出預防流感的建議公告：避免不必要的擁擠現象；咳嗽和打噴嚏時掩口；用鼻而非口來呼吸；記住保持三清潔，清潔的口腔、清潔的皮膚、清潔的衣服；食物是戰勝疾病的武器，仔細挑選並細嚼慢嚥；飯前洗手；及時排便；衣服、鞋子、手套要寬鬆，讓大自然做你的戰友而不是兇手；如果空氣清新，則儘可能深呼吸。但長篇的建議中並未提及戴口罩、日常洗手消毒、室內通風等措施。同時，美國公共衛生部寄希望於科學家的科研工作，但病原體研究工作自始至終也未能完全明確疫情的原因，甚至一度誤認為流感嗜血桿菌是致病菌並研製出疫苗，事後證明耗費巨大的人力、物力的疫苗無效。在此情況下，醫生缺乏疫苗及有效的治療藥物，集體討論治療方案也未能達成共識，防治措施的匱乏是這次疫情高死亡率的重要因素。

第四節　霍亂：數小時即死亡，七次世界大流行

一、起源：印度是"霍亂的故鄉"，商貿與殖民吹響暴發的前奏

　　霍亂是由霍亂弧菌引起的急性腸道傳染病，主要通過病人糞便排泄和飲用水污染傳播，食物、生活物品和蒼蠅亦可傳播。霍亂病人初期大多沒有症狀，潛伏期 1~5 天，發病表現為劇烈腹瀉、嘔吐，繼而身體脫水致死，若不能及時治療，患者最快數小時至數十小時內就會死亡。

　　印度恒河三角洲是霍亂的地方性病源區，被稱為"霍亂的故鄉"。歷史上印度有水葬的習俗，人死後將屍體置於恒河中使其順流而下，因此印度和孟加拉境內的恒河流域成為疾病的滋生地。從遠古時代到 19 世紀初，由於地理環境封閉、陸路不暢，霍亂僅於印度、孟加拉一帶隨著每年雨季來臨而周期性流行，當時患者死亡率在 70% 以上。

　　15 世紀初，到過印度的歐洲人描述了霍亂，開啟了西方世界對霍亂的認知。隨著商貿需求的擴大和海路運輸的發展，印度次大陸被打通，霍亂加速外傳。1817 年，印度多省暴發霍亂，而英國殖民統治下頻繁的跨區商貿活動奏響了霍亂世界大流行的前奏。

二、暴發：七次重蹈覆轍，至今生生不息

　　霍亂世界性流行始於 1817 年的印度，之後傳播至地中海地區。1830

年霍亂首次登陸歐洲，1832 年首次到達美洲，1852 年以後首次於亞洲大面積暴發，每一次大流行都有數十萬至數百萬人死亡。始於 1899 年的第六次大流行最為嚴重，歷時逾 20 年，其中僅印度病死就達數百萬人。1909 年霍亂隨商船登陸荷蘭鹿特丹港口，同年意大利、匈牙利等中南歐地區暴發嚴重疫情。1904—1910 年霍亂席捲俄國，後來第一次世界大戰爆發，俄國戰俘將疾病帶到多國軍隊中，霍亂隨戰亂步伐蔓延至世界各地。

廣義上，1961 年開始的第七次大流行至今仍在繼續，霍亂從印度尼西亞向周邊地區蔓延，逐步波及 140 多個國家和地區。根據世界衛生組織數據，1961—1992 年霍亂流行期間全球患者數量超過 280 萬人；至今全球平均每年新增霍亂病例 130 萬~400 萬例，死亡約 2.1 萬~14.3 萬例。世界歷史上七次霍亂大流行見附表 4。

附表 4　世界歷史上七次霍亂大流行

時間	涉及地區與傳播路徑	概況
第一次大流行（1817—1823）	印度—亞洲—地中海沿岸	1817 年 3 月印度加爾各答暴發霍亂，7—8 月印度、孟加拉多地疫情暴發，25,000 人因病就醫，4,000 人死亡。1818—1821 年霍亂掠過亞洲多地，其中 1820—1822 年在中國流行。1823 年霍亂出現在埃及、敘利亞等地中海沿岸國家，險些登陸歐洲。第一次大流行致病者達數十萬人
第二次大流行（1827—1837）	印度—俄國—東歐—英國—法國—德國—加拿大—美洲	1824—1827 年霍亂再次小規模流行於印度。1829 年擴散至裏海沿岸的俄國。1830—1831 年隨俄國軍隊擴散至波蘭、匈牙利、德國、英國等地區。其中，僅英國就有超過 7.8 萬人喪生。1832 年霍亂繼續傳至法國導致超過 7,000 人死亡，同年通過德國開往加拿大的移民船登陸北美。後來疫情於地中海和中美洲地區持續至 1837 年

時間	涉及地區 與傳播路徑	概況
第三次大流行 （1846—1859）	阿富汗—中亞— 阿拉伯—歐洲— 北美—亞洲	1839 年霍亂隨英國軍隊傳播至阿富汗，後來逐漸波及波斯和中亞。1846—1847 年霍亂在阿拉伯海岸、裏海和黑海地區暴發，1848 年從阿拉伯傳至東歐和北歐，1949 年在歐洲開始新一輪暴發，高峰時每日病死人數上千。1848—1850 年霍亂跨越大西洋抵達北美。1852—1859 年霍亂於亞洲的印尼、中國、日本和朝鮮等地暴發。1855 年英國人發現水是霍亂傳染源，其後歐、美疫情得到控制
第四次大流行 （1863—1879）	地中海—歐洲— 美洲—東非—亞 洲	1865 年霍亂暴發於地中海地區。1866 年克里米亞戰爭使霍亂迅速傳播至整個歐洲大陸。其中，東歐的俄羅斯有 9 萬人病死，中歐的德國、奧地利分別死亡 11.5 萬、8 萬人。1867 年意大利死亡 13 萬人，阿爾及利亞死亡 8 萬人，英國死亡 1.5 萬人。同年，美國和拉美地區也暴發疫情，美國約 5 萬人死亡。1869 年霍亂到達東非的桑給巴爾，造成 7 萬人死亡。1871 年，霍亂在俄國造成 13 萬人死亡。1872—1873 年匈牙利死亡人數激增至 19 萬人。1877—1879 日本也遭遇疫情，僅 1879 年就有 15 萬人染病，9 萬人死亡
第五次大流行 （1881—1896）	地中海—歐洲— 美洲—亞洲	1881 年霍亂大流行再次起始於地中海沿岸，後來在法國、西班牙等歐洲地區迅速傳播。其中，1884 年法國有 1 萬人染病，1885 年西班牙有 16 萬病患，6 萬人病死。1887 年疫情席捲美洲，在美國紐約得到抑制，但在拉美地區暴發。1888—1896 年，亞洲地區也發生大規模暴發，其中 1888 年、1890 年和 1895 年在中國暴發三次，日本相繼暴發了五次，朝鮮暴發四次

續表

時間	涉及地區與傳播路徑	概況
第六次大流行（1899—1923）	印度—地中海—亞洲—俄羅斯—歐洲	1899—1909 年印度暴發霍亂，每年均有 20 萬~80 萬人死亡，累計死亡數百萬人。1902—1923 年地中海地區頻繁暴發疫情，埃及約 3.4 萬人死亡，沙特阿拉伯有 25 萬人死亡。同年，霍亂依次掠過中國、朝鮮、日本和菲律賓等亞洲地區。1903 年霍亂襲擊黑海和中東地區。1904 年霍亂隨商旅隊到達裏海，1904—1910 年俄國多次暴發疫情。1909 年霍亂登陸荷蘭鹿特丹港口，同年意大利、匈牙利等中南歐地區疫情較重。1914—1918 年第一次世界大戰爆發，霍亂通過俄國戰俘侵蝕了奧匈帝國軍隊，德國軍隊因接種了疫苗而躲過一劫
第七次大流行（1961 年至今）	印尼—亞洲—中東—非洲—歐洲	1961—1964 年霍亂起始於印度尼西亞，向整個亞洲地區擴散，菲律賓、越南、新加坡等東南亞地區受波及，高峰時每年均有超過 1 萬人染病、2,000 人死亡，後來也波及中國廣東、中國香港和中國澳門。1964 年霍亂再次席捲印度，1965 年傳播至巴基斯坦、阿富汗、伊朗和蘇聯。1970 年包括蘇聯在內的 6 個亞洲國家、15 個非洲國家和 3 個歐洲國家疫情加劇，後傳播至中東地區和非洲大陸。1973 年非洲霍亂疫情嚴重，又反向傳播至印度洋沿岸和東南亞地區

資料來源：《世界瘟疫史》，恒大研究院。

　　除了死亡，歷史上霍亂對人類社會亦造成多方面衝擊，包括經濟損失、欺詐、大逃亡和社會暴力等。1832 年法國首次暴發霍亂，醫生短期內未發現有效的治療方式，大量不法分子聲稱自己有治病秘方並騙取"國難財"，民眾因恐慌而對這些秘方深信不疑。1833 年 1 月法國巴黎疫情仍未控制，民眾恐慌導致 12 萬人逃亡。1852 年霍亂暴發於伊朗，驚恐之下伊朗國王與 4/5 的市民逃離了首都德黑蘭。1820 年，菲律賓暴發霍亂，民間謠言稱外國人故意將疾病帶入，導致馬尼拉發生襲擊外國人的暴力事件，兩天內數十名歐洲人和華人被殺害。1892 年俄國暴發霍亂，政府防疫措施失靈，導致民眾襲擊醫生、警察和政府官員的暴力事件頻頻發生。直到 20 世紀 90 年代，人們才開始詳細統計疫情對商貿活動造成的經濟損失。其中，當時的印度約有八億人口，印度稱霍亂使其運輸和旅遊業損失收入超過 10 億美元；同期拉丁美洲的秘魯僅有兩千萬人口，霍亂使其貿易和旅遊業受損超過 7.7 億美元。

三、戰疫歷程：認知、科學、機制，缺一不可

早期面對未知的疾病，誤判其傳染性造成了霍亂大流行的後果。第二次大流行期間，歐洲人面對未知的疾病，就其"傳染性"發生爭論，但大規模檢疫和隔離措施，與當時的現代化建設、殖民統治、重商主義等發展思路相矛盾，因此社會主流觀點不願承認其傳染性，沒有實施防疫措施，相關醫學研究進展緩慢，導致疫情大規模擴散。1855 年，一名英國醫生通過一張 "地圖" 發現水是霍亂的傳染源，從而有效控制了疫情傳播。19 世紀中期，法國、德國、意大利等歐洲科學家努力查找霍亂病原體，但進展有限。1854 年英國倫敦暴發區域性霍亂，次年英國醫生斯諾通過流行病學和統計分析，繪製了病人居住地地圖，認為病人密集度高的區域可能是病源所在地，並認定當地的一口水井是罪魁禍首。斯諾將結論上報政府，倫敦政府聽取其建議封了水井，使發病人數大幅減少。

19 世紀末，疫苗問世卻未能阻止霍亂流行，配套的治療措施和疫苗接種制度才是防疫的關鍵。1893 年第一種針對霍亂的疫苗被研製出來，但並未得到普及，疫苗誕生也未能阻止第六次和第七次霍亂大流行。第六次大流行期間，印度逐步建立了對霍亂的權威性治療體系，才遏制了印度

長達十年的嚴重疫情。1913 年，埃及建立了強制接種霍亂疫苗的制度，此後埃及再未出現大規模流行現象。"一戰"期間，德國為軍隊強制注射了疫苗，之後霍亂通過俄國戰俘侵蝕了奧匈帝國軍隊，但德國軍隊因接種了疫苗而躲過一劫。20 世紀疫苗科技和醫治水平的不斷進步逐漸削弱了霍亂的破壞力。1893 年的霍亂疫苗保護率只有 50%~70%，保護期僅 3~6 個月，並且具有毒副作用，由於成本高而未得到普及。20 世紀 80 年代，口服霍亂疫苗問世，保護期達三年，頭年保護率可達 85%。2004 年，中國研製的新型口服疫苗上市，大幅降低了成本和副作用，並成為世界衛生組織推薦用藥，已經在非洲等貧困地區推廣。目前，口服補液、靜脈輸液和抗生素的治療體系已經能有效醫治病患，死亡率可控制在 1% 以下。

短期來看，強有力的公共衛生管理措施是遏制疫情的關鍵。1866 年美國紐約州通過改革法案成立了一支由專業醫務人員組成的委員會，以應對紐約霍亂。該委員會頒佈了 31,000 多道禁令，12,000 英尺（約為 3.66 千米）長的衛生清理區域命令，770 道蓄水池清理條例，最終有效控制了疫情。20 世紀初，中國政府在東北建立特別疫情指揮部，在多地主要鐵路交會處建立隔離和收留中心，對所有公共運輸設施消毒，嚴格管理喪葬場所等，在三個月內遏制住了疾病。

長期來看，改善居民用水衛生條件是防疫之本，建立全球性預警系統和防控機制是全球戰疫的重要舉措。19 世紀末的霍亂世界流行，使各國政府開始積極建立衛生保健規則，並興建新式衛生下水道系統，有效防止了霍亂再次暴發。但是目前世界貧困地區衛生條件仍然堪憂，全球約 20 億人無法獲得清潔水，廁所等衛生設施的缺乏也是霍亂流行的重要原因。2017 年，世界衛生組織制定了終止霍亂的全球規劃圖，要求各國配合及時發現並通報疫情，在貧困地區改善衛生基礎設施和推廣口服疫苗，協調全球力量幫助疫情受災區，目標是於 2030 年實現各國霍亂人數減少 90%，並在 20 個國家徹底消除。

第五節　SARS：21 世紀的首次全球瘟疫

一、起源

　　SARS 是 21 世紀出現的第一種嚴重的、易於傳播的新病毒，由 SARS 相關冠狀病毒引發，主要通過近距離飛沫和接觸傳播，但不排除有糞口傳播等其他途徑。其臨床表現為發熱、呼吸困難等，與肺炎症狀類似，因此最早被稱為"非典型性肺炎"，簡稱"非典"，後被 WHO 命名為 SARS，直譯為"嚴重急性呼吸道綜合徵"。SARS 病毒的源頭為中華菊頭蝠。

二、暴發：春運助推，短暫衝擊經濟，持續觸動社會

　　2003 年 2 月正值中國春運時期，返鄉返崗過程中人員大規模流動，2 月中國客運總量達 14.73 億人次，旅客周轉量達 1,338.9 億人公里，均達到全年峰值。2 月，與廣東臨近的香港地區出現病患，山西也出現自廣東返鄉的病患，但 3 月才被確診。3 月北京、內蒙古、台灣等地區陸續出現首例確診病例。截至 3 月底，中國內地報告病例 806 例，香港地區和台灣地區共計 540 例。2003 年 SARS 在中國部分地區傳播概況見附表 5。

　　2003 年 2 月下旬，一名常駐上海的美國商人在途經中國香港到達越南河內後確認染病，並傳染了多名當地醫療人員。常駐河內的 WHO 醫生向 WHO 通報了病情，3 月 12 日 WHO 發出了全球警告，3 月 15 日 WHO

正式將該病命名為 SARS。之後 SARS 從東南亞傳播到澳大利亞、歐洲和北美。7 月，全球 SARS 確診和疑似病例數均不再增長，疫情基本結束。根據 WHO 數據，截至 2003 年 8 月，中國內地累計報告 SARS 病例 5,327 例，死亡 349 例；全球累計患病 8,422 例，死亡 916 例。SARS 在世界各地區的病例統計見附圖 7。

附表 5　2003 年 SARS 在中國部分地區傳播概況

地區	確診病例 / 死亡病例（截至 2003-05-18）	傳播概況
北京	2,434/147	2003 年 3 月 6 日北京接報第一例輸入性 "非典" 病例。3 月 15 日北京收治了一名從香港探親回家的患者，一周之內傳染了東直門醫院 11 位醫護人員。4 月 11 日 WHO 進入北京考察。4 月 12 日 WHO 將北京列入疫區。4 月 16—19 日，北方交大宿舍出現病患，導致學校共有 31 人出現發熱症狀
香港	1,714/251	2003 年 2 月 21 日廣東旅客入住香港酒店並傳染 7 名旅客。3 月 10 日香港媒體報道香港近期有 10 多名醫護人員發熱且有傳染跡象。3 月 13 日患病醫務人員達 115 人。此後高峰期日增病例 60 例以上。3 月 31 日香港特區政府隔離了一幢公寓。4 月 15 日 WHO 將中國香港列為疫區
廣東	1,514/346	2002 年 11 月 16 日河源市出現全球首例 "非典" 病例報告。2003 年 2 月 9 日廣州市已經有超過 100 個病例，其中很多是醫護人員，並出現 2 例死亡。2 月 10 日廣東省報告患病 305 例，死亡 5 例，2 月 14 日報告仍是 305 例。3 月 25 日廣東省中醫院發生全國首例醫護人員死亡。4 月 2 日廣東報告 3 月有 361 起新病例，9 人死亡。4 月 2 日 WHO 進入廣東調查。4 月 15 日 WHO 將廣東省列為疫區

地區	確診病例／死亡病例（截至 2003-05-18）	傳播概況
山西	445/78	山西疫情的第一例是山西太原人，2003 年 2 月 15 日到廣東進貨被感染，2 月 27 日入住山西省人民醫院，2 月 28 日到北京就診後確診，先後傳染 19 人，其中 8 人在北京確診，11 例在山西省內確診。4 月 15 日 WHO 將山西省列為疫區
台灣	344/40	2003 年 3 月 13 日一名台商確認感染，但其家屬未被傳染。4 月 15 日 WHO 將中國台灣列為疫區。4 月 24 日台北和平醫院因疫情嚴重而封院。4 月 28 日台灣出現首例死亡病例
內蒙古	289/42	2003 年 3 月 7 日內蒙古發現第一例疑似病例報告，此後中部、西部和東部的六個盟市相繼出現病例。3 月 15 日呼和浩特市一位民航女乘務員曾飛往香港並波及 8 人。呼和浩特市一名中學生看望患病住院的親屬後發病並波及 3 人
河北	210/22	保定市首例為去北京參加哥哥葬禮的保定人，2003 年 4 月 9 日回到保定並傳染 6 人；石家莊市首例病人是一位在北京打工的石家莊人，4 月 5 日發熱後在北京治療，4 月 11 日回到石家莊，4 月 25 日確診，之後傳染給 5 位親人。張家口市首例病人是在北京某醫院治療糖尿病的男子。邯鄲確診的首例病人是一名在北京理工大學建築工地打工的甘肅人
吉林	35/7	2003 年 4 月長春市居民到北京某醫院護理女兒分娩，當時該醫院已開始收治"非典"病人，返回長春後出現"非典"症狀，在吉林大學第一醫院呼吸科經專家會診後確診，之後傳染給 3 位親人、2 位病友和 6 位醫護人員

續表

地區	確診病例／死亡病例 （截至 2003-05-18）	傳播概況
四川	17/0	2003 年 4 月 5 日瀘州市敘永縣一打工青年在廣東患病後回老家治療，經臨床診斷為"非典"；4 月 19 日兩名從廣東返回樂山的青年出現疑似症狀。據四川省非典型肺炎防治小組專家分析，四川全部"非典"病例均為輸入性，大多是從廣東傳入的，尤以在廣東務工的農民工為主

資料來源：WHO，公開資料整理，恒大研究院。

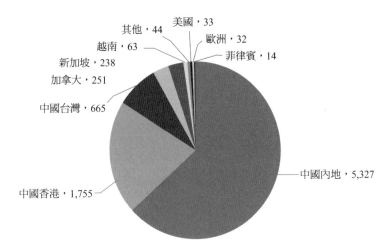

附圖 7　SARS 在世界各地區的病例統計

資料來源：WHO，恒大研究院。

SARS 流行期間，民生經濟遭遇短暫衝擊。疫情期間政府限制人員流動，疊加民眾自主減少外出和消費活動，一定程度上阻礙了經濟發展。如附圖 8 所示，2003 年 4—6 月中國客運量明顯減少，其中 5 月客運量減少至 8.09 億人次，僅是 2 月的 54.9%。如附圖 9 所示，2003 年全國第二季度 GDP 增速從第一季度的 11.1% 下滑至 9.1%，其中運輸物流業和住宿餐飲業下滑明顯，分別降至 2.3% 和 7.4%。然而疫情過後經濟快速恢復，住宿餐飲業甚至出現短暫爆發，第三季度 GDP 增速恢復至 10%。

SARS 暴發間接影響了部分地區的政治局勢。例如，中國香港暴發疫情後，民眾認為政府防治不力導致社區大規模傳染，引發了民眾的不滿情緒。此外，香港旅遊業因疫情而備受衝擊，嚴重影響了香港經濟，因此香港特區政府向中央請示，催生了對內地居民的"自由行"政策，使中國香港與內地的關係進入歷史新篇章。

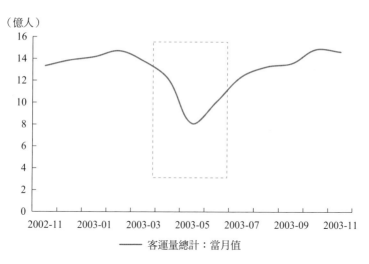

（億人）

—— 客運量總計：當月值

附圖 8　SARS 期間全國客運量銳減

資料來源：Wind，恒大研究院。

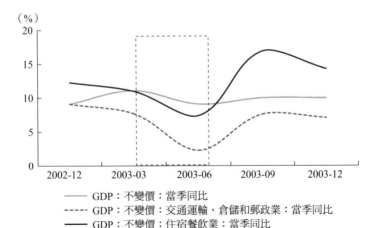

（%）

——	GDP：不變價：當季同比
----	GDP：不變價：交通運輸、倉儲和郵政業：當季同比
——	GDP：不變價：住宿餐飲業：當季同比

附圖 9　SARS 期間第二季度經濟受衝擊

資料來源：Wind，恒大研究院。

　　SARS 對醫療衛生系統產生了衝擊，一部分幸存者至今仍遭受激素治療的後遺症。對醫護人員而言，由於初期不知疾病的傳染性，大量醫者因防護不足而感染。2003 年 5 月 6 日，北京公佈確診 SARS 患者達 1,897 例，其中醫護人員有 335 人，約佔 18%。據統計，中國內地和中國香港分別有 13 位和 8 位醫護人員因此殉職。對一些患病後治癒的幸存者而言，由於缺乏有效的治療手段，搶救中使用的激素類藥物易引發後遺症，有人因此長期遭受疾病折磨，陷入經濟困境，有些人在十年後才引起關注。

三、戰疫歷程：信息公開是戰疫的轉折點

　　疫情初期，信息不清晰導致民眾和政府掉以輕心，加劇了傳播風險和防疫難度。

　　信息清晰之後，中國各級政府部門第一時間採取了一系列有效措施控制疫情，防疫工作步入正軌。2003 年 4 月 17 日中央政治局會議後，政

府認識到了 SARS 的嚴重程度和潛在威脅，開始嚴肅應對。4 月 19 日中央政府警告地方官員，瞞報少報疫情的官員將面臨嚴厲處分。4 月 20 日北京市政府公佈確診患者 339 例。當日，中國政府宣佈了多項政策和人事任免，包括衛生部宣佈實行 "疫情一日一報制"、多所高校停課、任命王岐山擔任北京市代理市長等。4 月 26 日民政部與衛生部聯合發出緊急通知，要求 SARS 患者遺體要及時、就地火化，不得舉行遺體告別儀式。4 月 30 日衛生部通知要求 SARS 防治場所嚴禁使用中央空調。5 月 9 日國務院公佈施行《突發公共衛生事件應急條例》。

信息公開也引起了 WHO 與世界各國對疫情的高度重視，全球警報系統和對疫情防治的協調統籌能力發揮了顯著作用。由於越南河內向 WHO 通報了病情，3 月 12 日 WHO 發出全球警告，建議隔離治療疑似病例，並成立醫護人員網絡以協助研究 SARS 疫情。自 4 月 2 日 WHO 先後進入中國廣東、北京和澳門協助調查，疫情信息逐步公開，世界各國建立信息通報和共享機制。4 月 15 日 WHO 將中國廣東、山西、香港、台灣，以及加拿大多倫多、越南河內和新加坡列為疫區。之後，加拿大發佈了多份隔離令，新加坡、中國香港和中國台灣採取了疑似病例隔離、學校停課等措施。疫區以外的國家和地區政府紛紛出台政策防止公民前往疫區。5—7 月，WHO 陸續將新加坡、中國香港、中國內地、加拿大以及中國台灣從疫區中除名。

SARS 期間，中國不斷總結經驗、吸取教訓，並及時調整防範措施，阻止了疫情後發省份和地區的疾病擴散。例如，山西、內蒙古、北京等地的疾病傳播多數源自從廣東返鄉人員，並且農村地區傳染風險大，這些規律引起了政府高度重視。4 月 22 日國家旅遊局規定，不得組織到中西部地區和農村旅遊，防止疫情通過旅遊向農村和邊遠地區擴散。時任國家主席胡錦濤親自到四川農村視察防疫執行情況，四川政府也針對返鄉農民工採取了跟蹤隔離等措施。後來四川全部病例均為輸入性，未發生本地傳播。截至 5 月中旬，中國境內 31 個省份和地區中，有 7 個地區無病例，12 個地區確診病例控制在個位數。

SARS 之後，中國就應對公共突發事件建立了更完善的法律法規和處理機制，信息透明成為公共決策的重要組成部分。1989 年中國頒佈並實施了《中華人民共和國傳染病防治法》，根據該法，信息公開的裁量權在地方政府而非中央。這一法律漏洞導致廣東省政府未能及時通報病情。2005 年該法被修訂，規定對突發原因不明的傳染病需要採取最高級別的預防、控制措施，並且由國務院衛生行政部門予以公佈、實施。2008 年 5 月 1 日中國正式實施了《中華人民共和國政府信息公開條例》，規定縣級以上政府部門應依法公開突發公共事件的應急預案、預警信息及應對情況。

第六節　危險重重：麻風病、炭疽病、黃熱病等

一、麻風病

"隔離" 的抗疫方式登上歷史舞台，由曾經的殘忍、粗暴逐漸轉變為文明、科學。麻風病是由麻風桿菌引起的一種慢性傳染病，主要經飛沫傳播，患者身體組織出現腫脹或潰爛，易致失明或身體殘疾。在公元前 1000—公元前 600 年，古埃及和印度已有該病的記載。後來疾病於中世紀暴發於歐洲，中世紀後暴發於亞洲，至今麻風病在部分貧困地區依然流行。世界各地均有病患，主要集中在南亞、東南亞、非洲和拉丁美洲。早

期人類用較粗暴隔離的方式應對麻風病。中世紀歐洲排斥麻風病人，病人甚至曾與猶太人一起被屠殺。古代中國民間將麻風病人棄置荒野，使逃亡者逐漸聚集成"麻風村"。隨著人類對疾病的認知進步，隔離方式變得更加文明和科學。中世紀歐洲有教會專門收留麻風病人，11 世紀英國建立了第一個麻風病禁錮所，13 世紀歐洲已有 19,000 個禁錮所，18 世紀中國建立了第一所慈善性質的"麻風院"，19 世紀印度將麻風病人單獨隔離至收容所。20 世紀 40 年代抗生素問世，麻風病得以治癒。然而，至今世界上一些貧困地區依然有麻風病在流行。

二、炭疽病

人畜共患，催生了生物武器，書寫了殘酷的戰爭和恐怖主義歷史篇章。炭疽病是由炭疽桿菌引發的急性傳染病，主要經接觸傳播，宿主多為動物皮毛及畜產品，主要表現為皮膚壞死或水腫，最快 1~2 日即可奪命。公元前 1500 年已有疑似炭疽症狀的記載，20 世紀通過羊毛自然傳播的炭疽在世界多國大規模流行。後來，人類發現炭疽桿菌容易繁殖、存活時間長、致命快，並且通過動物傳播隱蔽性強，很多強權國家藉此研發生物武器。"一戰"期間，德國間諜在紐約港口向運往歐洲的馬匹身上注射炭疽病毒，造成牲畜死亡以擾亂敵國後勤供應；"二戰"期間，英國在格魯伊納島試驗了一顆炭疽桿菌炸彈，直至 1990 年英國官方才宣佈該島已脫離危險。"二戰"後，獸用疫苗和抗生素已經能有效防止炭疽的自然傳播，然而人類仍未能阻止人為傳播。2001 年美國"9・11"恐怖事件爆發後，有人把含有炭疽桿菌的信件寄給數個新聞媒體辦公室以及兩名民主黨參議員，導致 22 人感染，其中 5 人死亡，並造成城市恐慌。

三、黃熱病

　　科學家以生命代價證實蚊子是傳播媒介，成為疫情防控的轉折點。黃熱病由黃熱病病毒引起，主要通過蚊子傳播，患者突出表現為黃疸、發熱、出血等。目前的研究已經證實，黃熱病病毒起源於非洲或美洲猴子中的相似病毒。作為一種以蚊子為傳播媒介的傳染病，黃熱病早期主要在非洲和美洲的熱帶地區流行，17 世紀商貿活動往來將黃熱病的流行地區擴大到北美和歐洲。在數百年不斷出現的疫情中，黃熱病患者主要是白人和印第安人，而黑人患病較少，這可能是因為白人和印第安人從未接觸過黃熱病而缺乏免疫力。1668 年黃熱病首次出現在紐約，此後黃熱病在美國各地間歇性暴發達百年之久，1800 年黃熱病開始在歐洲地中海沿岸大規模暴發，並曾導致巴塞羅那 1/6 的人口死亡。面對黃熱病的威脅，歐、美各國政府主要吸取了防控黑死病的經驗，如隔離檢疫、清潔城市環境等，但由於缺乏對黃熱病傳播途徑的認知，這些措施的效果有限。1900 年，美國軍醫里德奉命研究黃熱病的防治方法，研究過程中其兩名助手自願接受感染蚊子的叮咬，導致一人死亡，一人健康嚴重受損，最終以生命的代價證實蚊子是黃熱病的傳播媒介。由此滅蚊成為預防黃熱病的主要手段，成為人類控制黃熱病疫情的轉折點。1936 年，美國細菌學家泰勒發明了黃熱病疫苗，進一步削弱了黃熱病的威脅。至今，世界大部分地區均已不再有黃熱病出現，但在非洲和拉丁美洲部分地區，政府公共衛生意識不足、執行不力等因素使黃熱病仍然間歇性暴發，黃熱病目前仍然是威脅世界衛生安全的主要瘟疫之一。

四、肺結核

　　肺結核防控階段性勝利後的忽視導致疾病再度流行，移民、難民流動及細菌耐藥加大了防控難度，至今每年仍造成 150 萬人死亡。肺結核是結核分枝桿菌引起的傳染病，主要通過飛沫傳染，大多數感染者沒有症狀，也沒有傳染性，只有 10% 的感染者會惡化為開放性結核病，表現為慢性咳嗽、咯血、體重減輕等，致死率達 50%。肺結核是一種古老的疾病，至少可溯至新石器時代，發病主要與環境擁擠、營養不良有關。隨著城市規模及人口密度的增加，18 世紀末歐洲的肺結核疫情達到頂點，每年的總人口死亡率達到 1%。1882 年德國細菌學家科赫首次分離出結核桿菌，1921 年卡邁特發明卡介苗，1944 年鏈黴素被發明，人類防治肺結核的手段不斷豐富，全球尤其是發達國家的肺結核疫情得到較大程度的控制。疫情防控的階段性勝利使各國政府開始忽視防控工作，加上移民、難民流動的增加，多重抗藥性菌株的出現，以及 HIV（艾滋病病毒）關聯肺結核患者的增多，20 世紀 90 年代後肺結核再度全球流行，1993 年 WHO 宣佈肺結核疫情進入全球緊急狀態，2006 年發起結核病防治計劃，但未能達成 2015 年的防治目標。據估計，自 1882 年發現結核桿菌以來，全球就有至少兩億人死於肺結核，而目前全球約有 1/4 的人口患有潛伏性結核病，美國也有 5%~10% 的比例，全球每年死亡 150 萬人，死亡者 95% 來自發展中國家。

五、瘧疾

目前全球瘧疾感染者達兩億人，疫苗、藥物研發及國際合作仍需加強。瘧疾是由瘧原蟲引起的傳染病，主要通過蚊子傳播，患者 2~3 天發作一次，表現為發熱、畏寒等，在中國又被稱為 "打擺子"。瘧疾的流行歷史較長，公元前 2700 年中國就有瘧疾的歷史記載。目前的研究證據顯示，瘧原蟲可能來源於感染黑猩猩或大猩猩的近親物種。由於瘧疾主要通過蚊子傳播，因此主要流行於熱帶地區，尤其是非洲，但也曾在歐洲和北美流行。1880 年法國軍醫拉韋朗首次發現瘧原蟲，1898 年蘇格蘭醫生羅斯證實蚊子是瘧疾的病媒，隨後滅蚊和防蚊成為預防瘧疾的主要手段並產生了明顯效果。藥物方面，秘魯原住民最早發現金雞納樹樹皮具有治療瘧疾的作用，該療法於 1640 年傳入歐洲，後來化學家發現其有效成分是奎寧，20 世紀中期氯喹和青蒿素先後被發明，一系列新的藥物降低了瘧疾的威脅，但多年的使用使有抗藥性的瘧原蟲不斷出現。疫苗方面，直到 2015 年第一種瘧疾疫苗才被成功研發出來，但其保護效率不高且僅能維持一年半。由於疫苗長期缺乏，而且蚊子和瘧原蟲通過進化使抗藥性不斷增強，加上發展中國家在公共衛生方面投入不足，瘧疾的防控形勢不容樂觀，2015 年全球瘧疾感染者達 2 億人，死亡 44 萬人，死亡者 90% 來自非洲。

六、傷寒

　　"傷寒瑪麗" 讓人類發現了 "健康帶菌者"，在推動免疫學發展的同時，也引發了公眾對人權的熱議。傷寒是一種由傷寒桿菌引起的急性腸道傳染病，臨床表現為發熱、畏寒，嚴重者可導致腸穿孔以致命。傷寒桿菌在水中可存活 2~3 周，在糞便中能維持 1~2 個月。傷寒桿菌攜帶者容易通過其接觸過的水和食物向外散播細菌。1906 年美國一位富人僱用了一位愛爾蘭移民 "瑪麗" 做廚師，結果一屋子裏的 11 個人中有六人感染傷寒。經醫學專家調查，瑪麗之前的七個工作地點都曾暴發過傷寒，累計 22 人患病。然而，外表健康的瑪麗抗拒檢查，認為這是一種侮辱，在多次反抗後被警察強制帶走。瑪麗成為第一位無症狀傷寒病菌攜帶者，她的出現吸引了大量的醫學研究。醫學發現，人體免疫機制在病原體毒性有限時能阻止發病，但不能徹底消滅病原體。美國衛生部曾對瑪麗進行強制隔離並要求其不能再當廚師，但由於大眾缺乏對 "健康帶菌者" 的正確認知，並且瑪麗本身帶有"移民""女性"等易引起社會歧視的標籤，政府被媒體和大眾指控侵犯人權。然而，1915 年瑪麗又引發了一場 25 人的大感染，公眾對瑪麗的態度由同情轉變為憎惡。"傷寒瑪麗" 也因此成為代名詞，推動了社會關於疾病和人權的思考。

七、MERS

　　MERS（中東呼吸綜合徵）源自中東卻三年後在韓國意外暴發，醫療業私有化和公共衛生管理缺失是罪魁禍首。它與 SARS 類似，均是由冠狀病毒導致的呼吸道傳染病，2012 年始發於沙特阿拉伯，主要在中東地區流行。根據 WHO 數據，截至 2020 年 1 月，全球共有 MERS 確診病例 2,519 例，死亡 866 例，死亡率高達 34.3%。全球共有 27 個國家出現過確診病例，但超過 80% 的病例都在沙特阿拉伯。然而 2015 年 5 月韓國突然暴發 MERS，成為全球僅次於沙特阿拉伯的第二大疫情國。5 月 20 日一名從中東出差回國的韓國男子確診，5 月 29 日該男子已傳染 9 人，6 月 8 日韓國確診 68 人，7 月 11 日確診數達 186 例，死亡 38 例，1.7 萬人隔離，2,900 多所學校停課，引起社會極大恐慌，疫情持續近七個月才消停。MERS 的暴發揭露了韓國公共衛生管理的多重漏洞。疫情初期，韓國政府拒絕公開收治 MERS 患者的醫院名單，而醫院是 MERS 傳播的主要場所，導致疫情加劇、民眾恐慌。信息不透明的背後是韓國醫院私有化和管理體系的漏洞。韓國醫療體系私有化程度高，眾多私人醫院擔心影響 "生意" 而不願公開名單，同時政府也擔心信息公開導致醫院不肯接收新的病人而選擇不作為。疫情結束後，韓國政府開始採取多項措施加強公共衛生管理，2018 年 9 月韓國再次出現 MERS 病例，但政府僅用一個月就控制住了疫情。

第七節　啟示

一、瘟疫對人類社會具有巨大的破壞力

黑死病削減了歐洲 30%~50% 的人口，天花導致三億人死亡，西班牙流感致死人口破 5,000 萬，霍亂至今每年仍然奪走幾百萬條生命……宏觀上是數字，微觀上是多少家庭的悲歡離合。瘟疫對經濟的衝擊長期來自人口削減對生產力的破壞，短期來自商貿活動停滯帶來的直接影響。然而，我們難以準確估計其真正影響，因為沒有人知道"假如沒有瘟疫，世界會發生什麼"。同時，天災背後的"人禍"也讓人刻骨銘心。歐洲中世紀黑死病導致猶太人被迫害和屠殺，1918 年西班牙流感導致醫院癱瘓，2001年恐怖主義散播炭疽細菌引發騷亂，2003 年 SARS 導致板藍根脫銷，人心的恐慌與猜疑、社會的動盪與不安隨瘟疫一幕幕上演。遙遠的歷史顯得模糊，冰冷的數字缺乏震撼，只有當我們親身經歷的時候才深感瘟疫的殘酷。

二、瘟疫危機往往是人類文明進步的催化劑

落後、不健全的社會形態或制度的弊端往往在瘟疫中被放大，而瘟疫導致的生存危機又能夠迫使人們突破舊有的社會形態或制度，進而使人類文明在危機中不斷前進。例如黑死病期間，宗教懺悔和種族迫害均未能產

生防治效果，而隔離檢疫措施使很多城市免於瘟疫或者緩解了疫情，對比效果的強烈衝擊使人們的思想逐步從中世紀的宗教禁錮中走出，成為宗教改革和啟蒙運動的開端。2003 年 SARS 暴發初期，中國政府在信息公開方面的問題引發政府信任危機，事後中國出台了《中華人民共和國政府信息公開條例》，促進了中國政府信息公開改革進程。2015 年的 MERS 暴發也引發韓國政府對醫療行業監管的反思。抗疫經驗和教訓不斷轉化為推動社會前行的動力，與人類文明進步相生相伴。

三、瘟疫是在人類定居、馴化動物、城市化等文明進程中產生的

從表面看，細菌、病毒等微生物是傳染病的根源，但人類在幾百萬年的歷史中只有近一萬年才出現瘟疫，說明瘟疫的產生可能也有人類自身的因素。從演化生物學看，瘟疫的產生需要微生物獲得感染人的能力並持續在人與人之間傳播，而這些均需要人類的一系列 "配合" 才能實現，如定居、馴化動物、城市化等。大約 1 萬 ~1.2 萬年前，原以四處打獵為生的人類由於大型野生動物滅絕而被迫定居，並先後馴化了植物和動物，這兩大變化為瘟疫的產生提供了直接條件。一方面，定居後伴隨而來的老鼠、馴化後的牲畜等提供了潛在的病原體並與人類長期接觸，繼而這些病原體通過定向進化而變為人類傳染病；另一方面，定居使人類排泄物與食物、飲水開始有了交叉污染的可能，為眾多傳染病提供了傳播的條件。大約 6,000 年前，美索不達米亞首先出現了城市，城市的出現使人口聚集，這為傳染病的大流行提供了條件。人類文明在定居、馴化動物、城市化等過程中得以發展，但也為瘟疫的產生提供了條件，瘟疫因此被稱為 "文明病"。

附表 6　人類與動物的共有疾病

動物	與人共有疾病種類
家禽	26 種
老鼠	32 種
馬	35 種
豬	42 種
羊	46 種
牛	50 種
狗	65 種

資料來源:《瘟疫與人》,恒大研究院。

四、捕殺野生動物正在成為新傳染病產生的重要原因

近現代以來,捕殺野生動物在人類各類嗜好和生活陋習的驅動下增多,造成野生動物帶有的病原體獲得了接觸人類並適應人體環境的機會,多種新傳染病因此產生。經調查,19 世紀末鼠疫的全球第三次大流行是人們追求皮草服飾和大量獵殺土撥鼠導致的,近年來 SARS、MERS、埃博拉病毒等也被證明其直接或根本來源是蝙蝠、果子狸等野生動物且與食用野味有關。因此,保護野生動物、改變生活陋習對減少新傳染病的發生及公共衛生安全具有重要意義。

五、科學是人類戰疫史上最有力的武器

以祈禱來驅散病毒,以殺貓來消滅鼠疫,以板藍根來治療怪病,以偏方來求得心安⋯⋯不科學的防疫措施和應對方法不但不能遏制疫情,甚至可能加劇傳播,傷及更多生命。相反,19 世紀下半葉現代微生物學的

發展及科赫法則使眾多的傳染病得以明確病原體和傳播途徑,一方面為針對性的防疫措施提供了科學依據,另一方面也為疫苗開發提供了基礎。20世紀中期以來發明的抗生素、重組疫苗和抗病毒藥物等更是極大地豐富了人類防治傳染病的手段,顯著降低了傳染病對人類社會的威脅。此外,科學精神也發揮了巨大作用。比如 1796 年詹納正是通過細緻觀察、理性分析和嚴謹試驗的科學精神而發明牛痘疫苗的;又如 1854 年英國倫敦暴發的霍亂中,斯諾首次通過流行病學調查即地圖標記的方法確定傳染源為一口水井,隨後水井的封閉大大緩解了疫情。歷史證明,現代科學及理性嚴謹的科學精神是人類戰勝瘟疫的最有力武器。

六、政府要重視防疫,信息要公開透明

政治不可凌駕於公共健康權益和科學之上。19 世紀,歐洲現代化建設、殖民統治、重商主義正值鼎盛時期,而檢疫、隔離等措施與之相矛盾,因此執政者輕視且執行不力,最終導致霍亂疫情擴散。1918 年美國的執政者隱瞞疫情的嚴重性,將戰爭利益置於防疫之上,導致西班牙流感隨 "一戰" 蔓延至全球。2003 年中國個別地方錯過了防疫的最佳時機。2015 年韓國政府未公佈患者所在醫院更讓民眾感到恐慌。重視不夠、瞞報誤報、措施不力往往導致疫情快速惡化,不僅不能帶來穩定,反而導致政府公信力受損、社會猜測和恐慌,最終禍及自身。因此政府應將公共衛生安全放置首位,讓信息公開透明,直面疫情並第一時間組織抗疫防疫工作,尊重專業人士的意見,確保行政措施科學有效。

七、完善的公共衛生體系是防疫的根本

除了醫學進步,完善的公共衛生體系並確保執行是防疫的關鍵所在。

14 世紀意大利部分城市專業衛生機構的出現，使隔離檢疫等措施得以有效實施，並使一部分城市免於黑死病疫情；從 19 世紀中期開始，歐、美國家通過衛生立法強制全民接種牛痘疫苗，並得以逐步控制天花流行；19 世紀飲用水的清潔及廁所革命，使霍亂疫情得以大幅緩解。反面來看，"一戰" 期間，雖然已經有霍亂疫苗，但奧匈帝國軍隊未注射疫苗，仍然造成傳染悲劇，而德國的強制性疫苗接種幫助德軍躲過一劫。因此，面對各類可能突發的傳染病，加強公共衛生設施建設、建立衛生保障機制，加強應急管理和執行力，最終使公共衛生體系進一步完善是防疫的根本。

八、瘟疫無國界，全球應攜手抗疫

無論是蒙古鼠疫席捲歐洲、印度霍亂向西傳播，還是中東 MERS 佔領韓國、美國流感蔓延世界，一種疾病從 "地方病" 進化為 "世界病" 的過程，均離不開商貿、旅遊、戰爭、殖民等人類文明之間的交往。瘟疫無國界，世界上的每一個角落在當今全球化的背景下都難以獨善其身。巨大的風險使公共衛生領域的全球合作持續推進。20 世紀 WHO 已經成功消滅了天花，SARS 期間 WHO 對各國的預警、督促和治療建議有效遏制了疾病的全球傳播，2017 年 WHO 的終止霍亂全球規劃也已經進入實施。但目前世界各地的衛生資源不平衡問題仍然突出，全球疫情信息共享機制也有待進一步完善，因此公共衛生領域的國際協作機制仍然需要進一步加強。

九、未來傳染病仍是人類社會的重大威脅

從遺傳角度看，細菌和病毒具有比動植物快得多的繁殖和進化速度，其中遺傳穩定性差的 RNA（核糖核酸）病毒及單鏈病毒具有更強的變異能力，因此對人類社會的威脅更大。在可預見的未來，人類與牲畜、寵物

及野生動物的接觸將無法避免，這為寄生於動物身上的病原體提供了適應人體環境並傳播的機會。同時，未來城市規模的擴大、人口密度的增加及全球人員流動的加快，都將為病毒或細菌的人際傳播提供越來越有利的環境。反觀現代醫學的發展水平，疫苗及抗病毒藥物的研發需要數年時間，無法在疫情暴發後的短期內完成研發，生產方面也不具備迅速滿足全球需求的充足供應能力，隔離等防疫措施仍將是未來面對突發疫情的主要手段，手段的單一性使未來傳染病的防治面臨較大的不確定性和風險。因此，比爾・蓋茨曾表示，"在全世界範圍內，大家還沒有足夠的準備來應對突發傳染病"。

十、人類的自我救贖：短期應急與長期防治

（一）短期應急

第一，迅速響應。疫情線索出現後要迅速加以研判，確定疫情發生後要第一時間啟動應急機制，成立疫情防控指揮部，明確各部門職責。尊重專業人士意見，採取科學的應對措施，並確保執行。

第二，明確源頭。儘快啟動流行病學調查，調查疾病傳染源和傳播途徑，並及時公開。針對傳播方式採取相應措施阻隔傳染源。

第三，病原鑒定。獲取樣本後，開展實驗室檢測、診斷及病原學鑒定工作。

第四，信息公開。樹立坦誠、公開的理念，啟動疫情監測系統和疫情通報制度，及時準確地公開信息，並接受社會監督。同時及時通報國際社會，防止疫情擴散。

第五，隔離追蹤。在疫情初期應第一時間隔離患者，並追蹤其密切接觸者。建立專門的收容收治場所，並加強隔離場地人員流動控制和健康人

員的防護措施。確保疑似病例和高危感染人士隔離觀察。

第六，積極治療。對傳染病患者應集中隔離治療，全力救治並減免費用，及時制定傳染病的標準化治療指南或方案，同時加強醫護人員防護，避免醫護人員感染。

第七，後勤保障。調動政府和社會力量支援疫區，做好準備應對疫情期間民眾生產活動和生活起居可能發生的困難，維護社會各環節穩定運作。

第八，經驗總結。隨著對疾病的認知進步以及疫情始發地區的防疫效果，應不斷總結治療和防範經驗，不斷完善疫情應對措施。疫情後期也要有序推進復工復學，盡量減弱疫情對經濟社會的影響。

（二）長期防治

第一，加強配套法制建設。完善傳染病防治相關法制建設，包括重大事件應急、信息公開、醫者保障、"吹哨人"保護、市場監管、媒體輿論等。一方面確保合理措施有法可依；另一方面規範行政執法行為，避免執法的隨意性，避免公權力被濫用。

第二，完善公共衛生應急體系。進一步完善傳染病預警和監測制度；制定傳染病預防控制預案，內容包括傳染病預防控制指揮部的組成及職責、傳染病的監測、傳染病的報告和通報制度、疫情中衛生機構任務職責分配、傳染病分級、疫點疫區現場控制、醫療物資儲備與調用等。

第三，加強公共衛生投入和管理。加強飲用水、下水道、污水處理、生活垃圾處理等衛生基礎設施建設，實施有計劃的疫苗接種制度，強化對畜牧業的檢疫工作，開展群眾衛生活動，進行預防傳染病的健康教育。

第四，繼續推進醫藥衛生體制改革。促進基本公共衛生服務均等化；健全基層醫療衛生服務體系，推進實施分級診療。推進公立醫院改革，探索政事分開、管辦分開。支持和鼓勵"互聯網＋醫療"的發展。

第五，加大醫療科技投入。加大對基礎醫學、藥物及疫苗、醫療設備、體外診斷等醫學領域的投入力度，完善人才激勵機制，依靠科學對抗瘟疫。

第六，加強自然環境和野生動物保護。根據野生動物保護法，加強執法力度，打擊非法捕殺及販賣野生動物等活動。大力倡導改變食用野生動物等生活陋習。加強對野生動物的檢疫工作。

第七，重視全球合作與履責機制。加強與國際組織和國家間合作，進行國際傳染病防治、醫學、公共管理等領域的經驗交流，有能力的國家應積極幫助世界貧困地區早日戰勝疾病。

參考文獻

［1］ Analysys Mason. Global Race to 5G [R]. 2019.

［2］ Bayoumi T, Melander O. Credit Matters: Empirical Evidence on US Macro-Financial Linkages [R]. IMF Working Paper, 2008, No. 08/169.

［3］ Beck T, Colciago A, Pfajfar D. The Role of Financial Intermediaries in Monetary Policy Transmission [J]. *Journal of Economic Dynamics and Control*, 2014, 43: 1-11.

［4］ Claessens S, Kose A. Macroeconomic Implications of Financial Imperfections: A Survey [R]. BIS Working Paper, 2017, No. 677.

［5］ Diamond D W, Rajan R G. Liquidity Shortages and Banking Crises [J]. *The Journal of Finance*, 2005, 60(2): 615-47.

［6］ Geanakoplos J. The Leverage Cycle [J]. *NBER Macroeconomics Annual*, 2010, 24(1): 1-66.

［7］ IEA. Global EV Outlook 2019 [R]. 2019.

［8］ Lemon S M, Mahmoud A A F. The Threat of Pandemic Influenza: Are We Ready? [J]. *Biosecurity and Bioterrorism: Biodefense Strategy, Practice, and Science*, 2005, 3(1): 70-73.

［9］ Lucas Jr R E. Econometric Policy Evaluation: A Critique [C]. Proceedings of the Carnegie-Rochester Conference Series on Public Policy, 1976.

［10］ Mankiw N G. The Macroeconomist as Scientist and Engineer [J]. *Journal of Economic Perspectives*, 2006, 20(4): 29-46.

［11］ Mian A, Sufi A. Household Leverage and the Recession of 2007-2009 [J]. *IMF Economic Review*, 2010, 58(1): 74-117.

[12] Stanford University. Artificial Intelligence Index 2019 Annual Report [R]. 2019.

[13] WEF. The Global Competitiveness Report 2019 [R]. 2019.

[14] WTO. Global Value Chain Development Report 2019 [R]. 2019.

[15] 巴里・艾肯格林.金色的羈絆：黃金本位與大蕭條 [M].范千千，韓瓊，譯.北京：機械工業出版社，2016.

[16] 保羅・克魯格曼.蕭條經濟學的回歸 [M].朱文暉，王玉清，譯.北京：中國人民大學出版社，1999.

[17] 保羅・沃爾克，克里斯蒂娜・哈珀.堅定不移 [M].徐忠，等，譯.北京：中信出版社，2019.

[18] 本・伯南克，蒂莫西・蓋特納，亨利・保爾森.滅火：美國金融危機及其教訓 [M].馮毅，譯.北京：中信出版社，2019.

[19] 本・伯南克.大蕭條 [M].宋芳秀，寇文紅，譯.大連：東北財經大學出版社，2013.

[20] 布賴恩・斯諾登，霍華德・R.文.現代宏觀經濟學：起源、發展和現狀 [M].余江濤，魏威，譯.南京：江蘇人民出版社，2019.

[21] 蔡翼飛，張車偉.地區差距的新視角：人口與產業分佈不匹配研究 [J].中國工業經濟，2012（05）：31–43.

[22] 查爾斯・P.金德爾伯格，羅伯特・Z.阿利伯.瘋狂、驚恐和崩潰：金融危機史 [M].朱雋，葉翔，李偉傑，譯.北京：中國金融出版社，2017.

[23] 陳共.財政學 [M].北京：中國人民大學出版社，2017.

[24] 陳彥斌，陳惟.從宏觀經濟學百年簡史看 "宏觀經濟學的麻煩" [J].經濟學動態，2017（01）：4–13.

[25] 池田信夫.失去的二十年：日本經濟長期停滯的真正原因 [M].胡文靜，譯.北京：機械工業出版社，2012.

[26] 方紹偉.羅默關於 "宏觀經濟學困境" 的困境 —— 基於 "理論三分法" 的分析 [J].經濟學動態，2018（12）：96–107.

[27] 弗朗西斯・艾丹・加斯凱.黑死病：大災難、大死亡與大蕭條（1348—1349）[M].鄭中求，譯.北京：華文出版社，2019.

[28] 辜朝明.大衰退：宏觀經濟學的聖杯 [M].喻海翔，譯.北京：東方出版社，2016.

[29] 辜朝明．大衰退年代：宏觀經濟學的另一半與全球化的宿命［M］．楊培雷，譯．上海：上海財經大學出版社，2019.

[30] 國際電信聯盟（ITU）．迎接 5G 的到來：機遇與挑戰［R］．2018.

[31] 國際數據公司（IDC）.2025 年中國將擁有全球最大的數據圈［R］．2019.

[32] 海曼·P. 明斯基．穩定不穩定的經濟：一種金融不穩定視角［M］．石寶峰，張慧卉，譯．北京：清華大學出版社，2015.

[33] 韓寶明，代位，張紅健．2018 年世界城市軌道交通運營統計與分析［J］．都市快軌交通，2019（1）：9–14.

[34] 賈康．亞洲金融危機與中國的積極財政政策［M］．北京：中國財政經濟出版社，2000.

[35] 賈雷德·戴蒙德．槍炮、病菌與鋼鐵：人類社會的命運［M］．謝延光，譯．上海：上海譯文出版社，2016.

[36] 勞里·加勒特．逼近的瘟疫［M］．楊岐鳴，楊寧，譯．北京：生活·讀書·新知三聯書店，2017.

[37] 李棟．里根經濟學的政策實踐及啟示［J］．財政研究，2012（01）：79—81.

[38] 劉鶴．兩次全球大危機的比較研究［M］．北京：中國經濟出版社，2013.

[39] 劉鍇．中國新能源汽車產業充換電模式的比較分析［R］．2019.

[40] 倫斯·謝諾夫斯基．深度學習［M］．姜悅兵，譯．北京：中信出版社，2019.

[41] 馬宇，程道金．主權債務危機影響因素的實證研究及啟示 —— 對新興經濟體與發達經濟體的比較［J］．經濟學家，2014（08）：73—82.

[42] 米爾頓·弗里德曼，安娜·J. 施瓦茨．美國貨幣史（1867—1960）［M］．巴曙松，王勁松，等，譯．北京：北京大學出版社，2009.

[43] 米歇爾·德弗洛埃．宏觀經濟學史：從凱恩到盧卡斯及其後［M］．房譽，李雨紗，等，譯．北京：北京大學出版社，2019.

[44] 歐文·費雪．繁榮與蕭條［M］．李彬，譯．北京：商務印書館，2018.

[45] 任澤平，甘源．新周期：中國宏觀經濟理論與實戰［M］．北京：中信出版社，2018.

[46] 任澤平，羅志恒．全球貿易摩擦與大國興衰［M］．北京：人民出版社，2019.

[47] 任澤平，夏磊，熊柴．房地產周期［M］．北京：人民出版社，2017.

[48] 瑞·達利歐．債務危機：我的應對原則［M］．趙燦，熊建偉，劉波，譯．北京：中信出版社，2019.

[49] 斯坦利·L.布魯，蘭迪·R.格蘭特．經濟思想史［M］．邸曉燕，等，譯．北京：北京大學出版社，2014.

[50] 宋鳳軒，江月．美國 20 世紀 80 年代以來的減稅改革及借鑒［J］．稅務研究，2004（05）：21—24.

[51] 王聰，張鐵強．經濟開放進程中金融危機衝擊比較研究［J］．金融研究，2011（03）：97—110.

[52] 王放．"四普"至"五普"間中國城鎮人口增長構成分析［J］．人口研究，2004（03）：60—67.

[53] 王桂新，黃祖宇．中國城市人口增長來源構成及其對城市化的貢獻：1991—2010［J］．中國人口科學，2014（02）：2—16.

[54] 王旭東，孟慶龍．世界瘟疫史：疫病流行、應對措施及其對人類社會的影響［M］．北京：中國社會科學出版社，2005.

[55] 王一鳴．改革開放以來中國宏觀經濟政策的演進與創新［J］．管理世界，2018，34（03）：1—10.

[56] 王宇峰，余珞，朱慧敏，等．華為 5G 時代十大應用場景白皮書［R］．2019.

[57] 王哲．上帝的跳蚤：人類抗疫啟示錄［M］．北京：世界知識出版社，2020.

[58] 威廉·麥克尼爾．瘟疫與人［M］．余新忠，畢會成，譯．北京：中信出版社，2018.

[59] 威廉·西爾伯．力挽狂瀾：保羅·沃爾克和他改變的金融世界［M］．慕相，劉麗娜，譯．上海：上海財經大學出版社，2013.

[60] 夏磊，任澤平．全球房地產［M］．北京：中信出版社，2020.

[61] 葉謙，沈文穎．拉美債務危機和歐洲債務危機成因的比較及其對中國的啟示［J］．經濟問題探索，2011（10）：167—174.

[62] 余永定．亞洲金融危機的經驗教訓與中國宏觀經濟管理［J］．國際經濟評論，2007（03）：5—8.

[63] 約翰·梅納德·凱恩斯．就業、利息和貨幣通論［M］．高鴻業，譯．北京：商務印書館，2011.

[64] 約翰·M.巴里．大流感：最致命瘟疫的史詩［M］．鍾揚，趙佳媛，劉念，

譯．上海：上海科技教育出版社，2008.

[65] 雲計算開源產業聯盟．雲計算與邊緣計算協同九大應用場景（2019 年）[R].2019.

[66] 張車偉，蔡翼飛．人口與經濟分佈匹配視角下的中國區域均衡發展 [J].人口研究，2013（06）：3—16.

[67] 中國電動汽車充電基礎設施促進聯盟.2019—2020 年度中國充電基礎設施發展年度報告 [R].2020.

[68] 中國汽車流通協會.2019 新能源汽車消費市場研究報告 [R].2019.

[69] 中國人工智能產業發展聯盟．全球人工智能戰略與政策觀察（2019 年）[R].2019.

[70] 中國人工智能產業發展聯盟．中國人工智能產業知識產權白皮書（2019 年）[R].2019.

[71] 中國社會科學院 "國際金融危機與經濟學理論反思" 課題組，楊春學，謝志剛．國際金融危機與凱恩斯主義 [J].經濟研究，2009，44（11）：22—30.

[72] 中國信息通信研究院."5G+ 雲 +AI"：數字經濟新時代的引擎 [R].2019.

[73] 中國信息通信研究院.大數據白皮書（2019 年）[R].2019.

[74] 中國信息通信研究院.全球數字經濟新圖景（2019 年）[R].2019.

[75] 中國信息通信研究院.數據基礎設施白皮書（2019 年）[R].2019.

[76] 中國信息通信研究院.數據中心白皮書（2018 年）[R].2018.

[77] 中國信息通信研究院.雲計算發展白皮書（2019 年）[R].2019.

[78] 中國信息通信研究院.中國數字經濟發展與就業白皮書（2018 年）[R].2018.

[79] 中國信息通信研究院.中國數字經濟發展與就業白皮書（2019 年）[R].2019.

[80] 中國信息通信研究院.走向智能推薦：中國 5G 經濟報告 2020 [R].2019.

策劃編輯　李　斌

責任編輯　陳思思

書籍設計　道　轍

書　　名　新基建：全球大變局下的中國經濟新引擎

著　　者　任澤平　馬家進　連一席

出　　版　三聯書店（香港）有限公司

　　　　　香港北角英皇道 499 號北角工業大廈 20 樓

　　　　　Joint Publishing (H.K.) Co., Ltd.

　　　　　20/F., North Point Industrial Building,

　　　　　499 King's Road, North Point, Hong Kong

香港發行　香港聯合書刊物流有限公司

　　　　　香港新界荃灣德士古道 220-248 號 16 樓

印　　刷　美雅印刷製本有限公司

　　　　　香港九龍觀塘榮業街 6 號 4 樓 A 室

版　　次　2021 年 3 月香港第一版第一次印刷

規　　格　特 16 開（150 × 210 mm）360 面

國際書號　ISBN 978-962-04-4708-2

　　　　　© 2021 Joint Publishing (H.K.) Co., Ltd.

　　　　　Published & Printed in Hong Kong